छाया (कहानी संग्रह)
और
कामायनी

LECTOR HOUSE PUBLIC DOMAIN WORKS

छाया (कहानी संग्रह)
और
कामायनी

जयशंकर प्रसाद

ISBN: 978-93-90112-15-9

Published: -

LECTOR HOUSE LLP
E-MAIL: lectorpublishing@gmail.com

छाया (कहानी संग्रह)
और
कामायनी

जयशंकर प्रसाद

अनुक्रम

पृष्ठ

छाया
(कहानी संग्रह)

कामायनी

छाया
(कहानी संग्रह)

तानसेन

१

यह छोटा सा परिवार भी क्या ही सुन्दर है, सुहावने आम और जामुन के वृक्ष चारों ओर से इसे घेरे हुए हैं। दूर से देखने में यहाँ केवल एक बड़ा-सा वृक्षों का झुरमुट दिखाई देता है, पर इसका स्वच्छ जल अपने सौन्दर्य को ऊँचे ढूहों में छिपाये हुए है। कठोर-हृदया धरणी के वक्षस्थल में यह छोटा-सा करुणा कुण्ड, बड़ी सावधानी से, प्रकृति ने छिपा रक्खा है।

सन्ध्या हो चली है। विहँग-कुल कोमल कल-रव करते हुए अपने-अपने नीड़ की ओर लौटने लगे हैं। अन्धकार अपना आगमन सूचित कराता हुआ वृक्षों के ऊँचे टहनियों के कोमल किसलयों को धुँधले रंग का बना रहा है। पर सूर्य की अन्तिम किरणें अभी अपना स्थान नहीं छोडऩा चाहती हैं। वे हवा के झोकों से हटाई जाने पर भी अन्धकार के अधिकार का विरोध करती हुई सूर्यदेव की उँगलियों की तरह हिल रही हैं।

सन्ध्या हो गई। कोकिल बोल उठा। एक सुन्दर कोमल कण्ठ से निकली हुई रसीली तान ने उसे भी चुप कर दिया। मनोहर-स्वर-लहरी उस सरोवर-तीर से उठकर तट के सब वृक्षों को गुंजरित करने लगी। मधुर-मलयानिल-ताड़ित जल-लहरी उस स्वर के ताल पर नाचने लगी। हर-एक पत्ता ताल देने लगा। अद्भुत आनन्द का समावेश था। शान्ति का नैसर्गिक राज्य उस छोटी रमणीय भूमि में मानों जमकर बैठ गया था।

यह आनन्द-कानन अपना मनोहर स्वरूप एक पथिक से छिपा न सका, क्योंकि वह प्यासा था। जल की उसे आवश्यकता थी। उसका घोड़ा, जो बड़ी शीघ्रता से आ रहा था, रुका, और वह उतर पड़ा। पथिक बड़े वेग से अश्व से उतरा, पर वह भी स्तब्ध खड़ा हो गया; क्योंकि उसको भी उसी स्वर-लहरी ने मन्त्रमुग्ध फणी की तरह बना दिया। मृगया-शील पथिक क्लान्त था-वृक्ष के सहारे खड़ा हो गया। थोड़ी देर तक वह अपने को भूल गया। जब स्वर-लहरी ठहरी, तब उसकी निद्रा भी टूटी। युवक सारे श्रम को भूल गया, उसके अंग में एक अद्भुत स्फूर्ति मालूम हुई। वह, जहाँ से स्वर सुनाई पड़ता था, उसी ओर चला। जाकर देखा, एक युवक खड़ा होकर उस अन्धकार-रंजित जल की ओर देख रहा है।

पथिक ने उत्साह के साथ जाकर उस युवक के कंधे को पकड़ कर हिलाया। युवक का ध्यान टूटा। उसने पलटकर देखा।

२

पथिक का वीर-वेश भी सुन्दर था। उसकी खड़ी मूँछें उसके स्वाभाविक गर्व को तनकर जता रही थीं। युवक को उसके इस असभ्य बरताव पर क्रोध तो आया, पर कुछ सोचकर वह चुप हो रहा। और, इधर पथिक ने सरल स्वर से एक छोटा-सा प्रश्न कर दिया-क्यों भई, तुम्हारा नाम क्या है?

युवक ने उत्तर दिया-रामप्रसाद।

पथिक-यहाँ कहाँ रहते हो? अगर बाहर के रहने वाले हो, तो चलो, हमारे घर पर आज ठहरो।

युवक कुछ न बोला, किन्तु उसने एक स्वीकार-सूचक इंगित किया। पथिक और युवक, दोनों, अश्व के समीप आये। पथिक ने उसकी लगाम हाथ में ले ली। दोनों पैदल ही सड़क की ओर बढ़े।

दोनों एक विशाल दुर्ग के फाटक पर पहुँचे और उसमें प्रवेश किया। द्वार के रक्षकों ने उठकर आदर के साथ उस पथिक को अभिवादन किया। एक ने बढ़कर घोड़ा थाम लिया। अब दोनों ने बड़े दालानों और अमराइयों को पार करके एक छोटे से पाई बाग में प्रवेश किया।

रामप्रसाद चकित था, उसे यह नहीं ज्ञात होता था कि वह किसके संग कहाँ जा रहा है। हाँ, यह उसे अवश्य प्रतीत हो गया कि यह पथिक इस दुर्ग का कोई प्रधान पुरुष है।

पाई बाग में बीचोबीच एक चबूतरा था, जो संगमरमर का बना था। छोटी-छोटी सीढ़ियाँ चढ़कर दोनों उस पर पहुँचे। थोड़ी देर में एक दासी पानदान और दूसरी वारुणी की बोतल लिये हुए आ पहुँची।

पथिक, जिसे अब हम पथिक न कहेंगे, ग्वालियर-दुर्ग का किलेदार था, मुगल सम्राट अकबर के सरदारों में से था। बिछे हुए पारसी कालीन पर मसनद के सहारे वह बैठ गया। दोनों दासियाँ फिर एक हुक्का ले आईं और उसे रखकर मसनद के पीछे खड़ी होकर चँवर करने लगीं। एक ने रामप्रसाद की ओर बहुत बचाकर देखा।

युवक सरदार ने थोड़ी-सी वारुणी ली। दो-चार गिलौरी पान की खाकर फिर वह हुक्का खींचने लगा। रामप्रसाद क्या करे; बैठे-बैठे सरदार का मुँह देख रहा था। सरदार के ईरानी चेहरे पर वारुणी ने वार्निश का काम किया। उसका चेहरा चमक उठा। उत्साह से भरकर उसने कहा-रामप्रसाद, कुछ-कुछ गाओ। यह उस दासी की ओर देख रहा था।

३

रामप्रसाद, सरदार के साथ बहुत मिल गया। उसे अब कहीं भी रोक-टोक नहीं है। उसी पाई-बाग में उसके रहने की जगह है। अपनी खिचड़ी आँच पर चढ़ाकर प्राय: चबूतरे पर आकर गुनगुनाया करता। ऐसा करने की उसे मनाही नहीं थी। सरदार भी कभी-कभी खड़े होकर बड़े प्रेम से उसे सुनते थे। किन्तु उस गुनगुनाहट ने एक बड़ा बेढब कार्य किया। वह यह कि सरदार-महल की एक नवीना दासी, उस गुनगुनाहट की धुन में, कभी-कभी पान में चूना रखना भूल जाया करती थी, और कभी-कभी मालकिन के 'किताब' माँगने पर 'आफ़ताबा' ले जाकर बड़ी लज्जित होती थी। पर तो भी बरामदे में से उसे एक बार उस चबूतरे की ओर देखना ही पड़ता था।

रामप्रसाद को कुछ नहीं-वह जंगली जीव था। उसे इस छोटे-से उद्यान में रहना पसन्द नहीं था, पर क्या करे। उसने भी एक कौतुक सोच रखा था। जब उसके स्वर में मुग्ध होकर कोई अपने कार्य में च्युत हो जाता, तब उसे बड़ा आनन्द मिलता।

सरदार अपने कार्य में व्यस्त रहते थे। उन्हें सन्ध्या को चबूतरे पर बैठकर रामप्रसाद के दो-एक गाने सुनने का नशा हो गया था। जिस दिन गाना नहीं सुनते, उस दिन उनको वारुणी में नशा कम हो जाता-उनकी विचित्र दशा हो जाती थी। रामप्रसाद ने एक दिन अपने पूर्व-परिचित सरोवर पर जाने के लिए छुट्टी माँगी; मिल भी गई।

सन्ध्या को सरदार चबूतरे पर नहीं बैठे, महल में चले गये। उनकी स्त्री ने कहा-आज आप उदास क्यों हैं?

सरदार-रामप्रसाद के गाने में मुझे बड़ा ही सुख मिलता है।

सरदार-पत्नी-क्या आपका रामप्रसाद इतना अच्छा गाता है जो उसके बिना आपको चैन नहीं?

मेरी समझ में मेरी बाँदी उससे अच्छा गा सकती है।

सरदार-(हँसकर) भला! उसका नाम क्या है?

सरदार-पत्नी-वही, सौसन-जिसे में देहली से खरीदकर ले आई हूँ।

सरदार-क्या खूब! अजी, उसको तो मैं रोज देखता हूँ। वह गाना जानती होती, तो क्या मैं आज तक न सुन सकता।

सरदार-पत्नी-तो इसमें बहस की कोई जरूरत नहीं है। कल उसका और रामप्रसाद का सामना कराया जावे।

सरदार-क्या हर्ज।

४

आज उस छोटे-से उद्यान में अच्छी सज-धज है। साज लेकर दासियाँ बजा रही हैं। 'सौसन' संकुचित होकर रामप्रसाद के सामने बैठी है। सरदार ने उसे गाने की आज्ञा दी। उसने गाना आरम्भ किया-

कहो री, जो कहिबे की होई।
बिरह बिथा अन्तर की वेदन सो जाने जेहि होई।।
ऐसे कठिन भये पिय प्यारे काहि सुनावों रोई।
'सूरदास' सुखमूरि मनोहर लै जुग्यो मन गोई।।

कमनीय कामिनी-कण्ठ की प्रत्येक तान में ऐसी सुन्दरता थी कि सुननेवाले बजानेवाले-सब चित्र लिखे-से हो गये। रामप्रसाद की विचित्र दशा थी, क्योंकि सौसन के स्वाभाविक भाव, जो उसकी ओर देखकर होते थे-उसे मुग्ध किये हुए थे।

रामप्रसाद गायक था, किन्तु रमणी-सुलभ भ्रू-भाव उसे नहीं आते थे। उसकी अन्तरात्मा ने उससे धीरे-से कहा कि 'सर्वस्व हार चुका'!

सरदार ने कहा-रामप्रसाद, तुम भी गाओ। वह भी एक अनिवार्य आकर्षण से-इच्छा न रहने पर भी, गाने लगा।

हमारो हिरदय कलिसहु जीत्यो।

फटत न सखी अजहुँ उहि आसा बरिस दिवस पर बीत्यो।।

हमहूँ समुझि पर्यो नीके कर यह आसा तनु रील्यो।

'सूरस्याम' दासी सुख सोवहु भयउ उभय मन चीत्यो।

सौसन के चेहरे पर गाने का भाव एकबारगी अरुणिमा में प्रगट हो गया। रामप्रसाद ने ऐसे करुण स्वर से इस पद को गाया कि दोनों मुग्ध हो गये।

सरदार ने देखा कि मेरी जीत हुई। प्रसन्न होकर बोल उठा-रामप्रसाद, जो इच्छा हो, माँग लो।

यह सुनकर सरदार-पत्नी के यहाँ से एक बाँदी आई और सौसन से बोली-बेगम ने कहा है कि तुम्हें भी जो माँगना हो, हमसे माँग लो।

रामप्रसाद ने थोड़ी देर तक कुछ न कहा। जब दूसरी बार सरदार ने माँगने को कहा, तब उसका चेहरा कुछ अस्वाभाविक-सा हो उठा। वह विक्षिप्त स्वर से बोल उठा-यदि आप अपनी बात पर दृढ़ हों, तो 'सौसन' को मुझे दे दीजिये।

उसी समय सौसन भी उस बाँदी से बोली-बेगम साहिबा यदि कुछ मुझे देना चाहें, तो अपने दासीपन से मुझे मुक्त कर दें।

बाँदी भीतर चली गई। सरदार चुप रह गये। बाँदी फिर आई और बोली-बेगम ने तुम्हारी प्रार्थना स्वीकार की और यह हार दिया है।

इतना कहकर उसने एक जड़ाऊ हार सौसन को पहना दिया।

सरदार ने कहा-रामप्रसाद, आज से तुम 'तानसेन' हुए। यह सौसन भी तुम्हारी हुई; लेकिन धरम से इसके साथ ब्याह करो।

तानसेन ने कहा-आज से हमारा धर्म 'प्रेम' है।

चंदा

१

चैत्र-कृष्णाष्टमी का चन्द्रमा अपना उज्ज्वल प्रकाश 'चन्द्रप्रभा' के निर्मल जल पर डाल रहा है। गिरि-श्रेणी के तरुवर अपने रंग को छोड़कर धवलित हो रहे हैं; कल-नादिनी समीर के संग धीरे-धीरे बह रही है। एक शिला-तल पर बैठी हुई कोलकुमारी सुरीले स्वर से-'दरद दिल काहि सुनाऊँ प्यारे! दरद' ...गा रही है।

गीत अधूरा ही है कि अकस्मात् एक कोलयुवक धीर-पद-संचालन करता हुआ उस रमणी के सम्मुख आकर खड़ा हो गया। उसे देखते ही रमणी की हृदय-तन्त्री बज उठी। रमणी बाह्य-स्वर भूलकर आन्तरिक स्वर से सुमधुर संगीत गाने लगी और उठकर खड़ी हो गई। प्रणय के वेग को सहन न करके वर्षा-वारिपूरिता स्रोतस्विनी के समान कोलकुमार के कंध-कूल से रमणी ने आलिंगन किया।

दोनों उसी शिला पर बैठ गये, और निर्निमेष सजल नेत्रों से परस्पर अवलोकन करने लगे। युवती ने कहा-तुम कैसे आये?

युवक-जैसे तुमने बुलाया।

युवती-(हँसकर) हमने तुम्हें कब बुलाया? और क्यों बुलाया?

युवक-गाकर बुलाया, और दरद सुनाने के लिये।

युवती-(दीर्घ निःश्वास लेकर) कैसे क्या करूँ? पिता ने तो उसी से विवाह करना निश्चय किया है।

युवक-(उत्तेजना से खड़ा होकर) तो जो कहो, मैं करने के लिए प्रस्तुत हूँ।

युवती-(चन्द्रप्रभा की ओर दिखाकर) बस, यही शरण है।

युवक-तो हमारे लिए कौन दूसरा स्थान है?

युवती-मैं तो प्रस्तुत हूँ।

युवक-हम तुम्हारे पहले।

युवती ने कहा-तो चलो।

युवक ने मेघ-गर्जन-स्वर से कहा-चलो।

दोनों हाथ में हाथ मिलाकर पहाड़ी से उतरने लगे। दोनों उतरकर चन्द्रप्रभा के तट पर आये, और एक शिला पर खड़े हो गये। तब युवती ने कहा-अब विदा!

युवक ने कहा-किससे? मैं तो तुम्हारे साथ-जब तक सृष्टि रहेगी तब तक-रहूँगा।

इतने ही में शाल-वृक्ष के नीचे एक छाया दिखाई पड़ी और वह इन्हीं दोनों की ओर आती हुई दिखाई देने लगी। दोनों ने चकित होकर देखा कि एक कोल खड़ा है। उसने गम्भीर स्वर से युवती से पूछा-चंदा! तू यहाँ क्यों आई?

युवती-तुम पूछने वाले कौन हो?

आगन्तुक युवक-मैं तुम्हारा भावी पति 'रामू' हूँ।

युवती-मैं तुमसे ब्याह न करूँगी।

आगन्तुक युवक-फिर किससे तुम्हारा ब्याह होगा?

युवती ने पहले के आये हुए युवक की ओर इंगित करके कहा-इन्हीं से।

आगन्तुक युवक से अब न सहा गया। घूमकर पूछा-क्यों हीरा! तुम ब्याह करोगे?

हीरा-तो इसमें तुम्हारा क्या तात्पर्य है?

रामू-तुम्हें इससे अलग हो जाना चाहिये।

हीरा-क्यों, तुम कौन होते हो?

रामू-हमारा इससे संबंध पक्का हो चुका है।

हीरा-पर जिससे संबंध होने वाला है, वह सहमत न हो, तब?

रामू-क्यों चंदा! क्या कहती हो?

चंदा-मैं तुमसे ब्याह न करूँगी।

रामू-तो हीरा से भी तुम ब्याह नहीं कर सकतीं!

चंदा-क्यों?

रामू-(हीरा से) अब हमारा-तुम्हारा फैसला हो जाना चाहिये, क्योंकि एक म्यान में दो तलवारें नहीं रह सकतीं।

इतना कहकर हीरा के ऊपर झपटकर उसने अचानक छुरे का वार किया।

हीरा, यद्यपि सचेत हो रहा था; पर उसको सम्हलने में विलम्ब हुआ, इससे घाव लग गया, और वह वक्ष थामकर बैठ गया। इतने में चंदा जोर से क्रन्दन कर उठी-साथ ही एक वृद्ध भील आता हुआ दिखाई पड़ा।

२

युवती मुँह ढाँपकर रो रही है, और युवक रक्ताक्त छूरा लिये, घृणा की दृष्टि से खड़े हुए, हीरा की ओर देख रहा है। विमल चन्द्रिका में चित्र की तरह वे दिखाई दे रहे हैं। वृद्ध को जब चंदा ने देखा, तो और वेग से रोने लगी। उस दृश्य को देखते ही वृद्ध कोल-पति सब बात समझ गया, और रामू के समीप जाकर छूरा उसके हाथ से ले लिया, और आज्ञा के स्वर में कहा-तुम दोनों हीरा को उठाकर नदी के समीप ले चलो।

इतना कहकर वृद्ध उन सबों के साथ आकर नदी-तट पर जल के समीप खड़ा हो गया। रामू और चंदा दोनों ने मिलकर उसके घाव को धोया और हीरा के मुँह पर छींटा दिया, जिससे उसकी मूर्च्छा दूर हुई। तब वृद्ध ने सब बातें हीरा से पूछीं; पूछ लेने पर रामू से कहा-क्यों, यह सब ठीक है?

रामू ने कहा-सब सत्य है।

वृद्ध-तो तुम अब चंदा के योग्य नहीं हो, और यह छूरा भी-जिसे हमने तुम्हें दिया था। तुम्हारे योग्य नहीं है। तुम शीघ्र ही हमारे जंगल से चले जाओ, नहीं तो तुम्हारा हाल महाराज से कह देंगे, और उसका क्या परिणाम होगा सो तुम स्वयं समझ सकते हो। (हीरा की ओर देखकर) बेटा! तुम्हारा घाव शीघ्र अच्छा हो जायगा, घबड़ाना नहीं, चंदा तुम्हारी ही होगी।

यह सुनकर चंदा और हीरा का मुख प्रसन्नता से चमकने लगा, पर हीरा ने लेटे-ही-लेटे हाथ जोड़कर कहा-पिता! एक बात कहनी है, यदि आपकी आज्ञा हो।

वृद्ध-हम समझ गये, बेटा! रामू विश्वासघाती है।

हीरा-नहीं पिता! अब वह ऐसा कार्य नहीं करेगा। आप क्षमा करेंगे, मैं ऐसी आशा करता हूँ।

वृद्ध-जैसी तुम्हारी इच्छा।

कुछ दिन के बाद जब हीरा अच्छी प्रकार से आरोग्य हो गया, तब उसका ब्याह चंदा से हो गया। रामू भी उस उत्सव में सम्मिलित हुआ, पर उसका बदन मलीन और चिन्तापूर्ण था। वृद्ध कुछ ही काल में अपना पद हीरा को सौंप स्वर्ग को सिधारा। हीरा और चंदा सुख से विमल चाँदनी में बैठकर पहाड़ी झरनों का कल-नाद-मय आनन्द-संगीत सुनते थे।

३

अंशुमाली अपनी तीक्ष्ण किरणों से वन्य-देश को परितापित कर रहे हैं। मृग-सिंह एक स्थान पर बैठकर, छाया-सुख में अपने बैर-भाव को भूलकर, ऊँघ रहे हैं। चन्द्रप्रभा के तट पर पहाड़ी की एक गुहा में जहाँ कि छतनार पेड़ों की छाया उष्ण वायु को भी शीतल कर देती है, हीरा और चंदा बैठे हैं। हृदय के अनन्त विकास से उनका मुख प्रफुल्लित दिखाई पड़ता है। उन्हें वस्त्र के लिये वृक्षगण वल्कल देते हैं; भोजन के लिये प्याज, मेवा इत्यादि जंगली सुस्वादु फल, शीतल स्वछन्द पवन; निवास के लिये गिरि-गुहा; प्राकृतिक झरनों का शीतल जल उनके सब अभावों को दूर करता है, और सबल तथा स्वछन्द बनाने में ये सब सहायता देते हैं। उन्हें किसी की अपेक्षा नहीं पड़ती। अस्तु, उन्हीं सब सुखों से आनन्दित व्यक्तिद्वय 'चन्द्रप्रभा' के जल का कल-नाद सुनकर अपनी हृदय-वीणा को बजाते हैं।

चंदा-प्रिय! आज उदासीन क्यों हो?

हीरा-नहीं तो, मैं यह सोच रहा हूँ कि इस वन में राजा आने वाले हैं। हम लोग यद्यपि अधीन नहीं हैं तो भी उन्हें शिकार खेलाया जाता है, और इसमें हम लोगों की कुछ हानि भी नहीं है। उसके प्रतिकार में हम लोगों को कुछ मिलता है, पर आजकल इस वन में जानवर दिखाई नहीं पड़ते। इसलिये सोचता हूँ कि कोई शेर या छोटा चीता भी मिल जाता, तो कार्य हो जाता।

चंदा-खोज किया था?

हीरा-हाँ, आदमी तो गया है।

इतने में एक कोल दौड़ता हुआ आया, और कहा राजा आ गये हैं और तहखाने में बैठे हैं। एक तेंदुआ भी दिखाई दिया है।

हीरा का मुख प्रसन्नता से चमकने लगा, और वह अपना कुल्हाड़ा सम्हालकर उस आगन्तुक के साथ वहाँ पहुँचा, जहाँ शिकार का आयोजन हो चुका था।

राजा साहब झंझरी में बंदूक की नाल रखे हुए ताक रहे हैं। एक ओर से बाजा बज उठा। एक चीता भागता हुआ सामने से निकला। राजा साहब ने उस पर वार किया। गोली लगी, पर चमड़े को छेदती हुई पार हो गई; इससे वह जानवर भागकर निकल गया। अब तो राजा साहब बहुत ही दुःखित हुए। हीरा को बुलाकर कहा-क्यों जी, यह जानवर नहीं मिलेगा?

उस वीर कोल ने कहा-क्यों नहीं?

इतना कहकर वह उसी ओर चला। झाड़ी में, जहाँ वह चीता घाव से व्याकुल बैठा था, वहाँ पहुँचकर उसने देखना आरम्भ किया। क्रोध से भरा हुआ चीता उस कोल-युवक को देखते ही झपटा।

युवक असावधानी के कारण वार न कर सका, पर दोनों हाथों से उस भयानक जन्तु की गर्दन को पकड़ लिया, और उसने भी इसके कंधे पर अपने दोनों पंजों को जमा दिया।

दोनों में बल-प्रयोग होने लगा। थोड़ी देर में दोनों जमीन पर लेट गये।

४

यह बात राजा साहब को विदित हुई। उन्होंने उसकी मदद के लिए कोलों को जाने की आज्ञा दी। रामू उस अवसर पर था। उसने सबके पहले जाने के लिए पैर बढ़ाया, और चला। वहाँ जब पहुँचा, तो उस दृश्य को देखकर घबड़ा गया, और हीरा से कहा-हाथ ढीला कर; जब यह छोड़ने लगे, तब गोली मारूँ, नहीं तो सम्भव है कि तुम्हीं को लग जाय।

हीरा-नहीं, तुम गोली मारो।

रामू-तुम छोड़ो तो मैं वार करूँ।

हीरा-नहीं, यह अच्छा नहीं होगा।

रामू-तुम उसे छोड़ो, मैं अभी मारता हूँ।

हीरा-नहीं, तुम वार करो।

रामू-वार करने से सम्भव है कि उछले और तुम्हारे हाथ छूट जायँ, तो तुमको यह तोड़ डालेगा।

हीरा-नहीं, तुम मार लो, मेरा हाथ ढीला हुआ जाता है।

रामू-तुम हठ करते हो, मानते नहीं।

इतने में हीरा का हाथ कुछ बात-चीत करते-करते ढीला पड़ा; वह चीता उछलकर हीरा की कमर को पकड़कर तोड़ने लगा।

रामू खड़ा होकर देख रहा है, और पैशाचिक आकृति उस घृणित पशु के मुख पर लक्षित हो रही है और वह हँस रहा है।

हीरा टूटी हुई साँस से कहने लगा-अब भी मार ले।

रामू ने कहा-अब तू मर ले, तब वह भी मारा जायेगा। तूने हमारा हृदय निकाल लिया है, तूने हमारा घोर अपमान किया है, उसी का प्रतिफल है। इसे भोग।

हीरा को चीता खाये डालता है; पर उसने कहा-नीच! तू जानता है कि 'चंदा' अब तेरी होगी। कभी नहीं! तू नीच है-इस चीते से भी भयंकर जानवर है।

रामू ने पैशाचिक हँसी हँसकर कहा-चंदा अब तेरी तो नहीं है, अब वह चाहे जिसकी हो।

हीरा ने टूटी हुई आवाज से कहा-तुझे इस विश्वासघात का फल शीघ्र मिलेगा और चंदा फिर हमसे मिलेगी। चंदा...प्यारी...च...

इतना उसके मुख से निकला ही था कि चीते ने उसका सिर दाँतों के तले दाब लिया। रामू देखकर पैशाचिक हँसी हँस रहा था। हीरा के समाप्त हो जाने पर रामू लौट आया, और झूठी बातें बनाकर राजा से कहा कि उसको हमारे जाने के पहले ही चीता ने मार लिया।

राजा बहुत दुखी हुए, और जंगल की सरदारी रामू को मिली।

५

बसंत की राका चारों ओर अनूठा दृश्य दिखा रही है। चन्द्रमा न मालूम किस लक्ष्य की ओर

दौड़ा चला जा रहा है; कुछ पूछने से भी नहीं बताता। कुटज की कली का परिमल लिये पवन भी न मालूम कहाँ दौड़ रहा है; उसका भी कुछ समझ नहीं पड़ता। उसी तरह, चन्द्रप्रभा के तीर पर बैठी हुई कोल-कुमारी का कोमल कण्ठ-स्वर भी किस धुन में है-नहीं ज्ञात होता।

अकस्मात् गोली की आवाज ने उसे चौंका दिया। गाने के समय जो उसका मुख उद्वेग और करुणा से पूर्ण दिखाई पड़ता था, वह घृणा और क्रोध से रंजित हो गया, और वह उठकर पुच्छमर्दिता सिंहनी के समान तनकर खड़ी हो गई, और धीरे से कहा-यही समय है। ज्ञात होता है, राजा इस समय शिकार खेलने पुन: आ गये हैं-बस, वह अपने वस्त्र को ठीक करके कोल-बालक बन गई, और कमर में से एक चमचमाता हुआ छुरा निकालकर चूमा। वह चाँदनी में चमकने लगा। फिर वह कहने लगी-यद्यपि तुमने हीरा का रक्तपात कर लिया है, लेकिन पिता ने रामू से तुम्हें ले लिया है। अब तुम हमारे हाथ में हो, तुम्हें आज रामू का भी खून पीना होगा।

इतना कहकर वह गोली के शब्द की ओर लक्ष्य करके चली। देखा कि तहखाने में राजा साहब बैठे हैं। शेर को गोली लग चुकी है, और वह भाग गया है, उसका पता नहीं लग रहा है, रामू सरदार है, अतएव उसको खोजने के लिए आज्ञा हुई, वह शीघ्र ही सन्नद्ध हुआ। राजा ने कहा-कोई साथी लेते जाओ।

पहले तो उसने अस्वीकार किया, पर जब एक कोल युवक स्वयं साथ चलने को तैयार हुआ, तो वह नहीं भी न कर सका, और सीधे-जिधर शेर गया था, उसी ओर चला। कोल-बालक भी उसके पीछे हैं। वहाँ घाव से व्याकुल शेर चिंघ्घाड़ रहा है, इसने जाते ही ललकारा। उसने तत्काल ही निकलकर वार किया। रामू कम साहसी नहीं था, उसने उसके खुले मुँह में निर्भीक होकर बन्दक की नाल डाल दी; पर उसके जरा-सा मुँह घुमा लेने से गोली चमड़ा छेदकर पार निकल गई, और शेर ने क्रुद्ध होकर दाँत से बंदूक की नाल दबा ली। अब दोनों एक दूसरे को ढकेलने लगे; पर कोल-बालक चुपचाप खड़ा है। रामू ने कहा-मार, अब देखता क्या है?

युवक-तुम इससे बहुत अच्छी तरह लड़ रहे हो।

रामू-मारता क्यों नहीं?

युवक-इसी तरह शायद हीरा से भी लड़ाई हुई थी, क्या तुम नहीं लड़ सकते?

रामू-कौन, चंदा! तुम हो? आह, शीघ्र ही मारो, नहीं तो अब यह सबल हो रहा है।

चंदा ने कहा-हाँ, लो मैं मारती हूँ, इसी छुरे से हमारे सामने तुमने हीरा को मारा था, यह वही छुरा है, यह तुझे दु:ख से निश्चय ही छुड़ावेगा-इतना कहकर चंदा ने रामू की बगल में छुरा उतार दिया। वह छटपटाया। इतने ही में शेर को मौका मिला, वह भी रामू पर टूट पड़ा और उसका इति कर आप भी वहीं गिर पड़ा।

चंदा ने अपना छुरा निकाल लिया, और उसको चाँदनी में रंगा हुआ देखने लगी, फिर खिलखिलाकर हँसी और कहा, -'दरद दिल काहि सुनाऊँ प्यारे!' फिर हँसकर कहा-हीरा! तुम देखते होगे, पर अब तो यह छुरा ही दिल की दाह सुनेगा। इतना कहकर अपनी छाती में उसे भोंक लिया और उसी जगह गिर गई, और कहने लगी......हीरा......हम......तुमसे तुमसे......मिले ही......

चन्द्रमा अपने मन्द प्रकाश में यह सब देख रहा था।

ग्राम

१

टन! टन! टन! स्टेशन पर घण्टी बोली।

श्रावण-मास की सन्ध्या भी कैसी मनोहारिणी होती है! मेघ-माला-विभूषित गगन की छाया सघन रसाल-कानन में पड़ रही है! अँधियारी धीरे-धीरे अपना अधिकार पूर्व-गगन में जमाती हुई, सुशासनकारिणी महाराणी के समान, विहंग प्रजागण को सुख-निकेतन में शयन करने की आज्ञा दे रही है। आकाशरूपी शासन-पत्र पर प्रकृति के हस्ताक्षर के समान बिजली की रेखा दिखाई पड़ती है...ग्राम्य स्टेशन पर कहीं एक-दो दीपालोक दिखाई पड़ता है। पवन हरे-हरे निकुञ्जों में से भ्रमण करता हुआ झिल्ली के झनकार के साथ भरी हुई झीलों में लहरों के साथ खेल रहा है। बूँदियाँ धीरे-धीरे गिर रही हैं, जो जूही की कलियों को आद्र करके पवन को भी शीतल कर रही हैं।

थोड़े समय में वर्षा बंद हो गई। अन्धकार-रूपी अंजन के अग्रभाग-स्थित आलोक के समान चतुर्दशी की लालिमा को लिये हुए चन्द्रदेव प्राची में हरे-हरे तरुवरों की आड़ में से अपनी किरण-प्रभा दिखाने लगे। पवन की सनसनाहट के साथ रेलगाड़ी का शब्द सुनाई पड़ने लगा। सिग्नलर ने अपना कार्य किया। घण्टा का शब्द उस हरे-भरे मैदान में गूंजने लगा। यात्री लोग अपनी गठरी बाँधते हुए स्टेशन पर पहुँचे। महादैत्य के लाल-लाल नेत्रों के समान अंजन-गिरिनिभ इंजिन का अग्रस्थित रक्त-आलोक दिखाई देने लगा। पागलों के समान बड़बड़ाती हुई अपनी धुन की पक्की रेलगाड़ी स्टेशन पर पहुँच गई। धड़ाधड़ यात्री लोग उतरने-चढ़ने लगे। एक स्त्री की ओर देखकर फाटक के बाहर खड़ी हुई दो औरतें-जो उसकी सहेली मालूम देती हैं-रो रही हैं, और वह स्त्री एक मनुष्य के साथ रेल में बैठने को उद्यत है। उनकी क्रन्दन-ध्वनि से वह स्त्री दीन-भाव से उनकी ओर देखती हुई, बिना समझे हुए, सेकंड क्लास की गाड़ी में चढ़ने लगी; पर उसमें बैठे हुए बाबू साहब- 'यह दूसरा दर्जा है, इसमें मत चढ़ो' कहते हुए उतर पड़े, और अपना हण्टर घुमाते हुए स्टेशन से बाहर होने का उद्योग करने लगे।

विलायती पिक का वृचिस पहने, बूट चढ़ाये, हण्टिंग कोट, धानी रंग का साफा, अंग्रेजी हिन्दस्तानी का महासम्मेलन बाबू साहब के अंग पर दिखाई पड़ रहा है। गौर वर्ण, उन्नत ललाट-उसकी आभा को बढ़ा रहे हैं। स्टेशन मास्टर से सामना होते ही शेकहैंड करने के उपरान्त बाबू साहब से बातचीत होने लगी।

स्टेशन मास्टर-आप इस वक्त कहाँ से आ रहे हैं?

मोहन-कारिंदों ने इलाके में बड़ा गड़बड़ मचा रक्खा है, इसलिये मैं कुसुमपुर-जो कि हमारा इलाका है-इंस्पेक्शन के लिए जा रहा हूँ।

स्टेशन मास्टर-फिर कब पलटियेगा?

मोहन-दो रोज में। अच्छा, गुड इवनिंग।

स्टेशन मास्टर, जो लाइन-क्लियर दे चुके थे, गुड इवनिंग करते हुए अपने आफिस में घुस गये।

बाबू मोहनलाल अंग्रेजी काठी से सजे हुए घोड़े पर, जो पूर्व ही स्टेशन पर खड़ा था, सवार होकर चलते हुए।

२

सरलस्वभावा ग्रामवासिनी कुलकामिनीगण का सुमधुर संगीत धीरे-धीरे आम्र-कानन में से निकलकर चारों ओर गूँज रहा है। अन्धकार गगन में जुगनू-तारे चमक-चमक कर चित्त को चंचल कर रहे हैं। ग्रामीण लोग अपना हल कंधे पर रक्खे, बिरहा गाते हुए, बैलों की जोड़ी के साथ, घर की ओर प्रत्यावर्तन कर रहे हैं।

एक विशाल तरुवर की शाखा में झूला पड़ा हुआ है, उस पर चार महिलाएँ बैठी हैं, और पचासों उसको घेरकर गाती हुई घूम रही हैं। झूले के पेंग के साथ 'अबकी सावन सइयाँ घर रहु रे' की सुरीली पचासों कोकिल-कण्ठ से निकली हुई तान पशुगणों को भी मोहित कर रही है। बालिकाएँ स्वच्छन्द भाव से क्रीड़ा कर रही हैं। अकस्मात् अश्व के पद-शब्द ने उन सरला कामिनियों को चौंका दिया। वे सब देखती हैं, तो हमारे पूर्व-परिचित बाबू मोहनलाल घोड़े को रोककर उस पर से उतर रहे हैं। वे सब उनका भेष देखकर घबड़ा गयीं और आपस में कुछ इंगित करके चुप रह गयीं।

बाबू मोहनलाल ने निस्तब्धता को भंग किया, और बोले-भद्रे! यहाँ से कुसुमपुर कितनी दूर है? और किधर से जाना होगा? एक प्रौढ़ा ने सोचा कि 'भद्रे' कोई परिहास-शब्द तो नहीं है, पर वह कुछ कह न सकी, केवल एक ओर दिखाकर बोली-इहाँ से डेढ़ कोस तो बाय, इहै पैंड़वा जाई।

बाबू मोहनलाल उसी पगडंडी से चले। चलते-चलते उन्हें भ्रम हो गया, और वह अपनी छावनी का पथ छोड़कर दूसरे मार्ग से जाने लगे। मेघ घिर आये, जल वेग से बरसने लगा, अन्धकार और घना हो गया। भटकते-भटकते वह एक खेत के समीप पहुँचे; वहाँ उस हरे-भरे खेत में एक ऊँचा और बड़ा मचान था, जो कि फूस से छाया हुआ था, और समीप ही में एक छोटा-सा कच्चा मकान था।

उस मचान पर बालक और बालिकाएँ बैठी हुई कोलाहल मचा रही थीं। जल में भीगते हुए भी मोहनलाल खेत के समीप खड़े होकर उनके आनन्द-कलरव को श्रवण करने लगे।

भ्रान्त होने से उन्हें बहुत समय व्यतीत हो गया। रात्रि अधिक बीत गयी। कहाँ ठहरें? इसी विचार में वह खड़े रहे, बूँदें कम हो गयीं। इतने में एक बालिका अपने मलिन वसन के अंचल की आड़ में दीप लिये हुए उसी मचान की ओर जाती हुई दिखाई पड़ी।

३

बालिका की अवस्था 15 वर्ष की है। आलोक से उसका अंग अन्धकार-घन में विद्दुल्लेखा की तरह चमक रहा था। यद्यपि दरिद्रता ने उसे मलिन कर रक्खा है, पर ईश्वरीय सुषमा उसके कोमल अंग पर अपना निवास किये हुए है। मोहनलाल ने घोड़ा बढ़ाकर उससे कुछ पूछना चाहा, पर संकुचित होकर ठिठक गये। परन्तु पूछने के अतिरिक्त दूसरा उपाय ही नहीं था। अस्तु, रूखेपन के साथ पूछा-कुसुमपुर का रास्ता किधर है?

बालिका इस भव्य मूर्ति को देखकर डरी, पर साहस के साथ बोली-मैं नहीं जानती। ऐसे सरल नेत्र-संचालन से इंगित करके उसने ये शब्द कहे कि युवक को क्रोध के स्थान में हँसी आ गयी और कहने लगा-तो जो जानता हो, मुझे बतलाओ, मैं उससे पूछ लूँगा।

बालिका-हमारी माता जानती होंगी।

मोहन-इस समय तुम कहाँ जाती हो?

बालिका-(मचान की ओर दिखाकर) वहाँ जो कई लड़के हैं, उनमें से एक हमारा भाई है, उसी

को खिलाने जाती हूँ।

मोहन-बालक इतनी रात को खेत में क्यों बैठा है?

बालिका-वह रात-भर और लडक़ों के साथ खेत में ही रहता है।

मोहन-तुम्हारी माँ कहाँ है?

बालिका-चलिये, मैं लिवा चलती हूँ।

इतना कहकर बालिका अपने भाई के पास गयी, और उसको खिलाकर तथा उसके पास बैठे हुए लडक़ों को भी कुछ देकर उसी क्षुद्र-कुटीराभिमुख गमन करने लगी। मोहनलाल उस सरला बालिका के पीछे चले।

४

उस क्षुद्र कुटीर में पहुँचने पर एक स्त्री मोहनलाल को दिखाई पड़ी, जिसकी अंगप्रभा स्वर्ण-तुल्य थी, तेजोमय मुख-मण्डल, तथा ईषत् उन्नत अधर अभिमान से भरे हुए थे, अवस्था उसकी 50 वर्ष से अधिक थी। मोहनलाल की आन्तरिक अवस्था, जो ग्राम्य जीवन देखने से कुछ बदल चुकी थी, उस सरल गम्भीर तेजोमय मूर्ति को देख और भी सरल विनययुक्त हो गयी। उसने झुककर प्रणाम किया। स्त्री ने आशीर्वाद दिया और पूछा-बेटा! कहाँ से आते हो?

मोहन-मैं कुसुमपुर जाता था, किन्तु रास्ता भूल गया......।

'कुसुमपुर' का नाम सुनते ही स्त्री का मुख-मण्डल आरक्तिम हो गया और उसके नेत्र से दो बूंद आँसू निकल आये। वे अश्रु करुणा के नहीं किन्तु अभिमान के थे।

मोहनलाल आश्चर्यान्वित होकर देख रहे थे। उन्होंने पूछा-आपको कुसुमपुर के नाम से क्षोभ क्यों हुआ?

स्त्री-बेटा! उसकी बड़ी कथा है, तुम सुनकर क्या करोगे?

मोहन-नहीं, मैं सुनना चाहता हूँ, यदि आप कृपा करके सुनावें।

स्त्री-अच्छा, कुछ जलपान कर लो, तब सुनाऊँगी।

पुन: बालिका की ओर देखकर स्त्री ने कहा-कुछ जल पीने को ले आओ।

आज्ञा पाते ही बालिका उस क्षुद्र गृह के एक मिट्टी के बर्तन में से कुछ वस्तु निकाल, उसे एक पात्र में घोलकर ले आयी, और मोहनलाल के सामने रख दिया। मोहनलाल उस शर्बत को पान करके फूस की चटाई पर बैठकर स्त्री की कथा सुनने लगे।

५

स्त्री कहने लगी-हमारे पति इस प्रान्त के गण्य भूस्वामी थे, और वंश भी हम लोगों का बहुत उच्च था। जिस गाँव का अभी आपने नाम लिया है, वही हमारे पति की प्रधान जमींदारी थी। कार्यवश कुंदनलाल नामक एक महाजन से कुछ ऋण लिया गया। कुछ भी विचार न करने से उनका बहुत रुपया बढ़ गया, और जब ऐसी अवस्था पहुँची तो अनेक उपाय करके हमारे पति धन जुटाकर उनके पास ले गये, तब उस धूर्त ने कहा-क्या हर्ज है बाबू साहब! आप आठ रोज में आना, हम रुपया ले लेंगे, और जो घाटा होगा, उसे छोड़ देंगे, आपका इलाका फिर जायगा, इस समय रेहननामा भी नहीं मिल रहा है। उसका विश्वास करके हमारे पति फिर बैठ रहे, और उसने कुछ भी न पूछा। उनकी उदारता के कारण वह संचित धन भी थोड़ा हो गया, और उधर उसने दावा करके इलाका-जो कि वह ले लेना चाहता था-बहुत थोड़े रुपये में नीलाम करा लिया। फिर हमारे पति के हृदय में, उस इलाके के इस

भाँति निकल जाने के कारण, बहुत चोट पहुँची, और इसी से उनकी मृत्यु हो गयी। इस दशा के होने के उपरान्त हम लोग इस दूसरे गाँव में आकर रहने लगीं। यहाँ के जमींदार बहुत धर्मात्मा हैं, उन्होंने कुछ सामान्य ‹कर› पर यह भूमि दी है, इसी से अब हमारी जीविका है। ....

इतना कहते-कहते स्त्री का गला अभिमान से भर आया और कुछ कह न सकी।

स्त्री की कथा को सुनकर मोहनलाल को बड़ा दु:ख हुआ। रात विशेष बीत चुकी थी, अत: रात्रि-यापन करके, प्रभात में मलिन तथा पश्चिमगामी चन्द्र का अनुसरण करके, बताये हुए पथ से वह चले गये।

पर उनके मुख पर विषाद तथा लज्जा ने अधिकार कर लिया था। कारण यह था कि स्त्री की जमींदारी हरण करने वाले, तथा उसके प्राणप्रिय पति से उसे विच्छेद कराकर इस भाँति दु:ख देने वाले कुंदनलाल मोहनलाल के ही पिता थे।

रसिया बालम

१

संसार को शान्तिमय करने के लिए रजनी देवी ने अभी अपना अधिकार पूर्णत: नहीं प्राप्त किया है। अंशुमाली अभी अपने आधे बिम्ब को प्रतीची में दिखा रहे हैं। केवल एक मनुष्य अर्बुद-गिरि-सुदृढ़ दुर्ग के नीचे एक झरने के तट पर बैठा हुआ उस अर्ध-स्वर्ण पिंड की ओर देखता है और कभी-कभी दुर्ग के ऊपर राजमहल की खिड़की की ओर भी देख लेता है, फिर कुछ गुनगुनाने लगता है।

घण्टों उसे वैसे ही बैठे बीत गये। कोई कार्य नहीं, केवल उसे उस खिड़की की ओर देखना। अकस्मात् एक उजाले की प्रभा उस नीची पहाड़ी भूमि पर पड़ी और साथ ही किसी वस्तु का शब्द भी हुआ, परन्तु उस युवक का ध्यान उस ओर नहीं था। वह तो केवल उस खिड़की में के उस सुन्दर मुख की ओर देखने की आशा से उसी ओर देखता रहा, जिसने केवल एक बार उसे झलक दिखाकर मन्त्रमुग्ध कर दिया था।

इधर उस कागज में लिपटी हुई वस्तु को एक अपरिचित व्यक्ति, जो छिपा खड़ा था, उठाकर चलता हुआ। धीरे-धीरे रजनी की गम्भीरता उस शैल-प्रदेश में और भी गम्भीर हो गयी और झाड़ियों की ओट में तो अन्धकार मूर्तिमान हो बैठा हुआ ज्ञात होता था, परन्तु उस युवक को इसकी कुछ भी चिन्ता नहीं। जब तक उस खिड़की में प्रकाश था, तब तक वह उसी ओर निर्निमेष देख रहा था, और कभी-कभी अस्फुट स्वर से वही गुन-गुनाहट उसके मुख से वनस्पतियों को सुनाई पड़ती थी।

जब वह प्रकाश बिल्कुल न रहा, तब वह युवक उठा और समीप के झरने के तट से होते हुए उसी अन्धकार में विलीन हो गया।

२

दिवाकर की पहली किरण ने जब चमेली की कलियों को चटकाया, तब उन डालियों को उतना नहीं ज्ञात हुआ, जितना कि एक युवक के शरीर-स्पर्श से उन्हें हिलना पड़ा, जो कि काँटे और झाड़ियों का कुछ भी ध्यान न करके सीधा अपने मार्ग का अनुसरण कर रहा है। वह युवक फिर उसी खिड़की के सामने पहुँचा और जाकर अपने पूर्व-परिचित शिलाखंड पर बैठ गया, और पुन: वही क्रिया आरम्भ हुई। धीरे-धीरे एक सैनिक पुरुष ने आकर उस युवक के कंधे पर अपना हाथ रक्खा।

युवक चौंक उठा और क्रोधित होकर बोला-तुम कौन हो?

आगन्तुक हँस पड़ा और बोला-यही तो मेरा भी प्रश्न है कि तुम कौन हो? और क्यों इस अन्त:पुर की खिड़की के सामने बैठे हो? और तुम्हारा क्या अभिप्राय है?

युवक-मैं यहाँ घूमता हूँ, और यही मेरा मकान है। मैं जो यहाँ बैठा हूँ, मित्र! वह बात यह है कि मेरा एक मित्र इसी प्रकोष्ठ में रहता है; मैं कभी-कभी उसका दर्शन पा जाता हूँ, और अपने चित्त को प्रसन्न करता हूँ।

सैनिक-पर मित्र! तुम नहीं जानते कि यह राजकीय अन्त:पुर है। तुम्हें ऐसे देखकर तुम्हारी क्या

दशा हो सकती है? और महाराजा तुम्हें क्या समझेंगे?

युवक-जो कुछ हो; मेरा कुछ असत् अभिप्राय नहीं है, मैं तो केवल सुन्दर रूप का दर्शन ही निरन्तर चाहता हूँ, और यदि महाराज भी पूछें तो यही कहूँगा।

सैनिक-तुम जिसे देखते हो, वह स्वयं राजकुमारी है, और तुम्हें कभी नहीं चाहती। अतएव तुम्हारा यह प्रयास व्यर्थ है।

युवक-क्या वह राजकुमारी है? तो चिन्ता क्या! मुझे तो केवल देखना है, मैं बैठे-बैठे देखा करूँगा। पर तुम्हें यह कैसे मालूम कि वह मुझे नहीं चाहती?

सैनिक-प्रमाण चाहते हो तो (एक पत्र देकर) यह देखो।

युवक उसे लेकर पढ़ता है। उसमें लिखा था।

"युवक!

तुम क्यों अपना समय व्यर्थ व्यतीत करते हो? मैं तुमसे कदापि नहीं मिल सकती। क्यों महीनों से यहाँ बैठे-बैठे अपना शरीर नष्ट कर रहे हो, मुझे तुम्हारी अवस्था देखकर दया आती है। अत: तुमको सचेत करती हूँ, फिर कभी यहाँ मत बैठना।

वही-
जिसे तुम देखा करते हो!"

३

युवक कुछ देर के लिए स्तम्भित हो गया। सैनिक सामने खड़ा था। अकस्मात् युवक उठकर खड़ा हो गया और सैनिक का हाथ पकड़कर बोला-मित्र! तुम हमारा कुछ उपकार कर सकते हो? यदि करो, तो कुछ विशेष परिश्रम न होगा।

सैनिक-कहो, क्या है? यदि हो सकेगा, तो अवश्य करूँगा।

तत्काल उस युवक ने अपनी उँगली एक पत्थर से कुचल दी, और अपने फटे वस्त्र में से एक टुकड़ा फाड़कर तिनका लेकर उसी रक्त से टुकड़े पर कुछ लिखा, और उस सैनिक के हाथ में देकर कहा-यदि हम न रहें, तो इसको उस निष्ठुर के हाथ में दे देना। बस, और कुछ नहीं।

इतना कहकर युवक ने पहाड़ी पर से कूदना चाहा; पर सैनिक ने उसे पकड़ लिया, और कहा-रसिया! ठहरो! -

युवक अवाक् हो गया; क्योंकि अब पाँच प्रहरी सैनिक के सामने सिर झुकाये खड़े थे, और पूर्व सैनिक स्वयं अर्बुदगिरि के महाराज थे।

महाराज आगे हुए और सैनिकों के बीच में रसिया। सब सिंहद्वार की ओर चले। किले के भीतर पहुँचकर रसिया को साथ में लिये हुए महाराज एक प्रकोष्ठ में पहुँचे। महाराज ने प्रहरी को आज्ञा दी कि महारानी और राजकुमारी को बुला लावे। वह प्रणाम कर चला गया।

महाराज-क्यों बलवंत सिंह! तुमने अपनी यह क्या दशा बना रक्खी है?

रसिया-(चौंककर) महाराज को मेरा नाम कैसे ज्ञात हुआ?

महाराज-बलवंत! मैं बचपन से तुम्हें जानता हूँ और तुम्हारे पूर्व पुरुषों को भी जानता हूँ।

रसिया चुप हो गया। इतने में महारानी भी राजकुमारी को साथ लिये हुए आ गयीं।

महारानी ने प्रणाम कर पूछा-क्या आज्ञा है?

महाराज-बैठो, कुछ विशेष बात है। सुनो, और ध्यान से उसका उत्तर दो। यह युवक जो तुम्हारे सामने बैठा है, एक उत्तम क्षत्रिय कुल का है, और मैं इसे जानता हूँ। यह हमारी राजकुमारी के प्रणय का भिखारी है। मेरी इच्छा है कि इससे उसका ब्याह हो जाय।

राजकुमारी, जिसने कि आते ही युवक को देख लिया था और जो संकुचित होकर इस समय महारानी के पीछे खड़ी थी, यह सुनकर और भी संकुचित हुई। पर महारानी का मुख क्रोध से लाल हो गया। वह कड़े स्वर में बोलीं-क्या आपको खोजते-खोजते मेरी कुसुम-कुमारी कन्या के लिये यही वर मिला है? वाह! अच्छा जोड़ मिलाया। कंगाल और उसके लिए निधि; बंदर और उसके गले में हार; भला यह भी कहीं सम्भव है? आप शीघ्र अपने भ्रान्तिरोग की औषधि कर डालिये। यह भी कैसा परिहास है! (कन्या से) चलो बेटी, यहाँ से चलो।

महाराज-नहीं, ठहरो और सुनो। यह स्थिर हो चुका है कि राजकुमारी का ब्याह बलवंत से होगा, तुम इसे परिहास मत जानो।

अब जो महारानी ने महाराज के मुख की ओर देखा, तो वह दृढ़प्रतिज्ञ दिखाई पड़े। निदान विचलित होकर महारानी ने कहा-अच्छा, मैं भी प्रस्तुत हो जाऊँगी पर इस शर्त पर कि जब यह पुरुष अपने बाहुबल से उस झरने के समीप से नीचे तक एक पहाड़ी रास्ता काटकर बना ले; उसके लिए समय अभी से केवल प्रात:काल तक का देती हूँ-जब तक कि कुक्कुट का स्वर न सुनाई पड़े। तब अवश्य मैं भी राजकुमारी का ब्याह इसी से कर दूँगी।

महाराज ने युवक की ओर देखा, जो निस्तब्ध बैठा हुआ सुन रहा था। वह उसी क्षण उठा और बोला-मैं प्रस्तुत हूँ, पर कुछ औजार और मसाले के लिए थोड़े विष की आवश्यकता है।

उसकी आज्ञानुसार सब वस्तुएँ उसे मिल गयीं, और वह शीघ्रता से उसी झरने के तट की ओर दौड़ा, और एक विशाल शिलाखंड पर जाकर बैठ गया, और उसे तोड़ने का उद्योग करने लगा; क्योंकि इसी के नीचे एक गुप्त पहाड़ी पथ था।

४

निशा का अन्धकार कानन-प्रदेश में अपना पूरा अधिकार जमाये हुए है। प्राय: आधी रात बीत चुकी है। पर केवल उन अग्नि-स्फुलिंगों से कभी-कभी थोड़ा-सा जुगनू का-सा प्रकाश हो जाता है, जो कि रसिया के शस्त्र-प्रहार से पत्थर में से निकल पड़ते हैं। दनादन् चोट चली जा रही है-विराम नहीं है क्षण भर भी-न तो उस शैल को और न उस शस्त्र को। अलौकिक शक्ति से वह युवक अविराम चोट लगाये ही जा रहा है। एक क्षण के लिये भी इधर-उधर नहीं देखता। देखता है, तो केवल अपना हाथ और पत्थर; उंगली एक तो पहले ही कुचली जा चुकी थी, दूसरे अविराम परिश्रम! इससे रक्त बहने लगा था। पर विश्राम कहाँ? उस वज्रसार शैल पर वज्र के समान कर से वह युवक चोट लगाये ही जाता है। केवल परिश्रम ही नहीं, युवक सफल भी हो रहा है। उसकी एक-एक चोट में दस-दस सेर के ढोके कट-कटकर पहाड़ पर से लुढ़कते हैं, जो सोये हुए जंगली पशुओं को घबड़ा देते हैं। यह क्या है? केवल उसकी तन्मयता-केवल प्रेम ही उस पाषाण को भी तोड़ डालता है।

फिर वही दनादन्-बराबर लगातार परिश्रम, विराम नहीं है! इधर उस खिड़की में से आलोक भी निकल रहा है और कभी-कभी एक मुखड़ा उस खिड़की से झाँककर देख रहा है। पर युवक को कुछ ध्यान नहीं, वह अपना कार्य करता जा रहा है।

अभी रात्रि के जाने के लिए पहर-भर है। शीतल वायु उस कानन को शीतल कर रही है। अकस्मात् 'तरुण-कुक्कुट-कण्ठनाद' सुनाई पड़ा, फिर कुछ नहीं। वह कानन एकाएक शून्य हो गया। न तो वह शब्द ही है और न तो पत्थरों से अग्नि-स्फुलिंग निकलते हैं।

अकस्मात् उस खिड़की में से एक सुन्दर मुख निकला। उसने आलोक डालकर देखा कि रसिया

एक पात्र हाथ में लिये है और कुछ कह रहा है। इसके उपरान्त वह उस पात्र को पी गया और थोड़ी देर में वह उसी शिलाखंड पर गिर पड़ा। यह देख उस मुख से भी एक हल्का चीत्कार निकल गया। खिड़की बंद हो गयी। फिर केवल अन्धकार रह गया।

५

प्रभात का मलय-मारुत उस अर्बुद-गिरि के कानन में वैसी क्रीड़ा नहीं कर रहा है, जैसी पहले करता था। दिवाकर की किरण भी कुछ प्रभात के मिस से मन्द और मलिन हो रही है। एक शव के समीप एक पुरुष खड़ा है, और उसकी आँखों से अश्रुधारा बह रही है, और वह कह रहा है-बलवंत! ऐसी शीघ्रता क्या थी, जो तुमने ऐसा किया? यह अर्बुद-गिरि का प्रदेश तो कुछ समय में यह वृद्ध तुम्हीं को देता, और तुम उसमें चाहे जिस स्थान पर अच्छे पर्यंक पर सोते। फिर, ऐसे क्यों पड़े हो? वत्स! यह तो केवल तुम्हारी परीक्षा[1] थी, यह तुमने क्या किया?

इतने में एक सुन्दरी विमुक्त-कुन्तला-जो कि स्वयं राजकुमारी थी-दौड़ी हुई आयी और उस शव को देखकर ठिठक गयी, नतजानु होकर उस पुरुष का, जो कि महाराज थे और जिसे इस समय तक राजकुमारी पहचान न सकी थी-चरण धरकर बोली-महात्मन् ! क्या व्यक्ति ने, जो यहाँ पड़ा है, मुझे कुछ देने के लिए आपको दिया है? या कुछ कहा है?

महाराज ने चुपचाप अपने वस्त्र में से एक वस्त्र का टुकड़ा निकालकर दे दिया। उस पर लाल अक्षरों में कुछ लिखा था। उस सुन्दरी ने उसे देखा और देखकर कहा-कृपया आप ही पढ़ दीजिये।

महाराज ने उसे पढ़ा। उसमें लिखा था-"मैं नहीं जानता था कि तुम इतनी निठुर हो। अस्तु; अब मैं यहीं रहूँगा; पर याद रखना; मैं तुमसे अवश्य मिलूँगा, क्योंकि मैं तुम्हें नित्य देखना चाहता हूँ, और ऐसे स्थान में देखूँगा, जहाँ कभी पलक गिरती ही नहीं।

तुम्हारा दर्शनाभिलाषी-
रसिया"

इसी समय महाराज को सुन्दरी पहचान गयी, और फिर चरण धरकर बोली-पिताजी, क्षमा करना। और, शीघ्रतापूर्वक रसिया के कर-स्थित पात्र को लेकर अवशेष पी गयी और गिर पड़ी। केवल उसके मुख से इतना निकला-'पिताजी, क्षमा करना।' महाराज देख रहे थे!

---

[1]   वास्तव में वह शब्द कुक्कुट का नहीं बल्कि छद्म-वेशिनी महारानी का था, जो कि बलवंत सिंह ऐसे दीन व्यक्ति से अपनी कुसुम-कुमारी के पाणिग्रहण की अभिलाषा नहीं रखती थी। किन्तु महाराज इससे अनभिज्ञ थे।

शरणागत

१

प्रभात-कालीन सूर्य की किरणें अभी पूर्व के आकाश में नहीं दिखाई पड़ती हैं। ताराओं का क्षीण प्रकाश अभी अम्बर में विद्यमान है। यमुना के तट पर दो-तीन रमणियाँ खड़ी हैं, और दो-यमुना की उन्हीं क्षीण लहरियों में, जो कि चन्द्र के प्रकाश से रंजित हो रही हैं-स्नान कर रही हैं। अकस्मात् पवन बड़े वेग से चलने लगा। इसी समय एक सुन्दरी, जो कि बहुत ही सुकुमारी थी, उन्हीं तरंगों से निमग्न हो गयी। दूसरी, जो कि घबड़ाकर निकलना चाहती थी, किसी काठ का सहारा पाकर तट की ओर खड़ी हुई अपनी सखियों में जा मिली। पर वहाँ सुकुमारी नहीं थी। सब रोती हुई यमुना के तट पर घूमकर उसे खोजने लगीं।

अन्धकार हट गया। अब सूर्य भी दिखाई देने लगे। कुछ ही देर में उन्हें, घबड़ाई हुई स्त्रियों को आश्वासन देती हुई, एक छोटी-सी नाव दिखाई दी। उन सखियों ने देखा कि वह सुकुमारी उसी नाव पर एक अंग्रेज और एक लेडी के साथ बैठी हुई है।

तट पर आने पर मालूम हुआ कि सिपाही-विद्रोह की गड़बड़ से भागे हुए एक सम्भ्रान्त योरोपियन-दम्पति उस नौका के आरोही हैं। उन्होंने सुकुमारी को डूबते हुए बचाया है और इसे पहुँचाने के लिये वे लोग यहाँ तक आये हैं।

सुकुमारी को देखते ही सब सखियों ने दौड़कर उसे घेर लिया और उससे लिपट-लिपटकर रोने लगीं। अंग्रेज और लेडी दोनों ने जाना चाहा, पर वे स्त्रियाँ कब मानने वाली थीं? लेडी साहिबा को रुकना पड़ा। थोड़ी देर में यह खबर फैल जाने से उस गाँव के जमींदार ठाकुर किशोर सिंह भी उस स्थान पर आ गये। अब, उनके अनुरोध करने से, विल्फर्ड और एलिस को उनका आतिथ्य स्वीकार करने के लिये विवश होना पड़ा क्योंकि सुकुमारी, किशोर सिंह की ही स्त्री थी, जिसे उन लोगों ने बचाया था।

२

चन्दनपुर के जमींदार के घर में, जो यमुना-तट पर बना हुआ है, पाईबाग के भीतर, एक रविश में चार कुर्सियाँ पड़ी हैं। एक पर किशोर सिंह और दो कुर्सियों पर विल्फर्ड और एलिस बैठे हैं, तथा चौथी कुर्सी के सहारे सुकुमारी खड़ी है। किशोर सिंह मुस्करा रहे हैं, और एलिस आश्चर्य की दृष्टि से सुकुमारी को देख रही है।

विल्फर्ड उदास हैं और सुकुमारी मुख नीचा किये हुए है। सुकुमारी ने कनखियों से किशोर सिंह की ओर देखकर सिर झुका लिया।

एलिस-(किशोर सिंह से) बाबू साहब, आप इन्हें बैठने की इजाजत दें।

किशोर सिंह-मैं क्या मना करता हूँ?

एलिस-(सुकुमारी को देखकर) फिर वह क्यों नहीं बैठतीं?

किशोर सिंह-आप कहिये, शायद बैठ जायँ।

विल्फर्ड-हाँ, आप क्यों खड़ी हैं?

बेचारी सुकुमारी लज्जा से गड़ी जाती थी।

एलिस-(सुकुमारी की ओर देखकर) अगर आप न बैठेंगी, तो मुझे बहुत रंज होगा।

किशोर सिंह-यों न बैठेंगी, हाथ पकड़कर बिठाइये।

एलिस सचमुच उठी, पर सुकुमारी एक बार किशोर सिंह की ओर वक्र दृष्टि से देखकर हँसती हुई पास की बारहदरी में भागकर चली गयी, किन्तु एलिस ने पीछा न छोड़ा। वह भी वहाँ पहुँची, और उसे पकड़ा। सुकुमारी एलिस को देख गिड़-गिड़ाकर बोली-क्षमा कीजिये, हम लोग पति के सामने कुर्सी पर नहीं बैठतीं, और न कुर्सी पर बैठने का अभ्यास ही है।

एलिस चुपचाप खड़ी रह गयी, यह सोचने लगी कि-क्या सचमुच पति के सामने कुर्सी पर न बैठना चाहिये। फिर उसने सोचा-यह बेचारी जानती ही नहीं कि कुर्सी पर बैठने में क्या सुख है?

३

चन्दनपुर के जमींदार के यहाँ आश्रय लिये हुए योरोपियन-दम्पति सब प्रकार सुख से रहने पर भी सिपाहियों का अत्याचार सुनकर शंकित रहते थे। दयालु किशोर सिंह यद्यपि उन्हें बहुत आश्वासन देते, तो भी कोमल प्रकृति की सुन्दरी एलिस सदा भयभीत रहती थी।

दोनों दम्पति कमरे में बैठे हुए यमुना का सुन्दर जल-प्रवाह देख रहे हैं। विचित्रता यह है कि 'सिगार' न मिल सकने के कारण विल्फर्ड साहब सटक के सड़ाके लगा रहे हैं। अभ्यास न होने के कारण सटक से उन्हें बड़ी अड़चन पड़ती थी, तिस पर सिपाहियों के अत्याचार का ध्यान उन्हें और भी उद्विग्न किये हुए था; क्योंकि एलिस का भय से पीला मुख उनसे देखा न जाता था।

इतने में बाहर कोलाहल सुनाई पड़ा। एलिस के मुख से 'ओ माई गाड' (Oh My God !) निकल पड़ा और भय से वह मूर्च्छित हो गयी। विल्फर्ड और किशोर सिंह ने एलिस को पलंग पर लिटाया, और आप 'बाहर क्या है' सो देखने के लिये चले।

विल्फर्ड ने अपनी राइफल हाथ में ली और साथ में जान चाहा, पर किशोर सिंह ने उन्हें समझाकर बैठाला और आप खूँटी पर लटकती तलवार लेकर बाहर निकल गये।

किशोर सिंह बाहर आ गये, देखा तो पाँच कोस पर जो उनका सुन्दरपुर ग्राम है, उसे सिपाहियों ने लूट लिया और प्रजा दुखी होकर अपने जमींदार से अपनी दुःख-गाथा सुनाने आयी है। किशोर सिंह ने सबको आश्वासन दिया, और उनके खाने-पीने का प्रबन्ध करने के लिए कर्मचारियों को आज्ञा देकर आप विल्फर्ड और एलिस को देखने के लिये भीतर चले आये।

किशोर सिंह स्वाभाविक दयालु थे और उनकी प्रजा उन्हें पिता के समान मानती थी, और उनका उस प्रान्त में भी बड़ा सम्मान था। वह बहुत बड़े इलाकेदार होने के कारण छोटे-से राजा समझे जाते थे। उनका प्रेम सब पर बराबर था। किन्तु विल्फर्ड और सरला एलिस को भी वह बहुत चाहने लगे, क्योंकि प्रियतमा सुकुमारी की उन लोगों ने प्राण-रक्षा की थी।

४

किशोर सिंह भीतर आये। एलिस को देखकर कहा-डरने की कोई बात नहीं है। यह मेरी प्रजा थी, समीप के सुन्दरपुर गाँव में सब रहते हैं। उन्हें सिपाहियों ने लूट लिया है। उनका बंदोबस्त कर दिया गया है। अब उन्हें कोई तकलीफ नहीं।

एलिस ने लम्बी साँस लेकर आँख खोल दी, और कहा-क्या वे सब गये?

सुकुमारी-घबराओ मत, हम लोगों के रहते तुम्हारा कोई अनिष्ट नहीं हो सकता।

विल्फर्ड-क्या सिपाही रियासतों को लूट रहे हैं?

किशोर सिंह-हाँ, पर अब कोई डर नहीं है, वे लूटते हुए इधर से निकल गये।

विल्फर्ड-अब हमको कुछ डर नहीं है।

किशोर सिंह-आपने क्या सोचा?

विल्फर्ड-अब ये सब अपने भाइयों को लूटते हैं, तो शीघ्र ही अपने अत्याचार का फल पावेंगे और इनका किया कुछ न होगा।

किशोर सिंह ने गम्भीर होकर कहा-ठीक है।

एलिस ने कहा-मैं आज आप लोगों के संग भोजन करूँगी।

किशोर सिंह और सुकुमारी एक दूसरे का मुख देखने लगे। फिर किशोर सिंह ने कहा-बहुत अच्छा।

५

साफ दालान में दो कम्बल अलग-अलग दूरी पर बिछा दिये गये हैं। एक पर किशोर सिंह बैठे थे और दूसरे पर विल्फर्ड और एलिस; पर एलिस की दृष्टि बार-बार सुकुमारी को खोज रही थी और वह बार-बार यही सोच रही थी कि किशोर सिंह के साथ सुकुमारी अभी नहीं बैठी।

थोड़ी देर में भोजन आया, पर खानसामा नहीं। स्वयं सुकुमारी एक थाल लिये हैं और तीन-चार औरतों के हाथ में भी खाद्य और पेय वस्तुएँ हैं। किशोर सिंह के इशारा करने पर सुकुमारी ने वह थाल एलिस के सामने रखा, और इसी तरह विल्फर्ड और किशोर सिंह को परस दिया गया। पर किसी ने भोजन करना नहीं आरम्भ किया।

एलिस ने सुकुमारी से कहा-आप क्या यहाँ भी न बैठेंगी? क्या यहाँ भी कुर्सी है?

सुकुमारी-परसेगा कौन?

एलिस-खानसामा।

सुकुमारी-क्यों, क्या मैं नहीं हूँ?

किशोर सिंह-जिद न कीजिये, यह हमारे भोजन कर लेने पर भोजन करती हैं।

एलिस ने आश्चर्य और उदासी-भरी एक दृष्टि सुकुमारी पर डाली। एलिस को भोजन कैसा लगा, सो नहीं कहा जा सकता।

६

भारत में शान्ति स्थापित हो गयी है। अब विल्फर्ड और एलिस अपनी नील की कोठी पर वापस जाने वाले हैं। चन्दनपुर में उन्हें बहुत दिन रहना पड़ा। नील-कोठी वहाँ से दूर है।

दो घोड़े सजे-सजाये खड़े हैं और किशोर सिंह के आठ सशस्त्र सिपाही उनको पहुँचाने के लिए उपस्थित हैं। विल्फर्ड साहब किशोर सिंह से बात-चीत करके छुट्टी पा चुके हैं। केवल एलिस अभी तक भीतर से नहीं आयी। उन्हीं के आने की देर है।

विल्फर्ड और किशोर सिंह पाई-बाग में टहल रहे थे। इतने में सात-आठ स्त्रियों का झुंड मकान

से बाहर निकला। हैं! यह क्या? एलिस ने अपना गाउन नहीं पहना, उसके बदले फिरोजी रंग के रेशमी कपड़े का कामदानी लहँगा और मखमल की कंचुकी, जिसके सितारे रेशमी ओढ़नी के ऊपर से चमक रहे हैं। हैं! यह क्या? स्वाभाविक अरुण अधरों में पान की लाली भी है, आँखों में काजल की रेखा भी है, चोटी भी फूलों से गूँथी जा चुकी है, और मस्तक में सुन्दर सा बाल-अरुण का बिन्द भी तो है!

देखते ही किशोर सिंह खिलखिलाकर हँस पड़े, और विल्फर्ड तो भौंचक्के-से रह गये।

किशोर सिंह ने एलिस से कहा-आपके लिये भी घोड़ा तैयार है-पर सुकुमारी ने कहा-नहीं, इनके लिये पालकी मँगा दो।

सिकंदर की शपथ

१

सूर्य की चमकीली किरणों के साथ, यूनानियों के बरछे की चमक से 'मिंगलौर'-दुर्ग घिरा हुआ है। यूनानियों के दुर्ग तोड़नेवाले यन्त्र दुर्ग की दीवालों से लगा दिये गये हैं, और वे अपना कार्य बड़ी शीघ्रता के साथ कर रहे हैं। दुर्ग की दीवाल का एक हिस्सा टूटा और यूनानियों की सेना उसी भग्न मार्ग से जयनाद करती हुई घुसने लगी। पर वह उसी समय पहाड़ से टकराये हुए समुद्र की तरह फिरा दी गयी, और भारतीय युवक वीरों की सेना उनका पीछा करती हुई दिखाई पड़ने लगी। सिकंदर उनके प्रचण्ड अस्त्राघात को रोकता पीछे हटने लगा।

अफगानिस्तान में 'अश्वक' वीरों के साथ भारतीय वीर कहाँ से आ गये? यह शंका हो सकती है, किन्तु पाठकगण! वे निमन्त्रित होकर उनकी रक्षा के लिये सुदूर से आये हैं, जो कि संख्या में केवल सात हजार होने पर भी ग्रीकों की असंख्य सेना को बराबर पराजित कर रहे हैं।

सिकंदर को उस सामान्य दुर्ग के अवरोध में तीन दिन व्यतीत हो गये। विजय की सम्भावना नहीं है, सिकंदर उदास होकर कैम्प में लौट गया, और सोचने लगा। सोचने की बात ही है। ग़ाजा और परसिपोलिस आदि के विजेता को अफगानिस्तान के एक छोटे-से दुर्ग के जीतने में इतना परिश्रम उठाकर भी सफलता मिलती नहीं दिखाई देती, उलटे कई बार उसे अपमानित होना पड़ा।

बैठे-बैठे सिकंदर को बहुत देर हो गयी। अन्धकार फैलकर संसार को छिपाने लगा, जैसे कोई कपटाचारी अपनी मन्त्रणा को छिपाता हो। केवल कभी-कभी दो-एक उल्लू उस भीषण रणभूमि में अपने भयावह शब्द को सुना देते हैं। सिकंदर ने सीटी देकर कुछ इंगित किया, एक वीर पुरुष सामने दिखाई पड़ा। सिकंदर ने उससे कुछ गुप्त बातें कीं, और वह चला गया। अन्धकार घनीभूत हो जाने पर सिकंदर भी उसी ओर उठकर चला, जिधर वह पहला सैनिक जा चुका था।

२

दुर्ग के उस भाग में, जो टूट चुका था, बहुत शीघ्रता से काम लगा हुआ था, जो बहुत शीघ्र कल की लड़ाई के लिये प्रस्तुत कर दिया गया और सब लोग विश्राम करने के लिये चले गये। केवल एक मनुष्य उसी स्थान पर प्रकाश डालकर कुछ देख रहा है। वह मनुष्य कभी तो खड़ा रहता है और कभी अपनी प्रकाश फैलानेवाली मशाल को लिये हुए दूसरी ओर चला जाता है। उस समय उस घोर अन्धकार में उस भयावह दुर्ग की प्रकाण्ड छाया और भी स्पष्ट हो जाती है। उसी छाया में छिपा हुआ सिकंदर खड़ा है। उसके हाथ में धनुष और बाण है, उसके सब अस्त्र उसके पास हैं। उसका मुख यदि कोई इस समय प्रकाश में देखता, तो अवश्य कहता कि यह कोई बड़ी भयानक बात सोच रहा है, क्योंकि उसका सुन्दर मुखमण्डल इस समय विचित्र भावों से भरा है। अकस्मात् उसके मुख से एक प्रसन्नता का चीत्कार निकल पड़ा, जिसे उसने बहुत व्यग्र होकर छिपाया।

समीप की झाड़ी से एक दूसरा मनुष्य निकल पड़ा, जिसने आकर सिकंदर से कहा-देर न कीजिये, क्योंकि यह वही है।

सिकंदर ने धनुष को ठीक करके एक विषमय बाण उस पर छोड़ा और उसे उसी दुर्ग पर टहलते हुए मनुष्य की ओर लक्ष्य करके छोड़ा। लक्ष्य ठीक था, वह मनुष्य लुढ़ककर नीचे आ रहा। सिकंदर और उसके साथी ने झट जाकर उसे उठा लिया, किन्तु उसके चीत्कार से दुर्ग पर का एक प्रहरी झुककर देखने लगा। उसने प्रकाश डालकर पूछा-कौन है?

उत्तर मिला-मैं दुर्ग से नीचे गिर पड़ा हूँ।

प्रहरी ने कहा-घबड़ाइये मत, मैं डोरी लटकाता हूँ।

डोरी बहुत जल्द लटका दी गयी, अफगान वेशधारी सिकंदर उसके सहारे ऊपर चढ़ गया। ऊपर जाकर सिकंदर ने उस प्रहरी को भी नीचे गिरा दिया, जिसे उसके साथी ने मार डाला और उसका वेश आप लेकर उस सीढ़ी से ऊपर चढ़ गया। जाने के पहले उसने अपनी छोटी-सी सेना को भी उसी जगह बुला लिया और धीरे-धीरे उसी रस्सी की सीढ़ी से वे सब ऊपर पहुँचा दिये गये।

३

दुर्ग के प्रकोष्ठ में सरदार की सुन्दर पत्नी बैठी हुई है। मदिरा-विलोल दृष्टि से कभी दर्पण में अपना सुन्दर मुख और कभी अपने नवीन नील वसन को देख रही है। उसका मुख लालसा की मदिरा से चमक-चमक कर उसकी ही आँखों में चकाचौंध पैदा कर रहा है। अकस्मात् 'प्यारे सरदार', कहकर वह चौंक पड़ी, पर उसकी प्रसन्नता उसी क्षण बदल गयी, जब उसने सरदार के वेश में दूसरे को देखा। सिकंदर का मानुषिक सौन्दर्य कुछ कम नहीं था, अबला-हृदय को और भी दुर्बल बना देने के लिये वह पर्याप्त था। वे एक-दूसरे को निर्निमेष दृष्टि से देखने लगे। पर अफगान-रमणी की शिथिलता देर तक न रही, उसने हृदय के सारे बल को एकत्र करके पूछा-तुम कौन हो?

उत्तर मिला-शाहंशाह सिकंदर।

रमणी ने पूछा-यह वस्त्र किस तरह मिला?

सिकंदर ने कहा-सरदार को मार डालने से।

रमणी के मुख से चीत्कार के साथ ही निकल पड़ा-क्या सरदार मारा गया?

सिकंदर-हाँ, अब वह इस लोक में नहीं है।

रमणी ने अपना मुख दोनों हाथों से ढक लिया, पर उसी क्षण उसके हाथ में एक चमकता हुआ छुरा दिखाई देने लगा।

सिकंदर घुटने के बल बैठ गया और बोला-सुन्दरी! एक जीव के लिये तुम्हारी दो तलवारें बहुत थीं, फिर तीसरी की क्या आवश्यकता है?

रमणी की दृढ़ता हट गयी, और न जाने क्यों उसके हाथ का छुरा छटककर गिर पड़ा, वह भी घुटनों के बल बैठ गयी।

सिकंदर ने उसका हाथ पकड़कर उठाया। अब उसने देखा कि सिकंदर अकेला नहीं है, उसके बहुत से सैनिक दुर्ग पर दिखाई दे रहे हैं। रमणी ने अपना हृदय दृढ़ किया और संदूक खोलकर एक जवाहिरात का डिब्बा ले आकर सिकंदर के आगे रक्खा। सिकंदर ने उसे देखकर कहा-मुझे इसकी आवश्यकता नहीं है, दुर्ग पर मेरा अधिकार हो गया, इतना ही बहुत है।

दुर्ग के सिपाही यह देखकर कि शत्रु भीतर आ गया है, अस्त्र लेकर मारपीट करने पर तैयार हो गये। पर सरदार-पत्नी ने उन्हें मना किया, क्योंकि उसे बतला दिया गया था कि सिकंदर की विजयवाहिनी दुर्ग के द्वार पर खड़ी है।

सिकंदर ने कहा-तुम घबड़ाओ मत, जिस तरह से तुम्हारी इच्छा होगी, उसी प्रकार सन्धि के

नियम बनाये जायेँगे। अच्छा, मैं जाता हूँ।

अब सिकंदर को थोड़ी दूर तक सरदार-पत्नी पहुँचा गयी। सिकंदर थोड़ी सेना छोड़कर आप अपने शिविर में चला गया।

४

सन्धि हो गयी। सरदार-पत्नी ने स्वीकार कर लिया कि दुर्ग सिकंदर के अधीन होगा। सिकंदर ने भी उसी को यहाँ की रानी बनाया और कहा-भारतीय योद्धा जो तुम्हारे यहाँ आये हैं, वे अपने देश को लौटकर चले जायँ। मैं उनके जाने में किसी प्रकार की बाधा न डालूँगा। सब बातें शपथपूर्वक स्वीकार कर ली गयीं।

राजपूत वीर अपने परिवार के साथ उस दुर्ग से निकल पड़े, स्वदेश की ओर चलने के लिए तैयार हुए। दुर्ग के समीप ही एक पहाड़ी पर उन्होंने अपना डेरा जमाया और भोजन करने का प्रबन्ध करने लगे।

भारतीय रमणियाँ जब अपने प्यारे पुत्रों और पतियों के लिये भोजन प्रस्तुत कर रहीं थीं, तो उनमें उस अफगान-रमणी के बारे में बहुत बातें हो रही थीं, और वे सब उसे बड़ी घृणा की दृष्टि से देखने लगीं, क्योंकि उसने एक पति-हत्याकारी को आत्म-समर्पण कर दिया था। भोजन के उपरान्त जब सब सैनिक विराम करने लगे तब युद्ध की बातें कहकर अपने चित्त को प्रसन्न करने लगे। थोड़ी देर नहीं बीती थी कि एक ग्रीक अश्वारोही उनके समीप आता दिखाई पड़ा, जिसे देखकर एक राजपूत युवक उठ खड़ा हुआ और उसकी प्रतीक्षा करने लगा।

ग्रीक सैनिक उसके समीप आकर बोला-शाहंशाह सिकंदर ने तुम लोगों को दया करके अपनी सेना में भरती करने का विचार किया है। आशा है कि इस सम्वाद से तुम लोग बहुत प्रसन्न होगे।

युवक बोल उठा-इस दया के लिये हम लोग कृतज्ञ हैं, पर अपने भाइयों पर अत्याचार करने में ग्रीकों का साथ देने के लिए हम लोग कभी प्रस्तुत नहीं हैं।

ग्रीक-तुम्हें प्रस्तुत होना चाहिये, क्योंकि शाहंशाह सिकंदर की आज्ञा है।

युवक-नहीं महाशय, क्षमा कीजिये। हम लोग आशा करते हैं कि सन्धि के अनुसार हम लोग अपने देश को शान्तिपूर्वक लौट जायेंगे, इसमें बाधा न डाली जायगी।

ग्रीक-क्या तुम लोग इस बात पर दृढ़ हो? एक बार और विचार कर उत्तर दो, क्योंकि उसी उत्तर पर तुम लोगों का जीवन-मरण निर्भर होगा।

इस पर कुछ राजपूतों ने समवेत स्वर से कहा-हाँ-हाँ, हम अपनी बात पर दृढ़ हैं, किन्तु सिकंदर, जिसने देवताओं के नाम से शपथ ली है, अपनी शपथ को न भूलेगा।

ग्रीक-सिकंदर ऐसा मूर्ख नहीं है कि आये हुए शत्रुओं को और दृढ़ होने का अवकाश दे। अस्तु अब तुम लोग मरने के लिए तैयार हो।

इतना कहकर वह ग्रीक अपने घोड़े को घुमाकर सीटी बजाने लगा, जिसे सुनकर अगणित ग्रीक-सेना उन थोड़े से हिन्दओं पर टूट पड़ी।

इतिहास इस बात का साक्षी है कि उन्होंने प्राण-प्रण से युद्ध किया और जब तक कि उनमें एक भी बचा, बराबर लड़ता गया। क्यों न हो, जब उनकी प्यारी स्त्रियाँ उन्हें अस्त्रहीन देखकर तलवार देती थीं और हँसती हुई अपने प्यारे पतियों की युद्ध क्रिया देखती थीं। रणचण्डियाँ भी अकर्मण्य न रहीं, जीवन देकर अपना धर्म रखा। ग्रीकों की तलवारों ने उनके बच्चों को भी रोने न दिया, क्योंकि पिशाच सैनिकों के हाथ सभी मारे गये।

अज्ञात स्थान में निराश्रय होकर उन सब वीरों ने प्राण दिये। भारतीय लोग उनका नाम भी नहीं जानते!

चित्तौर-उद्धार

१

दीपमालाएँ आपस में कुछ हिल-हिलकर इंगित कर रही हैं, किन्तु मौन हैं। सज्जित मन्दिर में लगे हुए चित्र एकटक एक-दूसरे को देख रहे हैं, शब्द नहीं हैं। शीतल समीर आता है, किन्तु धीरे-से वातायन-पथ के पार हो जाता है, दो सजीव चित्रों को देखकर वह कुछ नहीं कह सकता है। पर्यंक पर भाग्यशाली मस्तक उन्नत किये हुए चुपचाप बैठा हुआ युवक, स्वर्ण-पुत्तली की ओर देख रहा है, जो कोने में निर्वात दीपशिखा की तरह प्रकोष्ठ को आलोकित किये हुए है। नीरवता का सुन्दर दृश्य, भाव-विभोर होने का प्रत्यक्ष प्रमाण, स्पष्ट उस गृह में आलोकित हो रहा है।

अकस्मात् गम्भीर कण्ठ से युवक उद्वेग में भर बोल उठा-सुन्दरी! आज से तुम मेरी धर्म-पत्नी हो, फिर मुझसे संकोच क्यों?

युवती कोकिल-स्वर से बोली-महाराजकुमार! यह आपकी दया है, जो दासी को अपनाना चाहते हैं, किन्तु वास्तव में दासी आपके योग्य नहीं है।

युवक-मेरी धर्मपरिणीता वधू, मालदेव की कन्या अवश्य मेरे योग्य है। यह चाटूक्ति मुझे पसन्द नहीं। तुम्हारे पिता ने, यद्यपि वह मेरे चिर-शत्रु हैं, तुम्हारे ब्याह के लिए नारियल भेजा, और मैंने राजपूत धर्मानुसार उसे स्वीकार किया, फिर भी तुम्हारी-ऐसी सुन्दरी को पाकर हम प्रवञ्चित नहीं हुए और इसी अवसर पर अपने पूर्व-पुरुषों की जन्मभूमि का भी दर्शन मिला।

'उदारहृदय राजकुमार! मुझे क्षमा कीजिये। देवता से छलना मनुष्य नहीं कर सकता। मैं इस सम्मान के योग्य नहीं कि पर्यंक पर बैठूँ, किन्तु चरण-प्रान्त में बैठकर एक बार नारी-जीवन का स्वर्ग भोग कर लेने में आपके-ऐसे देवता बाधा न देंगे।'

इतना कहकर युवती ने पर्यंक से लटकते हुए राजकुमार के चरणों को पकड़ लिया।

वीर कुमार हम्मीर अवाक् होकर देखने लगे। फिर उसका हाथ पकड़कर पास में बैठा लिया। राजकुमारी शीघ्रता से उतरकर पलंग के नीचे बैठ गयी।

दाम्पत्य-सुख से अपरिचित कुमार की भँवे कुछ चढ़ गयीं, किन्तु उसी क्षण यौवन के नवीन उल्लास ने उन्हें उतार दिया। हम्मीर ने कहा-फिर क्यों तुम इतना उत्कण्ठित कर रही हो? सुन्दरी! कहो, क्या बात है?

राजकुमारी-मैं विधवा हूँ। सात वर्ष की अवस्था में, सुना है कि मेरा ब्याह हुआ और आठवें वर्ष विधवा हुई। यह भी सुना है कि विधवा का शरीर अपवित्र होता है। तब, जगत्पवित्र शिशौदिया-कुल के कुमार को छूने का कैसे साहस कर सकती हूँ?

हम्मीर-हैं! तुम क्या विधवा हो? फिर तुम्हारा ब्याह पिता ने क्यों किया?

राजकुमारी-केवल देवता को अपमानित करने के लिये।

हम्मीर की तलवार में स्वयं एक झनकार उत्पन्न हुई। फिर भी उन्होंने शान्त होकर कहा-अपमान

इससे नहीं होता, किन्तु परिणीता वधू को छोड़ देने में अवश्य अपमान है।

राजकुमारी-प्रभो! पतिता को लेकर आप क्यों कलंकित होते हैं?

हम्मीर ने मुस्कुराकर कहा-ऐसे निर्दोष और सच्चे रत्न को लेकर कौन कलंकित हो सकता है?

राजकुमारी संकुचित हो गयी। हम्मीर ने हाथ पकड़कर उठाकर पलँग पर बैठाया, और कहा-आओ, तुम्हें मुझसे-समाज, संसार-कोई भी नहीं अलग कर सकता।

राजकुमारी ने वाष्परुद्ध कण्ठ से कहा-इस अनाथिनी को सनाथ करके आपने चिर-ऋणी बनाया, और विह्वल होकर हम्मीर के अंक में सिर रख दिया।

२

कैलवाड़ा-प्रदेश के छोटे-से दुर्ग के एक प्रकोष्ठ में राजकुमार हम्मीर बैठे हुए चिन्ता में निमग्न हैं। सोच रहे थे-जिस दिन मुंज का सिर मैंने काटा, उसी दिन एक भारी बोझ मेरे सिर दिया गया, वह पितृव्य का दिया हुआ महाराणा-वंश का राजतिलक है, उसका पूरा निर्वाह जीवन भर करना कर्तव्य है। चित्तौर का उद्धार करना ही मेरा प्रधान लक्ष्य है। पर देखूँ, ईश्वर कैसे इसे पूरा करता है। इस छोटी-सी सेना से, यथोचित धन का अभाव रहते, वह क्योंकर हो सकता है? रानी मुझे चिन्ताग्रस्त देखकर यही समझती है कि विवाह ही मेरे चिन्तित होने का कारण है। मैं उसकी ओर देखकर मालदेव पर कोई अत्याचार करने पर संकुचित होता हूँ। ईश्वर की कृपा से एक पुत्र भी हुआ, किन्तु मुझे नित्य चिन्तित देखकर रानी पिता के यहाँ चली गयी है। यद्यपि देवता-पूजन करने के लिये ही वहाँ उनका जाना हुआ है, किन्तु मेरी उदासीनता भी कारण है। भगवान एकलिंगेश्वर कैसे इस दु:साध्य कार्य को पूर्ण करते हैं, यह वही जानें।

इसी तरह की अनेक विचार-तरंगें मानस में उठ रही थीं। सन्ध्या की शोभा सामने की गिरि-श्रेणी पर अपनी लीला दिखा रखी है, किन्तु चिन्तित हम्मीर को उसका आनन्द नहीं। देखते-देखते अन्धकार ने गिरिप्रदेश को ढँक लिया। हम्मीर उठे, वैसे ही द्वारपाल ने आकर कहा-महाराज विजयी हों। चित्तौर से एक सैनिक, महारानी का भेजा हुआ, आया है।

थोड़ी ही देर में सैनिक लाया गया और अभिवादन करने के बाद उसने एक पत्र हम्मीर के हाथ में दिया। हम्मीर ने उसे लेकर सैनिक को विदा किया, और पत्र पढ़ने लगे-

प्राणनाथ जीवनसर्वस्व के चरणों में
कोटिश: प्रणाम।

देव! आपकी कृपा ही मेरे लिये कुशल है। मुझे यहाँ आये इतने दिन हुए, किन्तु एक बार भी आपने पूछा नहीं। इतनी उदासीनता क्यों? क्या, साहस में भरकर जो मुझे आपने स्वीकार किया, उसका प्रतिकार कर रहे हैं? देवता! ऐसा न चाहिये। मेरा अपराध ही क्या? मैं आपका चिन्तित मुख नहीं देख सकती, इसीलिए कुछ दिनों के लिए यहाँ चली आयी हूँ, किन्तु बिना उस मुख के देखे भी शान्ति नहीं। अब कहिये, क्या करूँ? देव! जिस भूमि की दर्शनाभिलाषा ने ही आपको मुझसे ब्याह करने के लिये बाध्य किया, उसी भूमि में आने से मेरा हृदय अब कहता है कि आप ब्याह करके नहीं पश्चात्ताप कर रहे हैं, किन्तु आपकी उदासीनता केवल चित्तौर-उद्धार के लिये है। मैं इसमें बाधा-स्वरूप आपको दिखाई पड़ती हूँ। मेरे ही स्नेह से आप पिता के ऊपर चढ़ाई नहीं कर सकते, और पितरों के ऋण से उद्धार नहीं पा रहे हैं। इस जन्म में तो आपसे उद्धार नहीं हो सकती और होने की इच्छा भी नहीं-कभी, किसी भी जन्म में। चित्तौर-अधिष्ठात्री देवी ने मुझे स्वप्न में जो आज्ञा दी है, मैं उसी कार्य के लिये रुकी हूँ। पिता इस समय चित्तौर में नहीं हैं, इससे यह न समझिये कि मैं आपको कायर समझती हूँ, किन्तु इसलिये कि युद्ध में उनके न रहने से उनकी कोई शारीरिक क्षति नहीं होगी। मेरे कारण जिसे आप बचाते हैं, वह बात बच जायेगी। सरदारों से रक्षित चित्तौर-दुर्ग के वीर सैनिकों के

साथ सम्मुख युद्ध में इस समय विजय प्राप्त कर सकते हैं। मुझे निश्चय है, भवानी आपकी रक्षा करेगी। और, मुझे चित्तौर से अपने साथ लिवा न जाकर यहीं सिंहासन पर बैठिये। दासी चरण-सेवा करके कृतार्थ होगी।

३

चित्तौर-दुर्ग के सिंहद्वार पर एक सहस्र राजपूत-सवार और उतने ही भील-धनुर्धर पदातिक उन्मुक्त शस्त्र लिये हुए महाराणा हम्मीर की जय का भीम-नाद कर रहे हैं।

दुर्ग-रक्षक सचेष्ट होकर बुर्जियों पर से अग्नि-वर्षा करा रहा है, किन्तु इन दृढ़ प्रतिज्ञ वीरों को हटाने में असमर्थ है। दुर्गद्वार बंद है। आक्रमणकारियों के पास दुर्गद्वार तोड़ने का कोई साधन नहीं है, तो भी वे अदम्य उत्साह से आक्रमण कर रहे हैं। वीर हम्मीर कतिपय उत्साही वीरों के साथ अग्रसर होकर प्राचीर पर चढ़ने का उद्योग करने लगे, किन्तु व्यर्थ, कोई फल नहीं हुआ। भीलों की बाण-वर्षा से हम्मीर का शत्रुपक्ष निर्बल होता था, पर वे सुरक्षित थे। चारों ओर भीषण हत्याकाण्ड हो रहा है। अकस्मात् दुर्ग का सिंहद्वार सशब्द खुला।

हम्मीर की सेना ने समझा कि शत्रु मैदान में, युद्ध करने के लिये आ गये, बड़े उल्लास से आक्रमण किया गया। किन्तु देखते हैं तो सामने एक सौ क्षत्राणियाँ हाथ में तलवार लिये हुए दुर्ग के भीतर खड़ी हैं! हम्मीर पहले तो संकुचित हुए, फिर जब देखा कि स्वयं राजकुमारी ही उन क्षत्राणियों की नेत्री हैं और उनके हाथ में भी तलवार है, तो वह आगे बढ़े। राजकुमारी ने प्रणाम करके तलवार महाराणा के हाथों में दे दी, राजपूतों ने भीम-नाद के साथ 'एकलिंग की जय' घोषित किया।

वीर हम्मीर अग्रसर नहीं हो रहे हैं। दुर्ग से रक्षक ससैन्य उसी स्थान पर आ गया, किन्तु वहाँ का दृश्य देखकर वह भी अवाक् हो गया। हम्मीर ने कहा-सेनापते! मैं इस तरह दुर्ग-अधिकार पा तुम्हें बन्दी नहीं करना चाहता, तुम ससैन्य स्वतन्त्र हो। यदि इच्छा हो, तो युद्ध करो। चित्तौर-दुर्ग राणा-वंश का है। यदि हमारा होगा, तो एकलिंग-भगवान् की कृपा से उसे हम हस्तगत करेंगे ही।

दुर्ग-रक्षक ने कुछ सोचकर कहा-भगवान की इच्छा है कि आपको आपका पैतृक दुर्ग मिले, उसे कौन रोक सकता है? सम्भव है कि इसमें राजपूतों की भलाई हो। इससे बन्धुओं का रक्तपात हम नहीं कराना चाहते। आपको चित्तौर का सिंहासन सुखद हो, देश की श्री-वृद्धि हो, हिन्दओं का सूर्य मेवाड़-गगन में एक बार फिर उदित हो। भील, राजपूत, शत्रुओं ने मिलकर महाराणा का जयनाद किया, दुन्दुभि बज उठी। मंगल-गान के साथ सपत्नीक हम्मीर पैतृक सिंहासन पर आसीन हुए। अभिवादन ग्रहण कर लेने पर महाराणा ने महिषी से कहा-क्या अब भी तुम कहोगी कि तुम हमारे योग्य नहीं हो?

अशोक

१

पूत-सलिला भागीरथी के तट पर चन्द्रालोक में महाराज चक्रवर्ती अशोक टहल रहे हैं। थोड़ी दूर पर एक युवक खड़ा है। सुधाकर की किरणों के साथ नेत्र-ताराओं को मिलाकर स्थिर दृष्टि से महाराज ने कहा-विजयकेतु, क्या यह बात सच है कि जैन लोगों ने हमारे बौद्ध-धर्माचार्य होने का जनसाधारण में प्रवाद फैलाकर उन्हें हमारे विरुद्ध उत्तेजित किया है और पौण्ड्रवर्धन में एक बुद्धमूर्ति तोड़ी गयी है?

विजयकेतु-महाराज, क्या आपसे भी कोई झूठ बोलने का साहस कर सकता है?

अशोक-मनुष्य के कल्याण के लिये हमने जितना उद्योग किया, क्या वह सब व्यर्थ हुआ? बौद्धधर्म को हमने क्यों प्रधानता दी? इसीलिये कि शान्ति फैलेगी, देश में द्वेष का नाम भी न रहेगा, और उसी शान्ति की छाया में समाज अपने वाणिज्य, शिल्प और विद्या की उन्नति करेगा। पर नहीं, हम देख रहे हैं कि हमारी कामना पूर्ण होने में अभी अनेक बाधाएँ हैं। हमें पहले उन्हें हटाकर मार्ग प्रशस्त करना चाहिये।

विजयकेतु-देव ! आपकी क्या आज्ञा है?

अशोक-विजयकेतु, भारत में एक समय वह था, जब कि इसी अशोक के नाम से लोग काँप उठते थे। क्यों? इसीलिये कि वह बड़ा कठोर शासक था। पर वही अशोक जब से बौद्ध कहकर सर्वत्र प्रसिद्ध हुआ है, उसके शासन को लोग कोमल कहकर भूलने लग गये हैं। अस्तु, तुमको चाहिये कि अशोक का आतंक एक बार फिर फैला दो; और यह आज्ञा प्रचारित कर दो कि जो मनुष्य जैनों का साथी होगा, वह अपराधी होगा; और जो एक जैन का सिर काट लावेगा, वह पुरस्कृत किया जावेगा।

विजयकेतु-(काँपकर) जो महाराज की आज्ञा!

अशोक-जाओ, शीघ्र जाओ।

विजयकेतु चला गया। महाराज अभी वहीं खड़े हैं। नूपुर का कलनाद सुनाई पड़ा। अशोक ने चौंककर देखा, तो बीस-पचीस दासियों के साथ महारानी तिष्यरक्षिता चली आ रही हैं।

अशोक-प्रिये! तुम यहाँ कैसे?

तिष्यरक्षिता-प्राणनाथ! शरीर से कहीं छाया अलग रह सकती है? बहुत देर हुई, मैंने सुना था कि आप आ रहे हैं; पर बैठे-बैठे जी घबड़ा गया कि आने में क्यों देर हो रही है। फिर दासी से ज्ञात हुआ कि आप महल के नीचे बहुत देर से टहल रहे हैं। इसीलिये मैं स्वयं आपके दर्शन के लिये चली आई। अब भीतर चलिये!

अशोक-मैं तो आ ही रहा था। अच्छा चलो।

अशोक और तिष्यरक्षिता समीप के सुन्दर प्रासाद की ओर बढ़े। दासियाँ पीछे थीं।

२

राजकीय कानन में अनेक प्रकार के वृक्ष, सुरभित सुमनों से भरे झूम रहे हैं। कोकिला भी कूक-कूक कर आम की डालों को हिलाये देती है। नव-वसंत का समागम है। मलयानिल इठलाता हुआ कुसुम-कलियों को ठुकराता जा रहा है।

इसी समय कानन-निकटस्थ शैल के झरने के पास बैठकर एक युवक जल-लहरियों की तरंग-भंगी देख रहा है। युवक बड़े सरल विलोकन से कृत्रिम जलप्रपात को देख रहा है। उसकी मनोहर लहरियाँ जो बहुत ही जल्दी-जल्दी लीन हो स्रोत में मिलकर सरल पथ का अनुकरण करती हैं, उसे बहुत ही भली मालूम हो रही हैं। पर युवक को यह नहीं मालूम कि उसकी सरल दृष्टि और सुन्दर अवयव से विवश होकर एक रमणी अपने परम पवित्र पद से च्युत होना चाहती है।

देखो, उस लता-कुंज में, पत्तियों की ओट में, दो नीलमणि के समान कृष्णतारा चमककर किसी अदृश्य आश्रर्य का पता बता रहे हैं। नहीं-नहीं, देखो, चन्द्रमा में भी कहीं तारे रहते हैं? वह तो किसी सुन्दरी के मुख-कमल का आभास है।

युवक अपने आनन्द में मग्न है। उसे इसका कुछ भी ध्यान नहीं है कि कोई व्याघ्र उसकी ओर अलक्षित होकर बाण चला रहा है। युवक उठा, और उसी कुंज की ओर चला। किसी प्रच्छन्न शक्ति की प्रेरणा से वह उसी लता-कुञ्ज की ओर बढ़ा। किन्तु उसकी दृष्टि वहाँ जब भीतर पड़ी, तो वह अवाक् हो गया। उसके दोनों हाथ आप जुट गये। उसका सिर स्वयं अवनत हो गया।

रमणी स्थिर होकर खड़ी थी। उसके हृदय में उद्वेग और शरीर में कम्प था। धीरे-धीरे उसके होंठ हिले और कुछ मधुर शब्द निकले। पर वे शब्द स्पष्ट होकर वायुमण्डल में लीन हो गये। युवक का सिर नीचे ही था। फिर युवती ने अपने को सम्भाला, और बोली-कुनाल, तुम यहाँ कैसे? अच्छे तो हो?

माताजी की कृपा से-उत्तर में कुनाल ने कहा।

युवती मन्द मुस्कान के साथ बोली-मैं तुम्हें देर से यहाँ छिप कर देख रही हूँ।

कुनाल-महारानी तिष्यरक्षिता को छिपकर मुझे देखने की क्या आवश्यकता है?

तिष्यरक्षिता-(कुछ कम्पित स्वर से) तुम्हारे सौन्दर्य से विवश होकर।

कुनाल-(विस्मित तथा भयभीत होकर) पुत्र का सौन्दर्य तो माता ही का दिया हुआ है।

तिष्यरक्षिता-नहीं कुनाल, मैं तुम्हारी प्रेम-भिखारिनी हूँ, राजरानी नहीं हूँ; और न तुम्हारी माता हूँ।

कुनाल-(कुंज से बाहर निकलकर) माताजी, मेरा प्रणाम ग्रहण कीजिए, और अपने इस पाप का शीघ्र प्रायश्चित कीजिये। जहाँ तक सम्भव होगा, अब आप इस पाप-मुख को कभी न देखेंगी।

इतना कहकर शीघ्रता से वह युवक राजकुमार कुनाल, अपनी विमाता की बात सोचता हुआ, उपवन के बाहर निकल गया। पर तिष्यरक्षिता किंकर्तव्यविमूढ़ होकर वहीं तब तक खड़ी रहीं, जब तक किसी दासी के भूषण-शब्द ने उसकी मोह-निद्रा को भंग नहीं किया।

३

श्रीनगर के समीपवर्ती कानन में एक कुटीर के द्वार पर कुनाल बैठा हुआ ध्यानमग्न है। उसकी सुशील पत्नी उसी कुटीर में कुछ भोजन बना रही है।

कुटीर स्वच्छ तथा उसकी भूमि परिष्कृत है। शान्ति की प्रबलता के कारण पवन भी उसी समय धीरे-धीरे चल रहा है।

किन्तु वह शान्ति देर तक न रही, क्योंकि एक दौड़ता हुआ मृगशावक कुनाल की गोद में आ

गिरा, जिससे उसके ध्यान में विघ्न हुआ, और वह खड़ा हो गया। कुनाल ने उस मृगशावक को देखकर समझा कि कोई व्याघ्र भी इसके पीछे आता ही होगा। पर जब कोई उसे न देख पड़ा, तो उसने उस मृगशावक को अपनी स्त्री 'धर्मरक्षिता' को देकर कहा-प्रिये! क्या तुम इसको बच्चे की तरह पालोगी?

धर्मरक्षिता-प्राणनाथ, हमारे ऐसे वनचारियों को ऐसे ही बच्चे चाहिये।

कुनाल-प्रिये! तुमको हमारे साथ बहुत कष्ट है।

धर्मरक्षिता-नाथ, इस स्थान पर यदि सुख न मिला, तो मैं समझूँगी कि संसार में भी कहीं सुख नहीं है।

कुनाल-किन्तु प्रिये, क्या तुम्हें वे सब राज-सुख याद नहीं आते? क्या उनकी स्मृति तुम्हें नहीं सताती? और, क्या तुम अपनी मर्म-वेदना से निकलते हुए आँसुओं को रोक नहीं लेतीं! या वे सचमुच हैं ही नहीं?

धर्मरक्षिता-प्राणधार! कुछ नहीं है। यह सब आपका भ्रम है। मेरा हृदय जितना इस शान्त वन में आनन्दित है, उतना कहीं भी न रहा। भला ऐसे स्वभाववर्धित, सरल-सीधे और सुमनवाले साथी कहाँ मिलते? ऐसी मृदुला लताएँ, जो अनायास ही चरण को चूमती हैं, कहाँ उस जनरव से भरे राजकीय नगर में मिली थीं? नाथ, और सच कहना, (मृग को चूमकर) ऐसा प्यारा शिशु भी तुम्हें आज तक कहीं मिला था? तिस पर भी आपको अपनी विमाता की कृपा से जो दुःख मिलता था, वह भी यहाँ नहीं है। फिर ऐसा सुखमय जीवन और कौन होगा?

कुनाल के नेत्र आँसुओं से भर आये, और वह उठकर टहलने लगे। धर्मरक्षिता भी अपने कार्य में लगी। मधुर पवन भी उस भूमि में उसी प्रकार चलने लगा। कुनाल का हृदय अशान्त हो उठा, और वह टहलता हुआ कुछ दूर निकल गया। जब नगर का समीपवर्ती प्रान्त उसे दिखाई पड़ा, तब वह रुक गया और उसी ओर देखने लगा।

४

पाँच-छः मनुष्य दौड़ते हुए चले आ रहे हैं। वे कुनाल के पास पहुँचना ही चाहते थे कि उनके पीछे बीस अश्वारोही देख पड़े। वे सब-के-सब कुनाल के समीप पहुँचे। कुनाल चकित दृष्टि से उन सबको देख रहा था।

आगे दौड़कर आनेवालों ने कहा-महाराज, हम लोगों को बचाइये।

कुनाल उन लोगों को पीछे करके आप आगे डटकर खड़ा हो गया। वे अश्वारोही भी उस युवक कुनाल के अपूर्व तेजोमय स्वरूप को देखकर सहमकर, उसी स्थान पर खड़े हो गये। कुनाल ने उन अश्वारोहियों से पूछा-तुम लोग इन्हें क्यों सता रहे हो? क्या इन लोगों ने कोई ऐसा कार्य किया है, जिससे ये लोग न्यायतः दण्डभागी समझे गये हैं?

एक अश्वारोही, जो उन लोगों का नायक था, बोला-हम लोग राजकीय सैनिक हैं, और राजा की आज्ञा से इन विधर्मी जैनियों का बध करने के लिये आये हैं। पर आप कौन हैं, जो महाराज चक्रवर्ती देवप्रिय अशोकदेव की आज्ञा का विरोध करने पर उद्यत हैं?

कुनाल-चक्रवर्ती अशोक! वह कितना बड़ा राजा है?

नायक-मूर्ख! क्या तू अभी तक महाराज अशोक का पराक्रम नहीं जानता, जिन्होंने अपने प्रचण्ड भुजदण्ड के बल से कलिंग-विजय किया है? और, जिनकी राज्य-सीमा दक्षिण में केरल और मलयगिरि, उत्तर में सिन्धुकोश-पर्वत, तथा पूर्व और पश्चिम में किरात-देश और पटल हैं! जिनकी मैत्री के लिये यवन-नृपति लोग उद्योग करते रहते हैं, उन महाराज को तू भलीभाँति नहीं जानता?

कुनाल-परन्तु इससे भी बड़ा कोई साम्राज्य है, जिसके लिये किसी राज्य की मैत्री की आवश्यकता नहीं है।

नायक-इस विवाद की आवश्यकता नहीं है, हम अपना काम करेंगे।

कुनाल-तो क्या तुम लोग इन अनाथ जीवों पर कुछ दया न करोगे?

इतना कहते-कहते राजकुमार को कुछ क्रोध आ गया, नेत्र लाल हो गये। नायक उस तेजस्वी मूर्ति को देखकर एक बार फिर सहम गया।

कुनाल ने कहा-अच्छा, यदि तुम न मानोगे, तो यहाँ के शासक से जाकर कहो कि राजकुमार कुनाल तुम्हें बुला रहे हैं।

नायक सिर झुकाकर कुछ सोचने लगा। तब उसने अपने एक साथी की ओर देखकर कहा-जाओ, इन बातों को कहकर, दूसरी आज्ञा लेकर जल्द आओ।

अश्वारोही शीघ्रता से नगर की ओर चला। शेष सब लोग उसी स्थान पर खड़े थे।

थोड़ी देर में उसी ओर से दो अश्वारोही आते हुए दिखाई पड़े। एक तो वही था,जो भेजा गया था, और दूसरा उस प्रदेश का शासक था। समीप आते ही वह घोड़े पर से उतर पड़ा और कुनाल का अभिवादन करने के लिए बढ़ा। पर कुनाल ने रोक कर कहा-बस, हो चुका, मैंने आपको इसलिये कष्ट दिया है कि इन निरीह मनुष्यों की हिंसा की जा रही है।

शासक-राजकुमार! आपके पिता की आज्ञा ही ऐसी है, और आपका यह वेश क्या है?

कुनाल-इसके पूछने की कोई आवश्यकता नहीं, पर क्या तुम इन लोगों को मेरे कहने से छोड़ सकते हो?

शासक-(दु:खित होकर) राजकुमार, आपकी आज्ञा हम कैसे टाल सकते हैं, (ठहरकर) पर एक और बड़े दु:ख की बात है।

कुनाल-वह क्या?

शासक ने एक पत्र अपने पास से निकालकर कुनाल को दिखलाया। कुनाल उसे पढ़कर चुप रहा, और थोड़ी देर के बाद बोला-तो तुमको इस आज्ञा का पालन अवश्य करना चाहिये।

शासक-पर, यह कैसे हो सकता है?

कुनाल-जैसे हो, वह तो तुम्हें करना ही होगा।

शासक-किन्तु राजकुमार, आपके इस देव-शरीर के दो नेत्र-रत्न निकालने का बल मेरे हाथों में नहीं है। हाँ, मैं अपने इस पद का त्याग कर सकता हूँ।

कुनाल-अच्छा, तो तुम मुझे इन लोगों के साथ महाराज के समीप भेज दो।

शासक ने कहा-जैसी आज्ञा।

५

पौण्ड्रवर्धन नगर में हाहाकार मचा हुआ है। नगर-निवासी प्राय: उद्विग्न हो रहे हैं। पर विशेषकर जैन लोगों ही में खलबली मची हुई है। जैन-रमणियाँ, जिन्होंने कभी घर के बाहर पैर भी नहीं रक्खा था, छोटे शिशुओं को लिये हुए भाग रही हैं। पर जायँ कहाँ? जिधर देखती हैं, उधर ही सशस्त्र उन्मत्त काल बौद्ध लोग उन्मत्तों की तरह दिखाई पड़ते हैं। देखो, वह स्त्री, जिसके केश परिश्रम से खुल गये हैं-गोद का शिशु अलग मचल कर रो रहा है, थककर एक वृक्ष के नीचे बैठ गयी है; अरे देखो! दुष्ट निर्दय वहाँ भी पहुँच गये, और उस स्त्री को सताने लगे।

युवती ने हाथ जोड़कर कहा-आप लोग दुःख मत दीजिये। फिर उसने एक-एक करके अपने सब आभूषण उतार दिये और वे दुष्ट उन सब अलंकारों को लेकर भाग गये। इधर वह स्त्री निद्रा से क्लान्त होकर उसी वृक्ष के नीचे सो गयी।

उधर देखिये, वह एक रथ चला जा रहा है, और उसके पर्दे हटाकर बता रहे हैं कि उसमें स्त्री और पुरुष तीन-चार बैठे हैं। पर सारथी उस ऊँची-नीची पथरीली भूमि में भी उन लोगों की ओर बिना ध्यान दिये रथ शीघ्रता से लिये जा रहा है। सूर्य की किरणें पश्चिम में पीली हो गयी हैं। चारों ओर उस पथ में शान्ति है। केवल उसी रथ का शब्द सुनाई पड़ता है, जो अभी उत्तर की ओर चला जा रहा है।

थोड़ी ही देर में वह रथ सरोवर के समीप पहुँचा और रथ के घोड़े हाँफते हुए थककर खड़े हो गये। अब सारथी भी कुछ न कर सका और उसको रथ के नीचे उतरना पड़ा।

रथ को रुका जानकर भीतर से एक पुरुष निकला और उसने सारथी से पूछा-क्यों, तुमने रथ क्यों रोक दिया?

सारथी-अब घोड़े नहीं चल सकते।

पुरुष-तब तो फिर बड़ी विपत्ति का सामना करना होगा; क्योंकि पीछा करने वाले उन्मत्त सैनिक आ ही पहुँचेंगे।

सारथी-तब क्या किया जाय? (सोचकर) अच्छा, आप लोग इस समीप की कुटी में चलिये, यहाँ कोई महात्मा हैं, वह अवश्य आप लोगों को आश्रय देंगे।

पुरुष ने कुछ सोचकर सब आरोहियों को रथ पर से उतारा, और वे सब लोग उसी कुटी की ओर अग्रसर हुए।

कुटी के बाहर एक पत्थर पर अधेड़ मनुष्य बैठा हुआ है। उसका परिधेय वस्त्र भिक्षुओं के समान है। रथ पर के लोग उसी के सामने जाकर खड़े हुए। उन्हें देखकर वह महात्मा बोले-आप लोग कौन हैं और क्यों आये हैं?

उसी पुरुष ने आगे बढ़कर, हाथ जोड़कर कहा-महात्मन्-हम लोग जैन हैं और महाराज अशोक की आज्ञा से जैन लोगों का सर्वनाश किया जा रहा है। अत: हम लोग प्राण के भय से भाग कर अन्यत्र जा रहे हैं। पर मार्ग में घोड़े थक गये, अब ये इस समय चल नहीं सकते। क्या आप थोड़ी देर तक हम लोगों को आश्रय दीजियेगा?

महात्मा थोड़ी देर सोचकर बोले-अच्छा, आप लोग इसी कुटी में चले जाइये।

स्त्री-पुरुषों ने आश्रय पाया।

अभी उन लोगों को बैठे थोड़ी ही देर हुई है कि अकस्मात् अश्व-पद-शब्द ने सबको चकित और भयभीत कर दिया। देखते-देखते दस अश्वारोही उस कुटी के सामने पहुँच गये। उनमें से एक महात्मा की ओर लक्ष्य करके बोला-ओ भिक्षु, क्या तूने अपने यहाँ भागे हुए जैन विधर्मियों को आश्रय दिया है? समझ रख, तू हम लोगों से बहाना नहीं कर सकता, क्योंकि उनका रथ इस बात का ठीक पता दे रहा है।

महात्मा-सैनिकों, तुम उन्हें लेकर क्या करोगे? मैंने अवश्य उन दुखियों को आश्रय दिया है। क्यों व्यर्थ नर-रक्त से अपने हाथों को रंजित करते हो?

सैनिक अपने साथियों की ओर देखकर बोला-यह दुष्ट भी जैन ही है, ऊपरी बौद्ध बना हुआ है; इसे भी मारो।

'इसे भी मारो' का शब्द गूँज उठा, और देखते-देखते उस महात्मा का सिर भूमि में लोटने लगा।

इस काण्ड को देखते ही कुटी के स्त्री-पुरुष चिल्ला उठे। उन नर-पिशाचों ने एक को भी न छोड़ा! सबकी हत्या की।

अब सब सैनिक धन खोजने लगे। मृत स्त्री-पुरुषों के आभूषण उतारे जाने लगे। एक सैनिक, जो उस महात्मा की ओर झुका था, चिल्ला उठा। सबका ध्यान उसी ओर आकर्षित हुआ। सब सैनिकों ने देखा, उसके हाथ में एक अँगूठी है, जिस पर लिखा है, 'वीताशोक'!

६

महाराज अशोक के भाई, जिनका पता नहीं लगता था, वही 'वीताशोक' मारे गये! चारों ओर उपद्रव शान्त है। पौण्ड्रवर्धन नगर प्रशान्त समुद्र की तरह हो गया है।

महाराज अशोक पाटलिपुत्र के साम्राज्य-सिंहासन पर विचारपति होकर बैठे हैं। राजसभा की शोभा तो कहते नहीं बनती। सुवर्ण-रचित बेल-बूटों की कारीगरी से, जिनमें मणि-माणिक्य स्थानानुकूल बिठाये गये हैं। मौर्य-सिंहासन-मडन्दर भारतवर्ष का वैभव दिखा रहा है, जिसे देखकर पारसीक सम्राट 'दारा' के सिंहासन-मन्दिर को ग्रीक लोग तुच्छ दृष्टि से देखते थे।

धर्माधिकारी, प्राड्विवाक, महामात्य, धर्म-महामात्य रज्जुक, और सेनापति, सब अपने-अपने स्थान पर स्थित हैं। राजकीय तेज का सन्नाटा सबको मौन किये है।

देखते-देखते एक स्त्री और एक पुरुष उस सभा में आये। सभास्थित सब लोगों की दृष्टि को पुरुष के अवनत तथा बड़े-बड़े नेत्रों ने आकर्षित कर लिया। किन्तु सब नीरव हैं। युवक और युवती ने मस्तक झुकाकर महाराजा को अभिवादन किया।

स्वयं महाराजा ने पूछा-तुम्हारा नाम?

उत्तर-कुनाल।

प्रश्न-पिता का नाम।

उत्तर-महाराज चक्रवर्ती धर्माशोक।

सब लोग उत्कण्ठा और विस्मय से देखने लगे कि अब क्या होता है, पर महाराज का मुख कुछ भी विकृत न हुआ, प्रत्युत और भी गम्भीर स्वर से प्रश्न करने लगे।

प्रश्न-तुमने कोई अपराध किया है?

उत्तर-अपनी समझ से तो मैंने अपराध से बचने का उद्योग किया था।

प्रश्न-फिर तुम किस तरह अपराधी बनाये गये?

उत्तर-तक्षशिला के महासामन्त से पूछिये।

महाराज की आज्ञा होते ही शासक ने अभिवादन के उपरान्त एक पत्र उपस्थित किया, जो अशोक के कर में पहुँचा।

महाराज ने क्षण-भर में महामात्य से फिरकर पूछा-यह आज्ञा-पत्र कौन ले गया था, उसे बुलाया जाय।

पत्रवाहक भी आया और कम्पित स्वर से अभिवादन करते हुए बोला-धर्मावितार, यह पत्र मुझे महादेवी तिष्यरक्षिता के महल से मिला था, और आज्ञा हुई थी कि इसे शीघ्र तक्षशिला के शासक के पास पहुँचाओ।

महाराज ने शासक की ओर देखा। उसने हाथ जोड़कर कहा-महाराज, यही आज्ञा-पत्र लेकर गया था।

महाराज ने गम्भीर होकर अमात्य से कहा-तिष्यरक्षिता को बुलाओ।

महामात्य ने कुछ बोलने की चेष्टा की, किन्तु महाराज के भृकुटिभंग ने उन्हें बोलने से निरस्त किया; अब वह स्वयं उठे और चले।

७

महादेवी तिष्यरक्षिता राजसभा में उपस्थित हुईं। अशोक ने गम्भीर स्वर से पूछा-यह तुम्हारी लेखनी से लिखा गया है? क्या उस दिन तुमने इसी कुकर्म के लिये राजमुद्रा छिपा ली थी? क्या कुनाल के बड़े-बड़े सुन्दर नेत्रों ने ही तुम्हें आँखें निकलवाने की आज्ञा देने के लिये विवश किया था? अवश्य तुम्हारा ही यह कुकर्म है। अस्तु, तुम्हारी-ऐसी स्त्री को पृथ्वी के ऊपर नहीं, किन्तु भीतर रहना चाहिये।

सब लोग काँप उठे। कुनाल ने आगे बढ़ घुटने टेक दिये और कहा-क्षमा।

अशोक ने गम्भीर स्वर से कहा-नहीं।

तिष्यरक्षिता उन्हीं पुरुषों के साथ गयी, जो लोग उसे जीवित समाधि देनेवाले थे। महामात्य ने राजकुमार कुनाल को आसन पर बैठाया और धर्मरक्षिता महल में गयी।

महामात्य ने एक पत्र और अँगूठी महाराज को दी। यह पौण्ड्रवर्धन के शासक का पत्र तथा वीताशोक की अँगूठी थी।

पत्र-पाठ करके और मुद्रा को देखकर वही कठोर अशोक विह्वल हो गये, ओर अवसन्न होकर सिंहासन पर गिर पड़े।

उसी दिन से कठोर अशोक ने हत्या की आज्ञा बन्द कर दी, स्थान-स्थान पर जीवहिंसा न करने की आज्ञा पत्थरों पर खुदवा दी गयी।

कुछ ही काल के बाद महाराज अशोक ने उद्विग्न चित्त को शान्त करने के लिये भगवान बुद्ध के प्रसिद्ध स्थानों को देखने के लिए धर्म-यात्रा की।

गुलाम

१

फूल नहीं खिलते हैं, बेले की कलियाँ मुरझाई जा रही हैं। समय में नीरद ने सींचा नहीं, किसी माली की भी दृष्टि उस ओर नहीं घूमी; अकाल में बिना खिले कुसुम-कोरक म्लान होना ही चाहता है। अकस्मात् डूबते सूर्य की पीली किरणों की आभा से चमकता हुआ एक बादल का टुकड़ा स्वर्ण-वर्षा कर गया। परोपकारी पवन उन छींटों को ढकेलकर उन्हें एक कोरक पर लाद गया। भला इतना भार वह कैसे सह सकता है! सब ढुलककर धरणी पर गिर पड़े। कोरक भी कुछ हरा हो गया।

यमुना के बीच धारा में एक छोटी, पर बहुत ही सुन्दर तरणी, मन्द पवन के सहारे धीरे-धीरे बह रही है। सामने के महल से अनेक चन्द्रमुख निकलकर उसे देख रहे हैं। चार कोमल सुन्दरियाँ डाँड़ें चला रही हैं, और एक बैठी हुई सितारी बजा रही है। सामने, एक भव्य पुरुष बैठा हुआ उसकी ओर निर्निमेष दृष्टि से देख रहा है।

पाठक! यह प्रसिद्ध शाहआलम दिल्ली के बादशाह हैं। जलक्रीड़ा हो रही है।

सान्ध्य-सूर्य की लालिमा जीनत-महल के अरुण मुख-मण्डल की शोभा और भी बढ़ा रही है। प्रणयी बादशाह उस आतप-मण्डित मुखारविन्द की ओर सतृष्ण नयन से देख रहे हैं, जिस पर बार-बार गर्व और लज्जा का दुबारा रंग चढ़ता-उतरता है, और इसी कारण सितार का स्वर भी बहुत शीघ्र चढ़ता-उतरता है। संगीत, तार पर चढक़र दौड़ता हुआ, व्याकुल होकर घूम रहा है; क्षण-भर भी विश्राम नहीं।

जीनत के मुखमण्डल पर स्वेद-बिन्द झलकने लगे। बादशाह ने व्याकुल होकर कहा-बस करो, प्यारी जीनत! बस करो! बहुत अच्छा बजाया, वाह, क्या बात है! साकी, एक प्याला शीराजी शर्बत!

'हुजूर आया'-कहता हुआ एक सुकुमार बालक सामने आया, हाथ में पान-पात्र था। उस बालक की मुख-कान्ति दर्शनीय थी। भरा प्याला छलकना चाहता था, इधर घुँघराली अलकें उसकी आँखों पर बरजोरी एक पर्दा डालना चाहती थीं। बालक प्याले को एक हाथ में लेकर जब केश-गुच्छ को हटाने लगा, तब जीनत और शाहआलम दोनों चकित होकर देखने लगे। अलकें अलग हुईं। बेगम ने एक ठण्डी साँस ली। शाहआलम के मुख से भी एक आह निकलना ही चाहती थी, पर उसे रोककर निकल पड़ा-'बेगम को दो।'

बालक ने दोनों हाथों से पान-पात्र जीनत की ओर बढ़ाया। बेगम ने उसे लेकर पान कर लिया।

नहीं कह सकते कि उस शर्बत ने बेगम को कुछ तरी पहुँचाई या गर्मी; किन्तु हृदय-स्पन्दन अवश्य कुछ बढ़ गया। शाहआलम ने झुककर कहा-एक और!

बालक विचित्र गति से पीछे हटा और थोड़ी देर में दूसरा प्याला लेकर उपस्थित हुआ। पान-पात्र निश्शेष कर शाहआलम ने हाथ कुछ और फैला दिया, और बालक की ओर इंगित करके बोले-कादिर, जरा उँगलियाँ तो बुला दे।

बालक अदब से सामने बैठ गया और उनकी उँगलियों को हाथ में लेकर बुलाने लगा।

मालूम होता है कि जीनत को शर्बत ने कुछ ज्यादा गर्मी पहुँचाई। वह छोटे बजरे के मेहराब में से झुककर यमुना-जल छूने लगी। कलेजे के नीचे एक मखमली तकिया मसली जाने लगी, या न मालूम वही कामिनी के वक्षस्थल को पीडन करने लगी।

शाहआलम की उँगलियाँ, उस कोमल बाल-रवि-कर-समान स्पर्श से, कलियों की तरह चटकने लगीं। बालक की निर्निमेष दृष्टि आकाश की ओर थी। अकस्मात् बादशाह ने कहा-मीना! ख्वाजा-सरा से कह देना कि इस कादिर को अपनी खास तालीम में रखें, और उसके सुपुर्द कर देना।

एक डाँड़े चलाने वाली ने झुककर कहा-बहुत अच्छा हुजूर!

बेगम ने अपने सीने से तकिये को और दबा दिया; किन्तु वह कुछ न बोल सकी, दबकर रह गयी।

२

उपर्युक्त घटना को बहुत दिन बीत गये। गुलाम कादिर अब अच्छा युवक मालूम होने लगा। उसका उन्नत स्कन्ध, भरी-भरी बाँहें और विशाल वक्षस्थल बड़े सुहावने हो गये। किन्तु कौन कह सकता है कि वह युवक है। ईश्वरीय नियम के विरुद्ध उसका पुंसत्व छीन लिया गया है।

कादिर, शाहआलम का प्यारा गुलाम है। उसकी तूती बोल रही है, सो भी कहाँ? शाही नौबतखाने के भीतर।

दीवाने-आम में अच्छी सज-धज है। आज कोई बड़ा दरबार होने वाला है। सब पदाधिकारी अपने योग्यतानुसार वस्त्राभूषण से सजकर अपने-अपने स्थान को सुशोभित करने लगे। शाहआलम भी तख्त पर बैठ गये। तुला-दान होने के बाद बादशाह ने कुछ लोगों का मनसब बढ़ाया और कुछ को इनाम दिया। किसी को हर्बे दिये गये; किसी की पदवी बढ़ायी गयी; किसी की तनख्वाह बढ़ी।

किन्तु बादशाह यह सब करके भी तृप्त नहीं दिखाई पड़ते। उनकी निगाहें किसी को खोज रही हैं। वे इशारा कर रही हैं कि उन्हीं से काम निकल जाय, रसना को बोलना न पड़े; किन्तु करें क्या? वह हो नहीं सकता था। बादशाह ने एक तरफ देखकर कहा-गुलाम कादिर!

कादिर अपने कमरे में कपड़े पहनकर तैयार है, केवल कमरबंद में एक जड़ाऊ दस्ते की कटार लगाना बाकी है, जिसे बादशाह ने उसे प्रसन्न होकर दिया है। कटार लगाकर एक बड़े दर्पण में मुँह देखने की लालसा से वह उस ओर बढ़ा। दर्पण के सामने खड़े होकर उसने देखा, अपरूप सौन्दर्य! किसका? अपना ही। सचमुच कादिर की दृष्टि अपनी आँखों पर से नहीं हटती। मुग्ध होकर वह अपना रूप देख रहा है।

उसका पुरुषोचित सुन्दर मुख-मण्डल तारुण्य-सूर्य के आतप से आलोकित हो रहा है। दोनों भरे हुए कपोल प्रसन्नता से बार-बार लाल हो आते हैं, आँखें हँस रही हैं। सृष्टि सुन्दरतम होकर उसके सामने विकसित हो रही है।

प्रहरी ने आकर कहा-जहाँपनाह ने दरबार में याद किया है।

कादिर चौंक उठा और उसका रंग उतर गया। वह सोचने लगा कि उसका रूप और तारुण्य कुछ नहीं है, किसी काम का नहीं। मनुष्य की सारी सम्पत्ति उससे जबर्दस्ती छीन ली गयी है।

कादिर का जीवन भार हो उठा। निरभ्र, गगन में पावसघन घिर उठे। उसका प्राण तलमला उठा, और वह व्याकुल होकर चाहता था कि दर्पण फोड़ दे।

क्षण-भर में सारी प्रसन्नता मिट्टी में मिल गयी। जीवन दुःसह हो उठा। दाँत आपस में घिस उठे और कटार भी कमर से बाहर निकलने लगी।

कादिर कुछ शान्त हुआ। कुछ सोचकर धीरे-धीरे दरबार की ओर चला। बादशाह के सामने

पहुँचकर यथोचित अभिवादन किया

शाहआलम-कादिर! इतनी देर तक कहाँ रहा?

कादिर-जहाँपनाह! गुलाम की खता माफ हो।

शाहआलम-(हँसते हुए) खता कैसी, कादिर?

कादिर-(जलकर) हुजूर, देर हुई।

शाहआलम-अच्छा, उसकी सजा दी जायगी।

कादिर-(अदब से) लेकिन हुजूर, मेरी भी कुछ अर्ज है।

बादशाह ने पूछा-क्या?

कादिर ने कहा-मुझे यही सजा मिले कि मैं कुछ दिनों के लिये देहली से निकाल दिया जाऊँ।

शाहआलम ने कहा-सो तो बहुत बड़ी सजा है कादिर, ऐसा नहीं हो सकता। मैं तुम्हें कुछ इनाम देना चाहता हूँ, ताकि वह यादगार रहे, और तुम फिर ऐसा कुसूर न करो।

कादिर ने हाथ बाँधकर कहा-हुजूर! इनाम में मुझे छुट्टी ही मिल जाय, ताकि कुछ दिनों तक मैं अपने बूढ़े बाप की खिदमत कर सकूँ।

शाहआलम-(चौंककर) उसकी खिदमत के लिये मेरी दी हुई जागीर काफी है। सहारनपुर में उसकी आराम से गुजरती है।

कादिर ने गिड़गिड़ाकर कहा-लेकिन जहाँपनाह, लड़का होकर मेरा भी कोई फर्ज है।

शाहआलम ने कुछ सोचकर कहा-अच्छा, तुम्हें रुख्सत मिली और यादगार की तरह तुम्हें एक-हजारी मनसब अता किया जाता है, ताकि तुम वहाँ से लौट आने में फिर देर न करो।

उपस्थित लोग 'करामात', हुजूर का एकबाल और बुलन्द हो' की धुन मचाने लगे। गुलाम कादिर अनिच्छा रहते उन लोगों का साथ देता था, और अपनी हार्दिक प्रसन्नता प्रकट करने की कोशिश करता था।

३

भारत के सपूत, हिन्दओं के उज्ज्वल रत्न छत्रपति महाराज शिवाजी ने जो अध्यवसाय और परिश्रम किया, उसका परिणाम मराठों को अच्छा मिला, और उन्होंने भी जब तक उस पूर्व-नीति को अच्छी तरह से माना, लाभ उठाया। शाहआलम के दरबार में क्या-भारत में-आज मराठा-वीर सिन्धिया ही नायक समझा जाता है। सिन्धिया की विपुल वाहिनी के बल से शाहआलम नाममात्र को दिल्ली के सिंहासन पर बैठे हैं। बिना सिन्धिया के मंजूर किये बादशाह-सलामत रत्ती-भर हिल नहीं सकते। सिन्धिया दिल्ली और उसके बादशाह के प्रधान रक्षक हैं। शाहआलम का मुगल रक्त सर्द हो चुका है।

सिन्धिया आपस के झगड़े तय करने के लिये दक्खिन चला गया है। 'मंसूर' नामक कर्मचारी ही इस समय बादशाह का प्रधान सहायक है। शाहआलम का पूरा शुभचिन्तक होने पर भी वह हिन्द सिन्धिया की प्रधानता से भीतर-भीतर जला करता था।

जला हुआ, विद्रोह का झंडा उठाये, इसी समय, गुलाम कादिर रुहेलों के साथ सहारनपुर से आकर दिल्ली के उस पार डेरा डाले पड़ा है। मंसूर उसके लिये हर तरह से तैयार है। एक बार वह भुलावे में आकर चला गया है। अबकी बार उसकी इच्छा है कि वजारत वही करे।

बूढ़े बादशाह संगमरमर के मीनाकारी किये हुए बुर्ज में गावतकिये के सहारे लेटे हुए हैं। मंसूर

सामने हाथ बाँधे खड़ा है। शाहआलम ने भरी हुई आवाज में पूछा-क्यों मंसूर! क्या गुलाम कादिर सचमुच दिल्ली पर हमला करके तख्त छीनना चाहता है? क्या उसको इसीलिए हमने इस मरतबे पर पहुँचाया? क्या सबका आखिरी नतीजा यही है? बोलो, साफ कहो। रुको मत, जिसमें कि तुम बात बना सको।

मंसूर-जहाँपनाह! वह तो गुलाम है। फकत हुजूर की कदमबोसी हासिल करने के लिये आया है। और, उसकी तो यही अर्जी है कि हमारे आका शाहंशाहआलम-हिंद एक काफिर के हाथ की पुतली न बने रहें। अगर हुक्म दें, तो क्या यह गुलाम वह काम नहीं कर सकता?

शाहआलम-मंसूर! इसके माने?

मंसूर-बंद:परवर! वह दिल्ली की वजारत के लिये अर्ज करता है और गुलामी में हाजिर होना चाहता है। उसे तो सिन्धिया से रंज है, हुजूर तो उसके मेहरबान आका हैं।

शाहआलम-(जरा तनकर) हाँ मंसूर, उसे हमने बचपन से पाला है, और इस लायक बनाया।

मंसूर-(मन में) और उसे आपने ही, खुद-गरजी से-जो काबिले-नफरत थी-दुनिया के किसी काम का न रक्खा, जिसके लिये वह जी से जला हुआ है।

शाहआलम-बोलो मंसूर! चुप क्यों हो? क्या वह एहसान-फरामोश है?

मंसूर-हुजूर! फिर, गुलाम खिदमत में बुलाया जावे?

शाहआलम-वजारत देने में मुझे कोई उज्र नहीं है। वह सँभाल सकेगा?

मंसूर-हुजूर, अगर वह न सँभाल सकेगा, तो उसको वही झेलेगा। सिन्धिया खुद उससे समझ लेगा।

शाहआलम-हाँ जी, सिन्धिया से कह दिया जायगा कि लाचारी से उसको वजारत दी गयी। तुम थे नहीं, उसने जबर्दस्ती वह काम अपने हाथ में लिया।

मंसूर-और इससे मुसलमान रियाया भी हुजूर से खुश हो जायगी। तो, उसे हुक्म आने का भेज दिया जाय?

४

दिल्ली के दुर्ग पर गुलाम कादिर का पूर्ण अधिकार हो गया है। बादशाह के कर्मचारियों से सब काम छीन लिया गया है। रुहेलों का किले पर पहरा है। अत्याचारी गुलाम महलों की सब चीजों को लूट रहा है। बेचारी बेगमें अपमान के डर से पिशाच रुहेलों के हाथ, अपने हाथ से अपने आभूषण उतारकर दे रही हैं। पाशविक अत्याचार की मात्रा अब भी पूर्ण नहीं हुई। दीवाने-खास में सिंहासन पर बादशाह बैठे हैं। रुहेलों के साथ गुलाम कादिर उसे घेरकर खड़ा है।

शाहआलम-गुलाम कादिर, अब बस कर! मेरे हाल पर रहम कर, सब कुछ तूने कर लिया। अब मुझे क्यों नाहक परेशान करता है?

गुलाम-अच्छा इसी में है कि अपना छिपा खजाना बता दो।

एक रुहेला-हाँ,हाँ, हम लोगों के लिये भी तो कुछ चाहिये।

शाहआलम-कादिर! मेरे पास कुछ नहीं है। क्यों मुझे तकलीफ देता है?

कादिर-मालूम होता है, सीधी उँगली से घी नहीं निकलेगा।

शाहआलम-मैंने तुझे इस लायक इसलिये बनाया कि तू मेरी इस तरह बेइज्जती करे?

कादिर-तुम्हारे-ऐसों के लिये इतनी ही सजा काफी नहीं है। नहीं देखते हो कि मेरे दिल में बदले की आग जल रही है, मुझे तुमने किस काम का रक्खा? हाय!

मेरी सारी कार्रवाई फजूल है, मेरा सब तुमने लूट लिया है। बदला कहती है कि तुम्हारा गोश्त मैं अपने दाँतों से नोच डालूँ।

शाहआलम-बस कादिर! मैं अपनी खता कुबूल करता हूँ। उसे माफ कर! या तो अपने हाथों से मुझे कत्ल कर डाल! मगर इतनी बेइज्जती न कर!

गुलाम-अच्छा, वह तो किया ही जायेगा! मगर खजाना कहाँ है?

शाहआलम-कादिर! मेरे पास कुछ नहीं है!

गुलाम-अच्छा, तो उतर आएँ तख्त से, देर न करें!

शाहआलम-कादिर! मैं इसी पर बैठा हूँ, जिस पर बैठकर तुझे हुक्म दिया करता था। आ, इसी जगह खंजर से मेरा काम तमाम कर दे।

'वही होगा' कहता हुआ नर-पिशाच कादिर तख्त की ओर बढ़ा। बूढ़े बादशाह को तख्त से घसीटकर नीचे ले आया और उन्हें पटककर छाती पर चढ़ बैठा। खंजर की नोक कलेजे पर रखकर कहने लगा, अब भी अपना खजाना बताओ, तो जान सलामत बच जायगी।

शाहआलम गिड़गिड़ाकर कहने लगे कि ऐसी जिन्दगी की जरूरत नहीं है। अब तू अपना खञ्जर कलेजे के पार कर!

कादिर-लेकिन इससे क्या होगा! अगर तुम मर जाओगे, तो मेरे कलेजे की आग किसे झुलसायेगी; इससे बेहतर है कि मुझसे जैसी चीज छीन ली गयी है, उसी तरह की कोई चीज तुम्हारी भी ली जाय। हाँ, इन्हीं आँखों से मेरी खूबसूरती देखकर तुमने मुझे दुनिया के किसी काम का न रक्खा। लो, मैं तुम्हारी आँखें निकालता हूँ, जिससे मेरा कलेजा कुछ ठण्डा होगा।

इतना कह कादिर ने कटार से शाहआलम की दोनों आँखें निकाल लीं। रोशनी की जगह उन गड्ढों से रक्त के फुहारे निकलने लगे। निकली हुई आँखों को कादिर की आँखें प्रसन्नता से देखने लगीं।

जहाँआरा

१

यमुना के किनारेवाले शाही महल में एक भयानक सन्नाटा छाया हुआ है, केवल बार-बार तोपों की गड़गड़ाहट और अस्त्रों की झनकार सुनाई दे रही है। वृद्ध शाहजहाँ मसनद के सहारे लेटा हुआ है, और एक दासी कुछ दवा का पात्र लिए हुए खड़ी है। शाहजहाँ अन्यमनस्क होकर कुछ सोच रहा है, तोपों की आवाज से कभी-कभी चौंक पड़ता है। अकस्मात् उसके मुख से निकल पड़ा। नहीं-नहीं, क्या वह ऐसा करेगा, क्या हमको तख्त-ताऊस से निराश हो जाना चाहिए?

हाँ, अवश्य निराश हो जाना चाहिए।

शाहजहाँ ने सिर उठाकर कहा-कौन? जहाँआरा? क्या यह तुम सच कहती हो?

जहाँआरा-(समीप आकर) हाँ, जहाँपनाह! यह ठीक है; क्योंकि आपका अकर्मण्य पुत्र ‘दारा’ भाग गया, और नमक-हराम ‘दिलेर खाँ’ क्रूर औरंगजेब से मिल गया, और किला उसके अधिकार में हो गया।

शाहजहाँ-लेकिन जहाँआरा! क्या औरंगजेब क्रूर है? क्या वह अपने बूढ़े बाप की कुछ इज्जत न करेगा? क्या वह मेरे जीते ही तख्त-ताऊस पर बैठेगा?

जहाँआरा-(जिसकी आँखों में अभिमान का अश्रुजल भरा था) जहाँपनाह! आपके इसी पुत्रवात्सल्य ने आपकी यह अवस्था की। औरंगजेब एक नारकीय पिशाच है; उसका किया क्या नहीं हो सकता, एक भले कार्य को छोड़कर।

शाहजहाँ-नहीं जहाँआरा! ऐसा मत कहो।

जहाँआरा-हाँ जहाँपनाह! मैं ऐसा ही कहती हूँ।

शाहजहाँ-ऐसा? तो क्या जहाँआरा! इस बदन में मुगल-रक्त नहीं है? क्या तू मेरी कुछ भी मदद कर सकती है?

जहाँआरा-जहाँपनाह की जो आज्ञा हो।

शाहजहाँ-तो मेरी तलवार मेरे हाथ में दे। जब तक वह मेरे हाथ में रहेगी, कोई भी तख्त-ताऊस मुझसे न छुड़ा सकेगा।

जहाँआरा आवेश के साथ-‘जहाँपनाह! ऐसा ही होगा’। कहती हुई वृद्ध शाहजहाँ की तलवार उसके हाथ में देकर खड़ी हो गयी। शाहजहाँ उठा और लडख़ड़ाकर गिरने लगा, शाहजादी जहाँआरा ने बादशाह को पकड़ लिया, और तख्त-ताऊस के कमरे की ओर ले चली।

२

तख्त-ताऊस पर वृद्ध शाहजहाँ बैठा है, और नकाब डाले जहाँआरा पास ही बैठी हुई है, और कुछ सरदार-जो उस समय वहाँ थे-खड़े हैं; नकीब भी खड़ी है। शाहजहाँ के इशारा करते ही उसने

अपने चिरभ्यस्त शब्द कहने के लिए मुँह खोला। अभी पहला ही शब्द उसके मुँह से निकला था कि उसका सिर छटककर दूर जा रहा! सब चकित होकर देखने लगे।

जिरहबॉंतर से लदा हुआ औरंगजेब अपनी तलवार को रुमाल से पोंछता हुआ सामने खड़ा हो गया, और सलाम करके बोला-हुजूर की तबीयत नासाज सुनकर मुझसे न रहा गया; इसलिए हाजिर हुआ।

शाहजहाँ-(काँपकर) लेकिन बेटा! इतनी खूँरेजी की क्या जरूरत थी? अभी-अभी वह देखो, बुड्ढे नकीब की लाश लोट रही है। उफ़! मुझसे यह नहीं देखा जाता! (काँपकर) क्या बेटा, मुझे भी.. (इतना कहते-कहते बेहोश होकर तख्त से झुक गया)।

औरंगजेब-(कड़ककर अपने साथियों से) हटाओ उस नापाक लाश को।

जहाँआरा से अब न रहा गया, और दौड़कर सुगन्धित जल लेकर वृद्ध पिता के मुख पर छिड़कने लगी।

औरंगजेब-(उधर देखकर) हैं! यह कौन है, जो मेरे बूढ़े बाप को पकड़े हुए है? (शाहजहाँ के मुसाहिबों से) तुम सब बड़े नामाकूल हो; देखते नहीं, हमारे प्यारे बाप की क्या हालत है, और उन्हें अभी भी पलंग पर नहीं लिटाया। (औरंगजेब के साथ-साथ सब तख्त की ओर बढ़े)।

जहाँआरा उन्हें यों बढ़ते देखकर फुरती से कटार निकालकर और हाथ में शाही मुहर किया हुआ कागज निकालकर खड़ी हो गयी और बोली-देखो, इस परवाने के मुताबिक मैं तुम लोगों को हुक्म देती हूँ कि अपनी-अपनी जगह पर खड़े रहो, जब तक मैं दूसरा हुक्म न दूँ।

सब उसी कागज की ओर देखने लगे। उसमें लिखा था-इस शख्स का सब लोग हुक्म मानो और मेरी तरह इज्जत करो।

सब उसकी अभ्यर्थना के लिए झुक गये, स्वयं औरंगजेब भी झुक गया, और कई क्षण तक सब निस्तब्ध थे।

अकस्मात् औरंगजेब तनकर खड़ा हो गया और कड़ककर बोला-गिरफ्तार कर लो इस जादूगरनी को। यह सब झूठा फिसाद है, हम सिवा शाहंशाह के और किसी को नहीं मानेंगे।

सब लोग उस औरत की ओर बढ़े। जब उसने यह देखा, तब फौरन अपना नकाब उलट दिया। सब लोगों ने सिर झुका दिया, और पीछे हट गये। औरंगजेब ने एक बार फिर सिर नीचे कर लिया, और कुछ बड़बड़ा कर जोर से बोला-कौन, जहाँआरा, तुम यहाँ कैसे?

जहाँआरा-औरंगजेब! तुम यहाँ कैसे?

औरंगजेब-(पलटकर अपने लड़के की तरफ देखकर) बेटा! मालूम होता है कि बादशाहआलम-बेगम का कुछ दिमाग बिगड़ गया है, नहीं तो इस बेशर्मी के साथ इस जगह पर न आतीं। तुम्हें इनकी हिफाजत करनी चाहिये।

जहाँआरा-और औरंगजेब के दिमाग को क्या हुआ है, जो वह अपने बाप के साथ बेअदबी से पेश आया..

अभी इतना उसके मुँह से निकला ही था कि शाहजादे ने फुरती से उसके हाथ से कटार निकाल लिया और कहा-मैं अदब के साथ कहता हूँ कि आप महल में चलें, नहीं तो..

जहाँआरा से यह देखकर न रहा गया। रमणी-सुलभ वीर्य और अस्त, क्रन्दन और अश्रु का प्रयोग उसने किया और गिड़गिड़ाकर औरंगजेब से बोली-क्यों औरंगजेब! तुमको कुछ भी दया नहीं है?

औरंगजेब ने कहा-दया क्यों नहीं है बादशाह-बेगम! दारा जैसे तुम्हारा भाई था, वैसा ही मैं भी तो

भाई ही था, फिर तरफदारी क्यों?

जहाँआरा-वह तो बाप का तख्त नहीं लिया चाहता था, उनके हुक्म से सल्तनत का काम चलाता था।

ओरंगजेब-तो क्या मैं वह काम नहीं कर सकता? अच्छा, बहस की जरूरत नहीं है। बेगम को चाहिये कि वह महल में जायँ।

जहाँआरा कातर दृष्टि से वृद्ध मूर्च्छित पिता को देखती हुई शाहजादे की बताई राह से जाने लगी।

३

यमुना के किनारे एक महल में शाहजहाँ पलँग पर पड़ा है, और जहाँआरा उसके सिरहाने बैठी हुई है।

जहाँआरा से जब औरंगजेब ने पूछा कि वह कहाँ रहना चाहती है, तब उसने केवल अपने वृद्ध और हतभागे पिता के साथ रहना स्वीकार किया, और अब वह साधारण दासी के वेश में अपना जीवन अभागे पिता की सेवा में व्यतीत करती है।

वह भड़कदार शाही पेशवाज अब उसके बदन पर नहीं दिखायी पड़ती, केवल सादे वस्त्र ही उसके प्रशान्त मुख की शोभा बढ़ाते हैं। चारों ओर उस शाही महल में एक शान्ति दिखलाई पड़ती है। जहाँआरा ने, जो कुछ उसके पास थे, सब सामान गरीबों को बाँट दिये; और अपने निज के बहुमूल्य अलंकार भी उसने पहनना छोड़ दिया। अब वह एक तपस्विनी ऋषिकन्या-सी हो गयी! बात-बात पर दासियों पर वह झिड़की उसमें नहीं रही। केवल आवश्यक वस्तुओं से अधिक उसके रहने के स्थान में और कुछ नहीं है।

वृद्ध शाहजहाँ ने लेटे-लेटे आँख खोलकर कहा-बेटी,अब दवा की कोई जरूरत नहीं है, यादे-खुदा ही दवा है। अब तुम इसके लिये मत कोशिश करना।

जहाँआरा ने रोकर कहा-पिता, जब तक शरीर है, तब तक उसकी रक्षा करनी ही चाहिये।

शाहजहाँ कुछ न बोलकर चुपचाप पड़े रहे। थोड़ी देर तक जहाँआरा बैठी रही; फिर उठी और दवा की शीशियाँ यमुना के जल में फेंक दीं।

थोड़ी देर तक वहीं बैठी-बैठी वह यमुना का मन्द प्रवाह देखती रही। सोचती थी कि यमुना का प्रवाह वैसा ही है, मुगल साम्राज्य भी तो वैसा ही है; वह शाहजहाँ भी तो जीवित है, लेकिन तख्त-ताऊस पर तो वह नहीं बैठते।

इसी सोच-विचार में वह तब तक बैठी थी, जब तक चन्द्रमा की किरणें उसके मुख पर नहीं पड़ीं।

४

शाहजादी जहाँआरा तपस्विनी हो गयी है। उसके हृदय में वह स्वाभाविक तेज अब नहीं है, किन्तु एक स्वर्गीय तेज से वह कान्तिमयी थी। उसकी उदारता पहले से भी बढ़ गयी। दीन और दुखी के साथ उसकी ऐसी सहानुभूति थी कि लोग 'मूर्तिमती करुणा' मानते थे। उसकी इस चाल से पाषाण-हृदय औरंगजेब भी विचलित हुआ। उसकी स्वतन्त्रता जो छीन ली गयी थी, उसे फिर मिली। पर अब स्वतन्त्रता का उपभोग करने के लिए अवकाश ही कहाँ था? पिता की सेवा और दुखियों के प्रति सहानुभूति करने से उसे समय ही नहीं था। जिसकी सेवा के लिए सैकड़ों दासियाँ हाथ बाँधकर खड़ी रहती थीं, वह स्वयं दासी की तरह अपने पिता की सेवा करती हुई अपना जीवन व्यतीत करने लगी। वृद्ध शाहजहाँ के इंगित करने पर उसे उठाकर बैठाती और सहारा देकर कभी-कभी यमुना के तट तक उसे ले जाती और उसका मनोरंजन करती हुई छाया-सी बनी रहती।

वृद्ध शाहजहाँ ने इहलोक की लीला पूरी की। अब जहाँआरा को संसार में कोई काम नहीं है। केवल इधर-उधर उसी महल में घूमना भी अच्छा नहीं मालूम होता। उसकी पूर्व स्मृति और भी उसे सताने लगी। धीरे-धीरे वह बहुत क्षीण हो गयी। बीमार पड़ी। पर, दवा कभी न पी। धीरे-धीरे उसकी बीमारी बहुत बढ़ी और उसकी दशा बहुत खराब हो गयी, तब औरंगजेब ने सुना। अब उससे भी सहा न हो सका। वह जहाँआरा को देखने के लिये गया।

एक पुराने पलँग पर, जीर्ण बिछौने पर, जहाँआरा पड़ी थी और केवल एक धीमी साँस चल रही थी। औरंगजेब ने देखा कि वह जहाँआरा है, जिसके लिये भारतवर्ष की कोई वस्तु अलभ्य नहीं थी, जिसके बीमार पड़ने पर शाहजहाँ भी व्यग्र हो जाता था और सैकड़ों हकीम उसे आरोग्य करने के लिये प्रस्तुत रहते थे। वह इस तरह एक कोने में पड़ी है!

पाषाण भी पिघला, औरंगजेब की आँखें आँसू से भर आयीं और वह घुटने के बल बैठ गया। समीप मुँह ले जाकर बोला-बहिन, कुछ हमारे लिये हुक्म है?

जहाँआरा ने अपनी आँखें खोल दीं और एक पुरजा उसके हाथ में दिया, जिसे झुककर औरंगजेब ने लिया। फिर पूछा-बहिन, क्या तुम हमें माफ करोगी?

जहाँआरा ने खुली हुई आँखों को आकाश की ओर उठा दिया। उस समय उनमें से एक स्वर्गीय ज्योति निकल रही थी और वह वैसे ही देखती रह गयी। औरंगजेब उठा और उसने आँसू पोंछते हुए पुरजे को पढ़ा। उसमें लिखा था--

बगैर सब्ज: न पोशद कसे मजार मरा।
कि कब्रपोश गरीबाँ हमीं गयाह बसस्त।।

मदन-मृणालिनी

विजया-दशमी का त्योहार समीप है, बालक लोग नित्य रामलीला होने से आनन्द में मग्न हैं।

हाथ में धनुष और तीर लिये हुए एक छोटा-सा बालक रामचन्द्र बनने की तैयारी में लगा हुआ है। चौदह वर्ष का बालक बहुत ही सरल और सुन्दर है।

खेलते-खेलते बालक को भोजन की याद आई। फिर कहाँ का राम बनना और कहाँ की रामलीला। चट धनुष फेंककर दौड़ता हुआ माता के पास जा पहुँचा और उस ममता-मोहमयी माता के गले से लिपटकर-माँ! खाने को दे, माँ! खाने को दे-कहता हुआ जननी के चित्त को आनन्दित करने लगा।

जननी बालक का मचलना देखकर प्रसन्न हो रही थी और थोड़ी देर तक बैठी रहकर और भी मचलना देखा चाहती थी। उसके यहाँ एक पड़ोसिन बैठी थी, अतएव वह एकाएक उठकर बालक को भोजन देने में असमर्थ थी। सहज ही असन्तुष्ट हो जाने वाली पड़ोस की स्त्रियों का सहज क्रोधमय स्वभाव किसी से छिपा न होगा। यदि वह तत्काल उठकर चली जाती, तो पड़ोसिन क्रुद्ध होती। अत: वह उठकर बालक को भोजन देने में आनाकानी करने लगी। बालक का मचलना और भी बढ़ चला। धीरे-धीरे वह क्रोधित हो गया, दौड़कर अपनी कमान उठा लाया; तीर चढ़ाकर पड़ोसिन को लक्ष्य किया और कहा-तू यहाँ से जा, नहीं तो मैं मारता हूँ।

दोनों स्त्रियाँ केवल हँसकर उसको मना करती रहीं। अकस्मात् वह तीर बालक के हाथ से छूट पड़ा और पड़ोसिन की गर्दन में कुछ धँस गया! अब क्या था, वह अर्जुन और अश्वत्थामा का पाशुपतास्त्र हो गया। बालक की माँ बहुत घबरा गयी, उसने अपने हाथ से तीर निकाला, उसके रक्त को धोया, बहुत कुछ ढाढ़स दिया। किन्तु घायल स्त्री का चिल्लाना-कराहना सहज में थमने वाला नहीं था।

बालक की माँ विधवा थी, कोई उसका रक्षक न था। जब उसका पति जीता था, तब तक उसका संसार अच्छी तरह चलता था; अब जो कुछ पूँजी बच रही थी, उसी में वह अपना समय बिताती थी। ज्यों-त्यों करके उसने चिर-संरक्षित धन में से पचीस रुपये उस घायल स्त्री को दिये।

वह स्त्री किसी से यह बात न कहने का वादा करके अपने घर गयी। परन्तु बालक का पता नहीं, वह डर के मारे घर से निकल किसी ओर भाग गया।

माता ने समझा कि पुत्र कहीं डर से छिपा होगा, शाम तक आ जायगा। धीरे-धीरे सन्ध्या-पर-सन्ध्या, सप्ताह-पर-सप्ताह, मास-पर-मास, बीतने लगे; परन्तु बालक का कहीं पता नहीं। शोक से माता का हृदय जर्जर हो गया, वह चारपाई पर लग गयी। चारपाई ने भी उसका ऐसा अनुराग देखकर उसे अपना लिया, और फिर वह उस पर से न उठ सकी। बालक को अब कौन पूछने वाला है!

-- --

कलकत्ता-महानगरी के विशाल भवनों तथा राजमार्गों को आश्चर्य से देखता हुआ एक बालक सुसज्जित भवन के सामने खड़ा है। महीनों कष्ट झेलता, राह चलता, थकता हुआ बालक यहाँ पहुँचा

है।

बालक थोड़ी देर तक यही सोचता था कि अब मैं क्या करूँ, किससे अपने कष्ट की कथा कहूँ। इतने में वहाँ धोती-कमीज पहने हुए एक सभ्य बंगाली महाशय का आगमन हुआ।

उस बालक की चौड़ी हड्डी, सुडौल बदन और सुन्दर चेहरा देखकर बंगाली महाशय रुक गये और उसे एक विदेशी समझकर पूछने लगे।

तुम्हारा मकान कहाँ है?

ब...में।

तुम यहाँ कैसे आये?

भागकर।

नौकरी करोगे?

हाँ।

अच्छा, हमारे साथ चलो।

बालक ने सोचा कि सिवा काम के और क्या करना है, तो फिर इनके साथ ही उचित है। कहा-अच्छा, चलिये।

बंगाली महाशय उस बालक को घुमाते-फिराते एक मकान के द्वार पर पहुँचे। दरबान ने उठकर सलाम किया। वह बालक-सहित एक कमरे में पहुँचे, जहाँ एक नवयुवक बैठा हुआ कुछ लिख रहा था, सामने बहुत से कागज इधर-उधर बिखरे पड़े थे।

युवक ने बालक को देखकर पूछा-बाबूजी, यह बालक कौन है?

यह नौकरी करेगा, तुमको एक आदमी की जरूरत थी ही, सो इसको हम लिवा लाये हैं, अपने साथ रक्खो-बाबूजी यह कहकर घर के दूसरे भाग में चले गये थे।

युवक के कहने पर बालक भी अचकचाता हुआ बैठ गया। उनमें इस तरह बातें होने लगीं-युवक-क्यों जी, तुम्हारा नाम क्या है?

बालक-(कुछ सोचकर) मदन।

युवक-नाम तो बड़ा अच्छा है। अच्छा, कहो, तुम क्या खाओगे? रसोई बनाना जानते हो?

बालक-रसोई बनाना तो नहीं जानते। हाँ, कच्ची-पक्की जैसी हो, बनाकर खा लेते हैं, किन्तु ..

अच्छा, संकोच करने की कोई जरूरत नहीं है-इतना कहकर युवक ने पुकारा-कोई है?

एक नौकर दौड़कर आया-हुजूर, क्या हुक्म है?

युवक ने कहा-इनको भोजन कराने के लिए ले जाओ।

भोजन के उपरान्त बालक युवक के पास आया। युवक ने एक घर दिखाकर कहा कि उस सामने की कोठरी में सोओ और उसे अपने रहने का स्थान समझो।

युवक की आज्ञा के अनुसार बालक उस कोठरी में गया, देखा तो एक साधारण-सी चौकी पड़ी है; एक घड़े में जल, लोटा और गिलास भी रक्खा हुआ है। वह चुपचाप चौकी पर लेट गया।

लेटने पर उसे बहुत-सी बातें याद आने लगीं, एक-एक करके उसे भावना के जाल में फँसाने लगीं। बाल्यावस्था के साथी, उनके साथ खेल-कूद, राम-रावण की लड़ाई, फिर उस विजया-दशमी के दिन की घटना, पड़ोसिन के अंग में तीर का धँस जाना, माता की व्याकुलता, और मार्ग के कष्ट को

सोचते-सोचते उस भयातुर बालक की विचित्र दशा हो गयी।

मनुष्य की मिमियाई निकालने वाली द्वीप-निवासिनी जातियों की भयानक कहानियाँ, जिन्हें उसने बचपन में माता की गोद में पड़े-पड़े सुना था, उसे और भी डराने लगीं। अकस्मात् उसके मस्तिष्क को उद्वेग से भर देनेवाली यह बात भी समा गयी कि-ये लोग तो मुझे नौकर बनाने के लिए अपने यहाँ लाये थे, फिर इतने आराम से क्यों रक्खा है? हो-न-हो, वही टापूवाली बात है। बस, फिर कहाँ की नींद और कहाँ का सुख, करवटें बदलने लगा! मन में यही सोचता था कि यहाँ से किसी तरह भाग चलो।

-- --

परन्तु निद्रा भी कैसी प्यारी वस्तु है! घोर दुःख के समय भी मनुष्य को यही सुख देती है। सब बातों से व्याकुल होने पर भी वह कुछ देर के लिये सो गया।

मदन उसी घर में रहने लगा। अब उसे उतनी घबराहट नहीं मालूम होती। अब वह निर्भय-सा हो गया है। किन्तु अभी तक यह बात कभी-कभी उसे उधेड़-बुन में लगा देती है कि ये लोग मुझसे इतना अच्छा बर्ताव क्यों करते हैं और क्यों इतना सुख देते हैं। पर इन सब बातों को वह उस समय भूल जाता है, जब 'मृणालिनी' उसकी रसोई बनवाने लगती है। देखो, रोटी जलती है, उसे उलट दो, दाल भी चला दो-इत्यादि बातें जब मृणालिनी के कोमल कण्ठ से वीणा की झंकार के समान सुनाई देती है, तब वह अपना दुःख-माता का सोच-सब भूल जाता है।

मदन है तो अबोध, किन्तु संयुक्त प्रान्तवासी होने के कारण स्पृश्यास्पृश्य का उसे बहुत ही ध्यान रहता है। वह दूसरे का बनाया भोजन नहीं करता। अतएव मृणालिनी आकर उसे बताती है और भोजन के समय हवा भी करती है।

मृणालिनी गृहस्वामी की कन्या है। वह देवबाला-सी जान पड़ती है। बड़ी-बड़ी आँखें, उज्ज्वल कपोल, मनोहर अंगभंगी, गुल्फविलम्बित केश-कलाप उसे और भी सुन्दरी बनने में सहायता दे रहे हैं। अवस्था तेरह वर्ष की है; किन्तु वह बहुत गम्भीर है।

नित्य साथ होने से दोनों में अपूर्व भाव का उदय हुआ है। बालक का मुख जब आग की आँच से लाल तथा आँखें धुएँ के कारण आँसुओं से भर जाती हैं, तब बालिका आँखों में आँसू भर कर, रोष-पूर्वक पंखी फेंककर कहती है-लो जी, इससे काम लो, क्यों व्यर्थ परिश्रम करते हो? इतने दिन तुम्हें रसोई बनाते हुए, मगर बनाना न आया!

तब मदन आँच लगने के सारे दुःख को भूल जाता। तब उसकी तृष्णा और बढ़ जाती; भोजन रहने पर भी भूख सताती है। और, सताया जाकर भी वह हँसने लगता है। मन-ही-मन सोचता, मृणालिनी! तुम बंग-महिला क्यों हुईं?

मदन के मन में यह बात क्यों उत्पन्न हुई? दोनों सुन्दर थे, दोनों ही किशोर थे, दोनों संसार से अनभिज्ञ थे, दोनों के हृदय में रक्त था-उच्छ्वास था-आवेग था-विकास था, दोनों के हृदय-सिन्धु में किसी अपूर्व चन्द्र का मधुर-उज्ज्वल प्रकाश पड़ता था, दोनों के हृदय-कानन में नन्दन-पारिजात खिला था!

-- --

जिस परिवार में बालक मदन पलता था, उसके मालिक हैं अमरनाथ बनर्जी। आपके नवयुवक पुत्र का नाम है किशोरनाथ बनर्जी, कन्या का नाम मृणालिनी और गृहिणी का नाम हीरामणि है। बम्बई और कलकत्ता, दोनों स्थानों में, आपकी दूकानें थीं, जिनमें बाहरी चीजों का क्रय-विक्रय होता था; विशेष काम मोती के बनिज का था। आपका आफिस सीलोन में था; वहाँ से मोती की खरीद होती थी। आपकी कुछ जमीन भी वहाँ थी। उससे आपकी बड़ी आय थी। आप प्रायः अपनी बम्बई की दूकान में और आपका परिवार कलकत्ते में रहता था। धन अपार था, किसी चीज की कमी न थी। तो

भी आप एक प्रकार से चिन्तित थे।

संसार में कौन चिन्ताग्रस्त नहीं है? पशु-पक्षी, कीट-पतंग, चेतन और अचेतन, सभी को किसी प्रकार की चिन्ता है। जो योगी हैं, जिन्होंने सब कुछ त्याग दिया है, संसार जिनके वास्ते असार है, उन्होंने भी स्वीकार किया है। यदि वे आत्मचिन्तन न करें, तो उन्हें योगी कौन कहेगा?

किन्तु बनर्जी महाशय की चिन्ता का कारण क्या है? सो पति-पत्नी की इस बातचीत से ही विदित हो जायगा-

अमरनाथ-किशोर तो क्वाँरा ही रहा चाहता है। अभी तक उसकी शादी कहीं पक्की नहीं हुई।

हीरामणि-सीलोन में आपके व्यापार करने तथा रहने से समाज आपको दूसरी ही दृष्टि से देख रहा है।

अमरनाथ-ऐसे समाज की मुझे परवाह नहीं है। मैं तो केवल लड़की और लड़के का ब्याह अपनी जाति में करना चाहता था। क्या टापुओं में जाकर लोग पहले बनिज नहीं करते थे? मैंने कोई अन्य धर्म तो ग्रहण नहीं किया, फिर यह व्यर्थ का आडम्बर क्यों है? और, यदि, कोई खान-पान का दोष दे, तो क्या यहाँ पर तिलक कर पूजा करने वाले लोगों से होटल बचा हुआ है?

हीरामणि-फिर क्या कीजियेगा? समाज तो इस समय केवल उन्हीं बगला-भगतों को परम धार्मिक समझता है!

अमरनाथ-तो फिर अब मैं ऐसे समाज को दूर ही से हाथ जोड़ता हूँ।

हीरामणि-तो क्या ये लड़की-लड़के क्वारे ही रहेंगे?

अमरनाथ-नहीं, अब हमारी यह इच्छा है कि तुम सबको लेकर उसी जगह चलें। यहाँ कई वर्ष रहते भी हुआ किन्तु कार्य सिद्ध होने की कुछ भी आशा नहीं है, तो फिर अपना व्यापार क्यों नष्ट होने दें? इसलिये, अब तुम सबको वहीं चलना होगा। न होगा तो ब्राह्म हो जायँगे, किन्तु यह उपेक्षा अब सही नहीं जाती।

-- --

मदन, मृणालिनी के संगम से बहुत ही प्रसन्न है। सरला मृणालिनी भी प्रफुल्लित है। किशोरनाथ भी उसे बहुत ही प्यार करता है, प्राय: उसी को साथ लेकर हवा खाने के लिए जाता है। दोनों में बहुत ही सौहार्द है। मदन भी बाहर किशोरनाथ के साथ और घर आने पर मृणालिनी की प्रेममयी वाणी से आप्यायित रहता है।

मदन का समय सुख से बीतने लगा। किन्तु बनर्जी महाशय के सपरिवार बाहर जाने की बातों ने एक बार उसके हृदय को उद्वेगपूर्ण बना दिया। वह सोचने लगा कि मेरा क्या परिणाम होगा, क्या मुझे भी चलने के लिए आज्ञा देंगे? और, यदि ये चलने के लिए कहेंगे, तो मैं क्या करूँगा? इनके साथ जाना ठीक होगा या नहीं?

इन सब बातों को वह सोचता ही था कि इतने में किशोरनाथ ने अकस्मात् आकर उसे चौंका दिया। उसने खड़े होकर पूछा-कहिये, आप लोग किस सोच-विचार में पड़े हुए हैं? कहाँ जाने का विचार है?

क्यों, क्या तुम न चलोगे?

कहाँ?

जहाँ हम लोग जायँ।

वही तो पूछता हूँ कि आप लोग कहाँ जायँगे?

सीलोन।

तो मुझसे भी आप वहाँ चलने के लिये कहते हैं?

इसमें तुम्हारी हानि ही क्या है?

(यज्ञोपवीत दिखाकर) इसकी ओर भी तो ध्यान कीजिये!

तो क्या समुद्र-यात्रा तुम नहीं कर सकते?

सुना है कि वहाँ जाने से धर्म नष्ट हो जाता है!

क्यों? जिस तरह तुम यहाँ भोजन बनाते हो, उसी तरह वहाँ भी बनाना।

जहाज पर भी चढऩा होगा!

उसमें हर्ज ही क्या है? लोग गंगासागर और जगन्नाथजी जाते समय जहाज पर नहीं चढ़ते?

मदन अब निरुत्तर हुआ; किन्तु उत्तर सोचने लगा। इतने ही में उधर से मृणालिनी आती हुई दिखायी पड़ी। मृणालिनी को देखते ही उसके विचाररूपी मोतियों को प्रेम-हंस ने चुग लिया और उसे उसकी बुद्धि और भी भ्रमपूर्ण जान पड़ने लगी।

मृणालिनी ने पूछा-क्यों मदन, तुम बाबा के साथ न चलोगे?

जिस तरह वीणा की झंकार से मस्त होकर मृग स्थिर हो जाता है, अथवा मनोहर वंशी की तान से झूमने लगता है, वैसे ही मृणालिनी के मधुर स्वर में मुग्ध मदन ने कह दिया-क्यों न चलूँगा।

-- --

सारा संसार घड़ी-घड़ी-भर पर, पल-पल-भर पर, नवीन-सा प्रतीत होता है और इससे उस विश्वयन्त्र को बनाने वाले स्वतन्त्र की बड़ी भारी निपुणता का पता लगता है; क्योंकि नवीनता की यदि रचना न होती, तो मानव-समाज को यह संसार और ही तरह का भासित होता। फिर उसे किसी वस्तु की चाह न होती, इतनी तरह के व्यावहारिक पदार्थों की कुछ भी आवश्यकता न होती। समाज, राज्य और धर्म के विशेष परिवर्तन-रूपी पट में इसकी मनोहर मूर्ति और भी सलोनी देख पड़ती है। मनुष्य बहुप्रेमी क्यों हो जाता है? मानवों की प्रवृत्ति क्यों दिन-रात बदला करती है? नगर-निवासियों को पहाड़ी घाटियाँ सौन्दर्यमयी प्रतीत होती हैं? विदेश-पर्यटन में क्यों मनोरंजन होता है? मनुष्य क्यों उत्साहित होता है? इत्यादि प्रश्नों के उत्तर में केवल यही कहा जा सकता है कि नवीनता की प्रेरणा!

नवीनता वास्तव में ऐसी ही वस्तु है कि जिससे मदन को भारत से सीलोन तक पहुँच जाना कुछ कष्टकर न हुआ।

विशाल सागर के वक्षस्थल पर दानव-राज की तरह वह जहाज अपनी चाल और उसकी शक्ति दिखा रहा है। उसे देखकर मदन को द्रौपदी और पाण्डवों को लादे हुए घटोत्कच का ध्यान आता था।

उत्ताल तरंगों की कल्लोल-माला अपना अनुपम दृश्य दिखा रही है। चारों ओर जल-ही-जल है, चन्द्रमा अपने पिता की गोद में क्रीड़ा करता हुआ आनन्द दे रहा है। अनन्त सागर में अनन्त आकाश-मण्डल के असंख्य नक्षत्र अपने प्रतिबिम्ब दिखा रहे हैं।

मदन तीन-चार बरस में युवक हो गया है। उसकी भावुकता बढ़ गयी थी। वह समुद्र का सुन्दर दृश्य देख रहा था। अकस्मात् एक प्रकाश दिखायी देने लगा। वह उसी को देखने लगा।

उस मनोहर अरुण का प्रकाश नील जल को भी आरक्तिम बनाने की चेष्टा करने लगा। चंचल तरंगों की लहरियाँ सूर्य की किरणों से क्रीड़ा करने लगीं। मदन उस अनन्त समुद्र को देखकर डरा नहीं किन्तु अपने प्रेममय हृदय का एक जोड़ा देखकर और भी प्रसन्न हुआ वह निर्भीक हृदय से उन लोगों के साथ सीलोन पहुँचा।

-- --

अमरनाथ के विशाल भवन में रहने से मदन को बड़ी ही प्रसन्नता है। मृणालिनी और मदन उसी प्रकार से मिलते-जुलते हैं, जैसे कलकत्ते में मिलते-जुलते थे। लवण-महासमुद्र की महिमा दोनों ही को मनोहर जान पड़ती है। प्रशान्त महासागर के तट की सन्ध्या दोनों के नेत्रों को ध्यान में लगा देती है। डूबते हुए सूर्यदेव देव-तुल्य हृदयों को संसार की गति दिखलाते हैं, अपने राग की आभा उन प्रभातमय हृदयों पर डालते हैं, दोनों ही सागर-तट पर खड़े सिन्धु की तरंग-भंगियों को देखते हैं; फिर भी दोनों ही दोनों की मनोहर अंग-भंगियों में भूले हुए हैं।

महासमुद्र के तट पर बहुत समय तक खड़े होकर मृणालिनी और मदन उस अनन्त का सौन्दर्य देखते थे। अकस्मात् बैण्ड का सुरीला राग सुनाई दिया, जो कि सिन्धु गर्जन को भी भेद कर निकलता था।

मदन, मृणालिनी-दोनों एकाग्रचित् हो उस ओजस्विनी कविवाणी को जातीय संगीत में सुनने लगे। किन्तु वहाँ कुछ दिखाई न दिया। चकित होकर वे सुन रहे थे। प्रबल वायु भी उत्ताल तरंगों को हिलाकर उनको डराता हुआ उसी की प्रतिध्वनि करता था। मन्त्र-मुग्ध के समान सिन्धु भी अपनी तरंगों के घात-प्रतिघात पर चिढ़कर उन्हीं शब्दों को दुहराता है। समुद्र को स्वीकार करते देख कर अनन्त आकाश भी उसी की प्रतिध्वनि करता है।

धीरे-धीरे विशाल सागर के हृदय को फाड़ता हुआ एक जंगी जहाज दिखाई पड़ा। मदन और मृणालिनी, दोनों ही, स्थिर दृष्टि से उसकी ओर देखते रहे। जहाज अपनी जगह पर ठहरा और इधर पोर्ट-संरक्षक ने उस पर सैनिकों के उतरने के लिए यथोचित प्रबन्ध किया।

समुद्र की गम्भीरता, सन्ध्या की निस्तब्धता और बैण्ड के सुरीले राग ने दोनों के हृदयों को सम्मोहित कर लिया, और वे इन्हीं सब बातों की चर्चा करने लग गये।

मदन ने कहा-मृणालिनी, यह बाजा कैसा सुरीला है!

मृणालिनी का ध्यान टूटा। सहसा उसके मुख से निकला-तुम्हारे कल-कण्ठ से अधिक नहीं है।

इसी तरह दिन बीतने लगे। मदन को कुछ काम नहीं करना पड़ता था। जब कभी उसका जी चाहता, तब वह महासागर के तट पर जाकर प्रकृति की सुषमा को निरखता और उसी में आनन्दित होता था। वह प्रायः गोता लगाकर मोती निकालने वालों की ओर देखा करता और मन-ही-मन उनकी प्रशंसा किया करता था।

मदन का मालिक भी उसको कभी कोई काम करने के लिये आज्ञा नहीं देता था। वह उसे बैठा देखकर मृणालिनी के साथ घूमने के लिए जाने की आज्ञा देता था। उसका स्वभाव ही ऐसा सरल था कि सभी सहवासी उससे प्रसन्न रहते थे, वह भी उनसे खूब हिल-मिलकर रहता था।

-- --

संसार भी बड़ा प्रपञ्चमय यन्त्र है। वह अपनी मनोहरता पर आप ही मुग्ध रहता है।

एक एकान्त कमरे में बैठे हुए मृणालिनी और मदन ताश खेल रहे हैं; दोनों जी-जान से अपने-अपने जीतने की कोशिश कर रहे हैं।

इतने ही में सहसा अमरनाथ बाबू उस कोठरी में आये। उनके मुख-मण्डल पर क्रोध झलकता था। वह आते ही बोले-क्यों रे दुष्ट! तू बालिका को फुसला रहा है?

मदन तो सुनकर सन्नाटे में आ गया। उसने नम्रता के साथ होकर पूछा-क्यों पिता, मैंने क्या किया?

अमरनाथ-अभी पूछता ही है! तू इस लड़की को बहका कर अपने साथ लेकर दूसरी जगह

भागना चाहता है?

मदन-बाबूजी, यह आप क्या कह रहे हैं? मुझ पर आप इतना अविश्वास कर रहे हैं? किसी दुष्ट ने आपसे झूठी बात कही है।

अमरनाथ-अच्छा, तुम यहाँ से चलो और अब से तुम दूसरी कोठरी में रहा करो। मृणालिनी को और तुमको अगर हम एक जगह अब देख पावेंगे तो समझ रक्खो-समुद्र के गर्भ में ही तुमको स्थान मिलेगा।

मदन, अमरनाथ बाबू के पीछे चला। मृणालिनी मुरझा गयी, मदन के ऊपर अपवाद लगाना उसके सुकुमार हृदय से सहा नहीं गया। वह नव-कुसुमित पददलित आश्रय-विहीन माधवी-लता के समान पृथ्वी पर गिर पड़ी और लोट-लोटकर रोने लगी।

मृणालिनी ने दरवाजा भीतर से बन्द कर लिया और वहीं लोटती हुई आँसुओं से हृदय की जलन को बुझाने लगी।

कई घण्टे के बाद जब उसकी माँ ने जाकर किवाड़ खुलवाये, उस समय उसकी रेशमी साड़ी का आँचल भींगा हुआ, उसका मुख सूखा हुआ और आँखें लाल-लाल हो आयी थीं। वास्तव में वह मदन के लिये रोई थी। इसी से उसकी यह दशा हो गयी। सचमुच संसार बड़ा प्रपञ्चमय है।

-- --

दूसरे घर में रहने से मदन बहुत घबड़ाने लगा। वह अपना मन बहलाने के लिए कभी-कभी समुद्र-तट पर बैठकर गद्दद हो सूर्य-भगवान का पश्चिम दिशा से मिलना देखा करता था; और जब तक वह अस्त न हो जाते थे, तब तक बराबर टकटकी लगाये देखता था। वह अपने चित्त में अनेक कल्पना की लहरें उठाकर समुद्र और अपने हृदय से तुलना भी किया करता था।

मदन का अब इस संसार में कोई नहीं है। माता भारत में जीती है या मर गयी-यह भी बेचारे को नहीं मालूम! संसार की मनोहरता, आशा की भूमि, मदन के जीवन-स्रोत का जल, मदन के हृदय-कानन का अपूर्व पारिजात, मदन के हृदय-सरोवर की मनोहर मृणालिनी भी अब उससे अलग कर दी गई है। जननी, जन्मभूमि, प्रिय, कोई भी तो मदन के पास नहीं है? इसी से उसका हृदय आलोड़ित होने लगा, और वह अनाथ बालक ईर्ष्या से भरकर अपने अपमान की ओर ध्यान देने लगा। उसको भली-भाँति विश्वास हो गया कि इस परिवार के साथ रहना ठीक नहीं है। जब इन्होंने मेरा तिरस्कार किया, तो अब इन्हीं के आश्रित होकर क्यों रहूँ?

यह सोचकर उसने अपने चित्त में कुछ निश्चय किया और कपड़े पहनकर समुद्र की ओर घूमने के लिए चल पड़ा। राह में वह अपनी उधेड़बुन में चला जाता था कि किसी ने पीठ पर हाथ रक्खा। मदन ने पीछे देखकर कहा-आह, आप हैं किशोर बाबू?

किशोरनाथ ने हँसकर कहा-कहाँ बगदादी-ऊँट की तरह भागे जाते हो?

कहीं तो नहीं, यहीं समुद्र की ओर जा रहा हूँ।

समुद्र की ओर क्यों?

शरण माँगने के लिए।

यह बात मदन ने डबडबायी हुई आँखों से किशोर की ओर देखकर कही।

किशोर ने रुमाल से मदन के आँसू पोंछते-पोंछते कहा-मदन, हम जानते हैं कि उस दिन बाबूजी ने जो तिरस्कार किया था, उससे तुमको बहुत दुःख है। मगर सोचो तो, इसमें दोष किसका है? यदि तुम उस रोज मृणालिनी को बहकाने का उद्योग न करते, तो बाबूजी तुम पर क्यों अप्रसन्न होते?

अब तो मदन से नहीं रहा गया। उसने क्रोध से कहा-कौन दुष्ट उस देवबाला पर झूठा अपवाद लगाता है? और मैंने उसे बहकाया है? इस बात का कौन साक्षी है? किशोर बाबू! आप लोग मालिक हैं, जो चाहें सो कहिये। आपने पालन किया है, इसलिए, यदि आप आज्ञा दें तो मदन समुद्र में भी कूद पड़ने के लिए तैयार है, मगर अपवाद और अपमान से बचाये रहिये।

कहते-कहते मदन का मुख क्रोध से लाल हो आया, आँखों में आँसू भर आये, उसके आकार से उस समय दृढ़ प्रतिज्ञा झलकती थी।

किशोर ने कहा-इस बारे में विशेष हम कुछ नहीं जानते, केवल माँ के मुख से सुना था कि जमादार ने बाबूजी से तुम्हारी निन्दा की है और इसी से वह तुम पर बिगड़े हैं।

मदन ने कहा-आप लोग अपनी बाबूगीरी में भूले रहते हैं और ये बेईमान आपका सब माल खाते हैं। मैंने उस जमादार को मोती निकालनेवालों के हाथ मोती बेचते देखा; मैंने पूछा-क्यों, तुमने मोती कहाँ पाया? तब उसने गिड़गिड़ाकर, पैर पकड़कर, मुझसे कहा-बाबूजी से न कहियेगा। मैंने उसे डाँटकर फिर ऐसा काम न करने के लिए कहकर छोड़ दिया, आप लोगों से नहीं कहा। इसी कारण वह ऐसी चाल चलता है और आप लोगों ने भी बिना सोचे-समझे उसकी बात पर विश्वास कर लिया है।

यों कहते-कहते मदन उठ खड़ा हो गया। किशोर ने उसका हाथ पकड़कर बैठाया और आप भी बैठकर कहने लगा-मदन, घबड़ाओ मत, थोड़ी देर बैठकर हमारी बात सुनो। हम उसको दण्ड देंगे और तुम्हारा अपवाद भी मिटावेंगे। मगर हम एक बात जो कहते हैं, उसे ध्यान देकर सुनो। मृणालिनी अब बालिका नहीं है, और तुम भी बालक नहीं हो। तुम्हारे-उसके जैसे भाव हैं, सो भी हमसे छिपे नहीं हैं। फिर ऐसी जगह पर हम तो यही चाहते हैं कि तुम्हारा और मृणालिनी का ब्याह हो जाय।

-- --

मदन ब्याह का नाम सुनकर चौंक पड़ा, और मन में सोचने लगा कि यह कैसी बात? कहाँ हम युक्तप्रान्त-निवासी अन्यजातीय, और कहाँ ये बंगाली ब्राह्मण, फिर ब्याह किस तरह हो सकता है! हो-न-हो ये मुझे भुलावा देते हैं। क्या मैं इनके साथ अपना धर्म नष्ट करूँगा? क्या इसी कारण ये लोग मुझे इतना सुख देते हैं और खूब खुलकर मृणालिनी के साथ घूमने-फिरने और रहने देते थे? मृणालिनी को मैं जी से चाहता हूँ, और जहाँ तक देखता हूँ, मृणालिनी भी मुझसे कपट-प्रेम नहीं करती। किन्तु यह ब्याह नहीं हो सकता क्योंकि इसमें धर्म और अधर्म दोनों का डर है। धर्म का निर्णय करने की मुझमें शक्ति नहीं है। मैंने ऐसा ब्याह होते न देखा है और न सुना है, फिर कैसे यह ब्याह करूँ?

इन्हीं बातों को सोचते-सोचते बहुत देर हो गयी। जब मदन को यह सुन पड़ा कि 'अच्छा, सोचकर हमसे कहना', तब वह चौंक पड़ा और देखा तो किशोरनाथ जा रहा है।

मदन ने किशोरनाथ के जाने पर कुछ विशेष ध्यान नहीं दिया और फिर अपने विचारों के सागर में मग्न हो गया।

फिर मृणालिनी का ध्यान आया, हृदय धड़कने लगा। मदन की चिन्ता-शक्ति का वेग रुक गया और उसके मन में यही समाया कि ऐसे धर्म को मैं दूर ही से हाथ जोड़ता हूँ! मृणालिनी-प्रेम-प्रतिमा मृणालिनी-को मैं नहीं छोड़ सकता।

मदन इसी मन्तव्य को स्थिर कर, समुद्र की ओर मुख कर, उसकी गम्भीरता निहारने लगा।

वहाँ पर कुछ धनी लोग पैसा फेंककर उसे समुद्र से ले आने का तमाशा देख रहे थे। मदन ने सोचा कि प्रेमियों का जीवन 'प्रेम' है और सज्जनों का अमोघ धन 'धर्म' है। ये लोग अपने प्रेम-जीवन की परवाह न कर धर्म-धन को बटोरते हैं और फिर इनके पास जीवन और धन दोनों चीजें दिखाई पड़ती हैं। तो क्या मनुष्य इनका अनुकरण नहीं कर सकता? अवश्य कर सकता है। प्रेम ऐसी तुच्छ वस्तु नहीं है कि धर्म को हटाकर उस स्थान पर आप बैठे। प्रेम महान है, प्रेम उदार है। प्रेमियों को भी

वह उदार और महान बनाता है। प्रेम का मुख्य अर्थ है 'आत्मत्याग'। तो क्या मृणालिनी से ब्याह कर लेना ही प्रेम में गिना जायेगा? नहीं-नहीं, वह घोर स्वार्थ है। मृणालिनी को मैं जन्म-भर प्रेम से हृदय-मन्दिर में बिठाकर पूजूँगा, उसकी सरल प्रतिमा को पंक में न लपेटूँगा। परन्तु ये लोग जैसा बर्ताव करते हैं, उससे सम्भव है कि मेरे विचार पलट जायँ। इसलिए अब इन लोगों से दूर रहना ही उचित है।

मदन इन्हीं बातों को सोचता हुआ लौट आया, और जो अपना मासिक वेतन जमा किया था वह-तथा कुछ कपड़े आदि आवश्यक सामान लेकर वहाँ से चला गया। जाते समय उसने एक पत्र लिखकर वहीं छोड़ दिया।

जब बहुत देर तक लोगों ने मदन को नहीं देखा, तब चिन्तित हुए। खोज करने से उनको मदन का पत्र मिला, जिसे किशोरनाथ ने पढ़ा और पढ़कर उसका मर्म पिता को समझा दिया।

पत्र का भाव समझते ही उनकी सब आशा निर्मूल हो गयी। उन्होंने कहा-किशोर, देखो, हमने सोचा था कि मृणालिनी किसी कुलीन हिन्द को समर्पित हो, परन्तु वह नहीं हुआ। इतना व्यय और परिश्रम, जो मदन के लिए किया गया, सब व्यर्थ हुआ। अब वह कभी मृणालिनी से ब्याह नहीं करेगा, जैसा कि उसके पत्र से विदित होता है।

आपके उस व्यवहार ने उसे और भी भडक़ा दिया। अब वह कभी ब्याह न करेगा।

मृणालिनी का क्या होगा?

जो उसके भाग्य में है!

क्या जाते समय मदन ने मृणालिनी से भी भेंट नहीं की?

पूछने से मालूम होगा।

इतना कहकर किशोर मृणालिनी के पास गया। मदन उससे भी नहीं मिला था। किशोर ने आकर पिता से सब हाल कह दिया।

अमरनाथ बहुत ही शोकग्रस्त हुए। बस, उसी दिन से उनकी चिन्ता बढऩे लगी। क्रमश: वह नित्य ही मद्य-सेवन करने लगे। वह तो प्राय: अपनी चिन्ता दूर करने के लिए मद्य-पान करते थे, किन्तु उसका फल उलटा हुआ-उनकी दशा और भी बुरी हो चली, यहाँ तक कि वह सब समय पान करने लगे, काम-काज देखना-भालना छोड़ दिया।

नवयुवक 'किशोर' बहुत चिन्तित हुआ, किन्तु वह धैर्य के साथ सांसारिक कष्ट सहने लगा।

मदन के चले जाने से मृणालिनी को बड़ा कष्ट हुआ। उसे यह बात और भी खटकती थी कि मदन जाते समय उससे क्यों नहीं मिला। वह यह नहीं समझती थी कि मदन यदि जाते समय उससे मिलता, तो जा नहीं सकता था।

मृणालिनी बहुत विरक्त हो गयी। संसार उसे सूना दिखाई देने लगा। किन्तु वह क्या करे? उसे अपनी मानसिक व्यथा सहनी ही पड़ी।

-- --

मदन ने अपने एक मित्र के यहाँ जाकर डेरा डाला। वह भी मोती का व्यापार करता था। बहुत सोचने-विचारने के उपरान्त उसने भी मोती का ही व्यवसाय करना निश्चित किया।

मदन नित्य सन्ध्या के समय, मोती के बाजार में जा, मछुए लोग जो अपने मेहनताने में मिली हुई मोतियों की सीपियाँ बेचते थे-उनको खरीदने लगा; क्योंकि इसमें थोड़ी पूँजी से अच्छी तरह काम चल सकता था। ईश्वर की कृपा से उसको नित्य विशेष लाभ होने लगा।

संसार में मनुष्य की अवस्था सदा बदलती रहती है। वही मदन, जो तिरस्कार पाकर दासत्व

छोड़ने पर लक्ष्य-भ्रष्ट हो गया था, अब एक प्रसिद्ध व्यापारी बन गया।

मदन इस समय सम्पन्न हो गया। उसके यहाँ अच्छे-अच्छे लोग मिलने-जुलने आने लगे। उसने नदी के किनारे एक बहुत सुन्दर बँगला बनवा लिया है; उसके चारों ओर सुन्दर बगीचा भी है। व्यापारी लोग उत्सव के अवसरों पर उसको निमन्त्रण देते हैं; वह भी अपने यहाँ कभी-कभी उन लोगों को निमन्त्रित करता है। संसार की दृष्टि में वह बहुत सुखी था, यहाँ तक कि बहुत लोग उससे डाह करने लगे। सचमुच संसार बड़ा आडम्बर-प्रिय है!

-- --

मदन सब प्रकार से शारीरिक सुख भोग करता था; पर उसके चित्त-पट पर किसी रमणी की मलिन छाया निरन्तर अंकित रहती थी; जो उसे कभी-कभी बहुत कष्ट पहुँचाती थी। प्रायः वह उसे विस्मृति के जल से धो डालना चाहता था। यद्यपि वह चित्र किसी साधारण कारीगर का अंकित किया हुआ नहीं था कि एकदम लुप्त हो जाय, तथापि वह बराबर उसे मिटा डालने की ही चेष्ठा करता था।

अकस्मात् एक दिन, जब सूर्य की किरणें सुवर्ण-सी सु-वर्ण आभा धारण किए हुई थीं, नदी का जल मौज में बह रहा था, उस समय मदन किनारे खड़ा हुआ स्थिर भाव से नदी की शोभा निहार रहा था। उसको वहाँ कई-एक सुसज्जित जलयान देख पड़े। उसका चित्त, न जाने क्यों उत्कण्ठित हुआ। अनुसन्धान करने पर पता लगा कि वहाँ वार्षिक जल-विहार का उत्सव होता है, उसी में लोग जा रहे हैं।

मदन के चित्त में भी उत्सव देखने की आकांक्षा हुई। वह भी अपनी नाव पर चढ़कर उसी ओर चला। कल्लोलिनी की कल्लोलों में हिलती हुई वह छोटी-सी सुसज्जित तरी चल दी।

मदन उस स्थान पर पहुँचा, जहाँ नावों का जमाव था। सैकड़ों बजरे और नौकाएँ अपने नीले-पीले, हरे-लाल निशान उड़ाती हुई इधर-उधर घूम रही हैं। उन पर बैठे हुए मित्र लोग आपस में आमोद-प्रमोद कर रहे हैं। कामिनियाँ अपने मणिमय अलंकारों की प्रभा से उस उत्सव को आलोकमय किये हुई हैं।

मदन भी अपनी नाव पर बैठा हुआ एकटक इस उत्सव को देख रहा है। उसकी आँखें जैसे किसी को खोज रही हैं। धीरे-धीरे सन्ध्या हो गयी। क्रमशः एक, दो, तीन तारे दिखाई दिये। साथ ही, पूर्व की तरफ, ऊपर को उठते हुए गुब्बारे की तरह चंद्रबिम्ब दिखाई पड़ा। लोगों के नेत्रों में आनन्द का उल्लास छा गया। इधर दीपक जल गये। मधुर संगीत, शून्य की निस्तब्धता में, और भी गूँजने लगा। रात के साथ ही आमोद-प्रमोद की मात्रा बढ़ी।

परन्तु मदन के हृदय में सन्नाटा छाया हुआ है। उत्सव के बाहर वह अपनी नौका को धीरे-धीरे चला रहा है। अकस्मात् कोलाहल सुनाई पड़ा, वह चौंककर उधर देखने लगा। उसी समय कोई चार-पाँच हाथ दूर एक काली-सी चीज दिखाई दी। अस्त हो रहे चन्द्रमा का प्रकाश पड़ने से कुछ वस्त्र भी दिखाई देने लगा। वह बिना कुछ सोचे-समझे ही जल में कूद पड़ा और उसी वस्तु के साथ बह चला।

ऊषा की आभा पूर्व में दिखाई पड़ रही है। चन्द्रमा की मलिन ज्योति तारागण को भी मलिन कर रही है।

तरंगों से शीतल दक्षिण-पवन धीरे-धीरे संसार को निद्रा से जगा रहा है। पक्षी भी कभी-कभी बोल उठते हैं।

निर्जन नदी-तट में एक नाव बँधी है, और बाहर एक सुकुमारी सुन्दरी का शरीर अचेत अवस्था में पड़ा हुआ है। एक युवक सामने बैठा हुआ उसे होश में लाने का उद्योग कर रहा है। दक्षिण-पवन भी उसे इस शुभ काम में बहुत सहायता दे रहा है।

सूर्य की पहली किरण का स्पर्श पाते ही सुन्दरी के नेत्र-कमल धीरे-धीरे विकसित होने लगे।

युवक ने ईश्वर को धन्यवाद दिया और झुककर उस कामिनी से पूछा-मृणालिनी, अब कैसी हो?

मृणालिनी ने नेत्र खोलकर देखा। उसके मुख-मण्डल पर हर्ष के चिह्न दिखाई पड़े। उसने कहा-प्यारे मदन, अब अच्छी हूँ!

प्रणय का भी वेग कैसा प्रबल है! यह किसी महासागर की प्रचण्ड आँधी से कम प्रबलता नहीं रखता। इसके झोंके में मनुष्य की जीवन-नौका असीम तरंगों से घिर कर प्राय: कूल को नहीं पाती। अलौकिक आलोकमय अन्धकार में प्रणयी अपनी प्रणय-तरी पर आरोहण कर उसी आनन्द के महासागर में घूमना पसन्द करता है, कूल की ओर जाने की इच्छा भी नहीं करता।

इस समय मदन और मृणालिनी दोनों की आँखों से आँसुओं की धारा धीरे-धीरे बह रही है। चंचलता का नाम भी नहीं है। कुछ बल आने पर दोनों उस नाव में जा बैठे।

मदन ने मल्लाहों को पास के गाँव से दूध या और कुछ भोजन की वस्तु लाने के लिए भेजा। फिर दोनों ने बिछुड़ने के उपरान्त की सब कथा परस्पर कह सुनाई।

मृणालिनी कहने लगी-भैया किशोरनाथ से मैं तुम्हारा सब हाल सुना करती थी। पर वह कहा करते थे कि तुमसे मिलने में उनको संकोच होता हैं। इसका कारण उन्होंने कुछ नहीं बतलाया। मैं भी हृदय पर पत्थर रखकर तुम्हारे प्रणय को आज तक स्मरण कर रही हूँ।

मदन ने बात टालकर पूछा-मृणालिनी, तुम जल में कैसे गिरीं?

मृणालिनी ने कहा-मुझे बहुत उदास देख भैया ने कहा, चलो तुम्हें एक तमाशा दिखलावें, सो मैं भी आज यहाँ मेला देखने आयी। कुछ कोलाहल सुनकर मैं नाव पर खड़ी हो देखने लगी। दो नाववालों में झगड़ा हो रहा था। उन्हीं के झगड़े में हाथापाई में नाव हिल गयी और मैं गिर पड़ी। फिर क्या हुआ, सो मैं कुछ नहीं जानती।

इतने में दूर से एक नाव आती हुई दिखायी पड़ी, उस पर किशोरनाथ था। उसने मृणालिनी को देखकर बहुत हर्ष प्रकट किया, और सब लोग मिलकर बहुत आनन्दित हुए।

बहुत कुछ बातचीत होने के उपरान्त मृणालिनी और किशोर दोनों ने मदन के घर चलना स्वीकार किया। नावें नदी-तट पर स्थित मदन के घर की ओर बढ़ीं। उस समय मदन को एक दूसरी ही चिन्ता थी।

भोजन के उपरान्त किशोरनाथ ने कहा-मदन, हम अब भी तुमको छोटा भाई ही समझते हैं; पर तुम शायद हमसे कुछ रुष्ट हो गये हो।

मदन ने कहा-भैया, कुछ नहीं। इस दास से जो कुछ ढिठाई हुई हो, उसे क्षमा करना, मैं तो आपका वही मदन हूँ।

इसी तरह की बहुत-सी बातें होती रहीं, और फिर दूसरे दिन किशोरनाथ मृणालिनी को साथ लेकर अपने घर गया।

-- --

अमरनाथ बाबू की अवस्था बड़ी शोचनीय है। वह एक प्रकार से मद्य के नशे में चूर रहते हैं। काम-काज देखना सब छोड़ दिया है। अकेला किशोरनाथ काम-काज सँभालने के लिए तत्पर हुआ, पर उसके व्यापार की दशा अत्यन्त शोचनीय होती गयी, और उसके पिता का स्वास्थ्य भी बिगड़ चला। क्रमश: उसको चारों ओर अन्धकार दिखाई देने लगा।

संसार की कैसी विलक्षण गति है! जो बाबू अमरनाथ एक समय सारे सीलोन में प्रसिद्ध व्यापारी गिने जाते थे, और व्यापारी लोग जिनसे सलाह लेने के लिए तरसते थे, वही अमरनाथ इस समय कैसी अवस्था में हैं! कोई उनसे मिलने भी नहीं आता!

किशोरनाथ एक दिन अपने आफिस में बैठा कार्य देख रहा था। अकस्मात् मृणालिनी भी उसी स्थान में आ गयी और एक कुर्सी खींचकर बैठ गयी। उसने किशोर से कहा-क्यों भैया, पिताजी की कैसी अवस्था है? काम-काज की भी दशा अच्छी नहीं है, तुम भी चिन्ता से व्याकुल रहते हो, यह क्या है?

किशोरनाथ-बहन कुछ न पूछो, पिताजी की अवस्था तो तुम देख ही रही हो। काम-काज की अवस्था भी अत्यन्त शोचनीय हो रही है। पचास लाख रुपये के लगभग बाजार का देना है; और आफिस का रुपया सब बाजार में फँस गया है, जो कि काम देखे-भाले बिना पिताजी की अस्वस्थता के कारण दब-सा गया है। इसी सोच में बैठा हुआ हूँ कि ईश्वर क्या करेंगे!

मृणालिनी भयातुर हो गयी। उसके नेत्रों से आँसुओं की धारा बहने लगी। किशोर उसे समझाने लगा; फिर बोला-केवल एक ईमानदार कर्मचारी अगर काम-काज की देख-भाल किया करता, तो यह अवस्था न होती। आज यदि मदन होता, तो हम लोगों की यह दशा न होती।

मदन का नाम सुनते ही मृणालिनी कुछ विवर्ण हो गयी और उसकी आँखों में आँसू भर आये। इतने में दरबान ने आकर कहा-सरकार, एक रजिस्ट्री चिट्ठी मृणालिनी देवी के नाम से आयी है, डाकिया बाहर खड़ा है।

किशोर ने कहा-बुला लाओ।

किशोर ने वह रजिस्ट्री लेकर खोली। उसमें एक पत्र और एक स्टाम्प का कागज था। देखकर किशोर ने मृणालिनी के आगे फेंक दिया। मृणालिनी ने फिर वह पत्र किशोर के हाथ में देकर पढ़ने के लिये कहा। किशोर पढ़ने लगा।

मृणालिनी!

आज मैं तुमको पत्र लिख रहा हूँ। आशा है कि तुम इसे ध्यान देकर पढ़ोगी। मैं एक अनजाने स्थान का रहनेवाला कंगाल के भेष में तुमसे मिला और तुम्हारे परिवार में पालित हुआ। तुम्हारे पिता ने मुझे आश्रय दिया, और मैं सुख से तुम्हारा मुख देखकर दिन बिताने लगा। पर दैव को वह भी ठीक न जँचा! अच्छा, जैसी उसकी इच्छा! पर मैं तुम्हारे परिवार को सदा स्नेह की दृष्टि से देखता हूँ। बाबू अमरनाथ के कहने-सुनने का मुझे कुछ ध्यान भी नहीं है, मैं उसे आशीर्वाद समझता हूँ। मेरे चित्त में उसका तनिक भी ध्यान नहीं है, पर केवल पश्चात्ताप यह है कि मैं उनसे बिना कहे-सुने चला आया। अच्छा, इसके लिए उनसे क्षमा माँग लेना और भाई किशोरनाथ से भी मेरा यथोचित अभिवादन कह देना।

अब कुछ आवश्यक बातें मैं लिखता हूँ, उन्हें ध्यान से पढ़ो। जहाँ तक सम्भव है, उनके करने में तुम आगा-पीछा न करोगी-यह मुझे विश्वास है। मुझे तुम्हारे परिवार की दशा अच्छी तरह विदित है, मैं उसे लिखकर तुम्हारा दुःख नहीं बढ़ाना चाहता। सुनो, यह एक 'बिल' है जिसमें मैंने अपनी सब सीलोन की सम्पत्ति तुम्हारे नाम लिख दी है। वह तुम्हारी ही है, उसे लेने में तुमको कुछ संकोच न करना चाहिये। वह सब तुम्हारे ही रुपये का लाभ है। जो धन मैं वेतन में पाता था, वही मूल कारण है। अस्तु, यह मूलधन, लाभ और ब्याज-सहित, तुमको लौटा दिया जाता है। इसे अवश्य स्वीकार करना, और स्वीकार करो या न करो, अब सिवा तुम्हारे इसका स्वामी कौन है? क्योंकि मैं भारतवर्ष से जिस रूप में आया था, उसी रूप में लौटा जा रहा हूँ। मैं इस पत्र को लिखकर तब भेजता हूँ, जब घर से निकलकर जहाज को रवाना हो चुका हूँ। अब तुमसे भेंट भी नहीं हो सकती। तुम यदि आओ भी, तो उस समय मैं जहाज पर होऊँगा। तुमसे मेरी केवल यही प्रार्थना है कि 'तुम मुझे भूल जाना'।-मदन

यह पत्र पढ़ते ही मृणालिनी की और किशोरनाथ की अवस्था दूसरी ही हो गयी। मृणालिनी ने कातर स्वर से कहा-भैया, क्या समुद्र-तट तक चल सकते हो?

किशोरनाथ ने खड़े होकर कहा-अवश्य!

बस, तुरन्त ही एक गाड़ी पर सवार होकर दोनों समुद्र-तट की ओर चले। ज्योंही वे पहुँचे, त्योंही जहाज तट छोड़ चुका था। उस समय व्याकुल होकर मृणालिनी की आँखें किसी को खोज रही थीं। किन्तु अधिक खोज नहीं करनी पड़ी।

किशोर और मृणालिनी दोनों ने देखा कि गेरुए रंग का कपड़ा पहिने हुए एक व्यक्ति दोनों को हाथ जोड़े हुए जहाज पर खड़ा है, और जहाज शीघ्रता के साथ समुद्र के बीच में चला जा रहा है!

मृणालिनी ने देखा कि बीच में अगाध समुद्र है!

कामायनी

आमुख

आर्य साहित्य में मानवों के आदिपुरुष मनु का इतिहास वेदों से लेकर पुराण और इतिहासों में बिखरा हुआ मिलता है। श्रद्धा और मनु के सहयोग से मानवता के विकास की कथा को, रूपक के आवरण में, चाहे पिछले काल में मान लेने का वैसा ही प्रयत्न हुआ हो जैसाकि सभी वैदिक इतिहास के साथ निरुक्त के द्वारा किया गया किंतु मन्वंतर के अर्थात मानवता के नवयुग के प्रवर्तक के रूप में मनु की कथा आर्यों की अनुश्रुति में दृढ़ता से मानी गयी है। इसलिए वैवस्वत मनु को ऐतिहासिक पुरुष ही मानना उचित है। प्राय: लोग गाथा और इतिहास में मिथ्या और सत्य का व्यवधान मानते हैं। किंतु सत्य मिथ्या से अधिक विचित्र होता है। आदिम युग के मनुष्यों के प्रत्येक दल ने ज्ञानोन्मेष के अरुणोदय में जो भावपूर्ण इतिवृत्त संगृहीत किये थे, उन्हें आज गाथा या पौराणिक उपाख्यान कहकर अलग कर दिया जाता है, क्योंकि उन चरित्रों के साथ भावनाओं का भी बीच-बीच में संबंध लगा हुआ-सा दीखता है। घटनाएं कहीं कहीं अतिरंजित-सी भी जान पड़ती हैं। तथ्य-संग्रह-कारिणी तर्कबुद्धि को ऐसी घटनाओं में रूपक का आरोप कर लेने की सुविधा हो जाती है। किंतु उनमें भी कुछ सत्यांश घटना से संबद्ध है, ऐसा तो मानना ही पड़ेगा। आज के मनुष्य के समीप तो उसकी वर्तमान संस्कृति का क्रमपूर्ण इतिहास ही होता है; परंतु उसके इतिहास की सीमा जहां से प्रारंभ होती है, ठीक उसी के पहले सामूहिक चेतना की दृढ़ और गहरे रंगों की रेखाओं से, बीती हुई और भी पहले की बातों का उल्लेख स्मृति-पट पर अमिट रहता है, परंतु कुछ अतिरंजित-सा। वे घटनाएं आज विचित्रता से पूर्ण जान पड़ती हैं। संभवत: इसीलिए हमको अपनी प्राचीन श्रुतियों का निरुक्त के द्वारा अर्थ करना पड़ा; जिससे कि उन अर्थों का अपनी वर्तमान रुचि से सामंजस्य किया जाय।

यदि श्रद्धा और मनु अर्थात् मनन के सहयोग से मानवता का विकास रूपक है, तो भी बड़ा ही भावमय और श्लाघ्य है। यह मनुष्यता का मनोवैज्ञानिक इतिहास बनने में समर्थ हो सकता है। आज हम सत्य का अर्थ घटना कर लेते हैं। तब भी, उसके तिथि-क्रम मात्र से संतुष्ट न होकर, मनोवैज्ञानिक अन्वेषण के द्वारा इतिहास की घटना के भीतर कुछ देखना चाहते हैं। उसके मूल में क्या रहस्य है? आत्मा की अनुभूति! हां, उसी भाव के रूप-ग्रहण की चेष्टा सत्य या घटना बन कर प्रत्यक्ष होती है। फिर, वे सत्य घटनाएं स्थूल और क्षणिक होकर मिथ्या और अभाव में परिणत हो जाती हैं किंतु सूक्ष्म अनुभूति या भाव, चिरंतन सत्य के रूप में प्रतिष्ठित रहता है, जिसके द्वारा युग-युग के पुरुषों और पुरुषार्थों की अभिव्यक्ति होती रहती है।

जल-प्लावन भारतीय इतिहास में एक ऐसी ही प्राचीन घटना है, जिसने मनु को देवों से विलक्षण मानवों की एक भिन्न संस्कृति प्रतिष्ठित करने का अवसर दिया। वह इतिहास ही है। 'मनवे वै प्रात:' इत्यादि से इस घटना का उल्लेख शतपथ ब्राह्मण के आठवें अध्याय में मिलता है। देवगण के उच्छृंखल स्वभाव, निर्बाध आत्मतुष्टि में अंतिम अध्याय लगा और मानवीय भाव अर्थात् श्रद्धा और मनन का समन्वय होकर प्राणी को एक नये युग की सूचना मिली। इस मन्वंतर के प्रवर्तक मनु हुए। मनु भारतीय इतिहास के आदिपुरुष हैं। राम, कृष्ण और बुद्ध इन्हीं के वंशज हैं। शतपथ ब्राह्मण में उन्हें श्रद्धादेव कहा गया है, 'श्रद्धादेवो वै मनु:' (का॰ 1 प्र॰ 1)। भागवत में इन्हीं वैवस्वत मनु और श्रद्धा से मानवीय सृष्टि का प्रारंभ माना गया है।

'ततो मनुः श्राद्धदेवः संज्ञायामास भारत
श्रद्धायां जनयामास दश पुत्रान् स आत्मवान्।' (9-1-11)

छांदोग्य उपनिषद् में मनु और श्रद्धा की भावमूलक व्याख्या भी मिलती है। 'यदावै श्रद्धधाति अथ मनुते नाऽश्रद्धधन् मनुते'—यह कुछ निरुक्त की-सी व्याख्या है। ऋग्वेद में श्रद्धा और मन, दोनों का नाम ऋषियों की तरह मिलता है। श्रद्धा वाले सूक्त में सायण ने श्रद्धा का परिचय देते हुए लिखा है, 'कामगोत्रजा श्रद्धानामर्षिका।' श्रद्धा काम-गोत्र की बालिका है, इसीलिए श्रद्धा नाम के साथ उसे कामायनी भी कहा जाता है। मनु प्रथम पथ-प्रदर्शक और अग्निहोत्र प्रज्वलित करने वाले तथा अन्य कई वैदिक कथाओं के नायक हैं : 'मनुर्हवा अग्रे यज्ञेनेजे यदनुकृत्येमाः प्रजा यजन्ते' (5.1 शतपथ)। इनके संबंध में वैदिक साहित्य में बहुत-सी बातें बिखरी हुई मिलती हैं; किंतु उनका क्रम स्पष्ट नहीं है। जल-प्लावन का वर्णन शतपथ ब्राह्मण के प्रथम कांड के आठवें अध्याय से आरंभ होता है, जिसमें उनकी नाव के उत्तरगिरि हिमवान प्रदेश में पहुंचने का प्रसंग है। वहां ओघ के जल का अवतरण होने पर मनु भी जिस स्थान पर उतरे, उसे मनोरवसर्पण कहते हैं। अपीपरं वै त्वा, वृक्षे नावं प्रतिबध्नीष्व, तै तु त्वा मा गिरौ सन्त मुदकमन्तश्चैत्सीद् यावद् यावदुदकं समवायात्—तावत् तावदन्ववसर्पासि इति स ह तावत् तावदेवान्ववसर्प। तदप्येतदुत्तरस्य गिरेर्मनोरवसर्पणमिति। (8.1)

श्रद्धा के साथ मनु का मिलन होने के बाद उसी निर्जन प्रदेश में उजड़ी हुई सृष्टि को फिर से आरंभ करने का प्रयत्न हुआ। किंतु असुर पुरोहित के मिल जाने से इन्होंने पशु-बलि की—'किलाताकुली-इति हासुर ब्रह्मावासतुः। तौ होचतुः- श्रद्धादेवो वै मनुः—आवं नु वेदावेति। तो हागत्योचतुः—मनो। बाजयाव त्वेति।'

इस यज्ञ के बाद मनु में जो पूर्व-परिचित देव-प्रवृत्ति जाग उठी—उसने इड़ा के संपर्क में आने पर उन्हें श्रद्धा के अतिरिक्त एक दूसरी ओर प्रेरित किया। इड़ा के संबंध में शतपथ में कहा गया है कि उसकी उत्पत्ति या पुष्टि पाक यज्ञ से हुई और उस पूर्ण पोषिता को देखकर मनु ने पूछा कि 'तुम कौन हो?' इड़ा ने कहा,'तुम्हारी दुहिता हूं।' मनु ने पूछा कि 'मेरी दुहिता कैसे?' उसने कहा 'तुम्हारे दही, घी इत्यादि के हवियों से ही मेरा पोषण हुआ है।' 'तां ह' मनुरुवाच —'का असि' इति। 'तव दुहिता' इति। 'कथं भगवति? मम दुहिता' इति। (शतपथ 6 प्र° 3 ब्रा°) इड़ा के लिए मनु को अत्यधिक आकर्षण हुआ और श्रद्धा से वे कुछ खिंचे। ऋग्वेद में इड़ा का कई जगह उल्लेख मिलता है। यह प्रजा पति मनु की पथ-प्रदर्शिका, मनुष्यों का शासन करने वाली कही गयी है। 'इड़ामकृण्वन्मनुषस्य शासनीम्' (1-31-11 ऋग्वेद)। इड़ा के संबंध में ऋग्वेद में कई मंत्र मिलते हैं। 'सरस्वती साधयंती धियं न इड़ा देवी भारती विश्वतूर्तिः तिस्रो देवी: स्वधयाविहिरदमच्छिद्रं पान्तु शरणं निषद्य।' (ऋग्वेद 2-3.8) 'आनो यज्ञं भारती तूय मेत्विड़ा मनुष्वदिह चेतयंती। तिस्रो देवीर्विहिरेदं स्योनं सरस्वती स्वपस: सदंतु।" (ऋग्वेद—10-110.8) इन मंत्रों में मध्यमा, वैखरी और पश्यंती की प्रतिनिधि भारती, सरस्वती के साथ इड़ा का नाम आया है। लौकिक संस्कृत में इड़ा शब्द पृथ्वी अर्थात् बुद्धि, वाणी आदि का पर्यायवाची है—'गो भू वर्चस्त्विड़ा इला'—(अमर)। इस इड़ा या वाक् के साथ मनु या मन के एक और विवाद का भी शतपथ में उल्लेख मिलता है जिसमें दोनों अपने महत्व के लिए झगड़ते हैं-'अथातोमनसश्च' इत्यादि (4 अध्याय 5 ब्राह्मण)। ऋग्वेद में इड़ा को घी, बुद्धि का साधन करने वाली; मनुष्य को चेतना प्रदान करने वाली कहा है। पिछले काल में संभवतः इड़ा को पृथ्वी आदि से संबद्ध कर दिया गया हो, किंतु ऋग्वेद 5-5-8 में इड़ा और सरस्वती के साथ मही का अलग उल्लेख स्पष्ट है। 'इड़ा सरस्वती मही तिस्रोदेवी मयोभुवः' से मालूम पड़ता है कि मही से इड़ा भिन्न है। इड़ा को मेधसवाहिनी नाड़ी भी कहा गया है।

अनुमान किया जा सकता है कि बुद्धि का विकास, राज्य- स्थापना इत्यादि इड़ा के प्रभाव से ही मनु ने किया। फिर तो इड़ा पर भी अधिकार करने की चेष्टा के कारण मनु को देवगण का कोपभाजन होना पड़ा। 'तद्वै देवानां आग आस' (7-4 शतपथ)। इस अपराध के कारण उन्हें दंड भोगना पड़ा-

--'तंरुद्रोऽभ्यावत्य विव्याघ्र' (7-4 शतपथ)। इड़ा देवताओं की स्वसा थी। मनुष्यों को चेतना प्रदान करने वाली थी। इसीलिए यज्ञों में इड़ा-कर्म होता है। यह इड़ा का बुद्धिवाद श्रद्धा और मनु के बीच व्यवधान बनाने में सहायक होता है। फिर बुद्धिवाद के विकास में, अधिक सुख की खोज में, दुख मिलना स्वाभाविक है। यह आख्यान इतना प्राचीन है कि इतिहास में रूपक का भी अद्त मिश्रण हो गया है। इसीलिए मनु, श्रद्धा और इड़ा इत्यादि अपना ऐतिहासिक अस्तित्व रखते हुए, सांकेतिक अर्थ की भी अभि-व्यक्ति करें तो मुझे कोई आपत्ति नहीं। मनु अर्थात् मन के दोनों पक्ष हृदय और मस्तिष्क का संबंध क्रमशः श्रद्धा और इड़ा से भी सरलता से लग जाता है। 'श्रद्धां हृदय्य याकूत्या श्रद्धया विन्दते वसु!' (ऋग्वेद 10-151-4) इन्हीं सबके आधार पर 'कामायनी' की कथा-सृष्टि हुई है। हां, 'कामायनी' की कथा-शृंखला मिलाने के लिए कहीं-कहीं थोड़ी- बहुत कल्पना को भी काम में ले आने का अधिकार मैं नहीं छोड़ सका हूं।

महारात्रि,
---जयशंकर 'प्रसाद'

चिंता

हिमगिरि के उत्तुंग शिखर पर, बैठ शिला की शीतल छाँह,
एक पुरुष, भींगे नयनों से देख रहा था प्रलय प्रवाह।
नीचे जल था ऊपर हिम था, एक तरल था एक सघन,
एक तत्व की ही प्रधानता-कहो उसे जड़ या चेतन।
दूर-दूर तक विस्तृत था हिम स्तब्ध उसी के हृदय-समान,
नीरवता-सी शिला-चरण से टकराता फिरता पवमान।
तरुण तपस्वी-सा वह बैठा साधन करता सुर-श्मशान,
नीचे प्रलयसिंधु लहरों का होता था सकरुण अवसान।
उसी तपस्वी-से लंबे थे देवदारु दो चार खड़े,
हुए हिम-धवल, जैसे पत्थर बन कर ठिठुरे रहे अड़े।
अवयव की दृढ़ मांस-पेशियाँ, ऊर्जस्वित था वीर्य अपार,
स्फीत शिराएँ, स्वस्थ रक्त का होता था जिनमें संचार।
चिंता-कातर बदन हो रहा पौरुष जिसमें ओत-प्रोत,
उधर उपेक्षामय यौवन का बहता भीतर मधुमय स्रोत।
बँधी महावट से नौका थी सूखे में अब पड़ी रही,
उतर चला था वह जल-प्लावन, और निकलने लगी मही।
निकल रही थी मर्म वेदना करुणा विकल कहानी-सी,
वहां अकेली प्रकृति सुन रही, हंसती-सी पहचानी-सी।

'ओ चिंता की पहली रेखा, अरी विश्व-वन की व्याली,
ज्वालामुखी स्फोट के भीषण प्रथम कंप-सी मतवाली!
है अभाव की चपल बालिके, री ललाट की खललेखा!
हरी-भरी-सी दौड़-धूप,ओ जलमाया की चल-रेखा!
इस ग्रहकक्षा की हलचल---री तरल गरल की लघु-लहरी,
जरा अमर-जीवन की, और न कुछ सुनने वाली, बहरी!
अरी व्याधि की सूत्र-धारिणी—अरी आधि, मधुमय अभिशाप!
हृदय-गगन में धूमकेतु-सी, पुण्य-सृष्टि में सुन्दर पाप।
मनन करावेगी तू कितना? उस निश्चिंत जाति का जीव---
अमर मरेगा क्या? तू कितनी गहरी डाल रही है नींव।
आह! घिरेगी हृदय-लहलहे-खेतों पर करका-घन-सी,
छिपी रहेगी अंतरतम में सब के तू निगूढ़ घन-सी।
बुद्धि, मनीषा, मति, आशा, चिन्ता तेरे हैं कितने नाम।
अरी पाप है, तू जा, चल जा, यहाँ नहीं कुछ तेरा काम।
विस्मृति आ, अवसाद घेर ले, नीरवते! बस चुप कर दे,

चेतनता चल जा, जड़ता से आज शून्य मेरा भर दे।"

"चिन्ता करता हूँ मैं जितनी उस अतीत की, उस सुख की,
उतनी ही अनंत में बनती जाती रेखाएँ दुःख की।
आह सर्ग के अग्रदूत! तुम असफल हुए, विलीन हुए,
भक्षक या रक्षक जो समझो, केवल अपने मीन हुए।
अरी आँधियो! ओ बिजली की दिवा-रात्रि तेरा नर्त्तन,
उसी वासना की उपासना, वह तेरा प्रत्यावर्त्तन।
मणि-दीपों के अंधकारमय अरे निराशा पूर्ण भविष्य।
देव-दंभ के महामेघ में सब कुछ ही बन गया हविष्य।
अरे अमरता के चमकीले पुतलो! तेरे वे जयनाद---
काँप रहे हैं आज प्रतिध्वनि बनकर मानो दीन विषाद।
प्रकृति रही दुर्जय, पराजित हम सब थे भूले मद में,
भोले थे, हाँ तिरते केवल सब विलासिता के नद में।
वे सब डूबे, डूबा उनका विभव, बन गया पारावार-
उमड़ रहा था देव-सुखों पर जलधि का नाद अपार।"

"वह उन्मत्त विलास हुआ क्या! स्वप्न रहा या छलना थी!
देवसृष्टि की सुख-विभावरी ताराओं की कलना थी।
चलते थे सुरभित अंचल से जीवन के मधुमय निश्वास,
कोलाहल में मुखरित होता देव जाति का सुख-विश्वास।
सुख, केवल सुख का वह संग्रह, केंद्रीभूत हुआ इतना,
छायापथ में नव तुषार का सघन मिलन होता जितना।
सब कुछ थे स्वायत्त, विश्व के---बल, वैभव, आनंद अपार,
उद्वेलित लहरों-सा होता उस समृद्धि का सुख-संचार।
कीर्ति, दीप्ति, शोभा थी नचती अरुण-किरण-सी चारों ओर,
सप्तसिंधु के तरल कणों में, द्रुम-दल में, आनंद-विभोर।
शक्ति रही हाँ शक्ति-प्रकृति थी पद-तल में विनम्र विश्रांत,
कंपती धरणी उन चरणों से होकर प्रतिदिन ही आक्रांत।
स्वयं देव थे हम सब, तो फिर क्यों न विशृंखल होती सृष्टि?
अरे अचानक हुई इसी से कड़ी आपदाओं की वृष्टि।
गया, सभी कुछ गया, मधुर तम सुर-बालाओं का श्रृंगार,
उषा ज्योत्स्ना-सा यौवन-स्मित मधुप-सदृश निश्चिंत विहार।
भरी वासना-सरिता का वह कैसा था मदमत्त प्रवाह,
प्रलय-जलधि में संगम जिसका देख हृदय था उठा कराह।"

चलते थे सुरभित अंचल से जीवन के मधुमय निश्वास,
कोलाहल में मुखरित होता देव जाति का सुख-विश्वास।
सुख, केवल सुख का वह संग्रह, केंद्रीभूत हुआ इतना,
छायापथ में नव तुषार का सघन मिलन होता जितना।
सब कुछ थे स्वायत्त, विश्व के---बल, वैभव, आनंद अपार,
उद्वेलित लहरों-सा होता उस समृद्धि का सुख-संचार।
कीर्ति, दीप्ति, शोभा थी नचती अरुण-किरण-सी चारों ओर,
सप्तसिंधु के तरल कणों में, द्रुम-दल में, आनंद-विभोर।

शक्ति रही हाँ शक्ति-प्रकृति थी पद-तल में विनम्र विश्रांत,
कंपती धरणी उन चरणों से होकर प्रतिदिन ही आक्रांत।
स्वयं देव थे हम सब, तो फिर क्यों न विश्रृंखल होती सृष्टि?
अरे अचानक हुई इसी से कड़ी आपदाओं की वृष्टि।
गया, सभी कुछ गया, मधुर तम सुर-बालाओं का श्रृंगार,
उषा ज्योत्स्ना-सा यौवन-स्मित मधुप-सदृश निश्चिंत विहार।
भरी वासना-सरिता का वह कैसा था मदमत्त प्रवाह,
प्रलय-जलधि में संगम जिसका देख हृदय था उठा कराह।"
सुरा सुरभिमय बदन अरुण वे नयन भरे आलस अनुराग,
कल कपोल था जहाँ बिछलता कल्पवृक्ष का पीत पराग।
विकल वासना के प्रतिनिधि वे सब मुरझाये चले गये,
आह! जले अपनी ज्वाला से फिर वे जल में गले, गये।"

"अरी उपेक्षा-भरी अमरते! री अतृप्ति! निर्बाध विलास!
द्विधा-रहित अपलक नयनों की भूख-भरी दर्शन की प्यास!
बिछुड़े तेरे सब आलिंगन, पुलक-स्पर्श का पता नहीं,
मधुमय चुंबन कातरतायें, आज न मुख को सता रहीं।
रत्न-सौध के वातायन-जिनमें आता मधु-मदिर समीर,
टकराती होगी अब उनमें तिमिंगिलों की भीड़ अधीर।
देवकामिनी के नयनों से जहाँ नील-नलिनों की सृष्टि--
होती थी, अब वहाँ हो रही प्रलयकारिणी भीषण वृष्टि।
वे अम्लान-कुसुम-सुरभित—मणि-रचित मनोहर मालाएँ,
बनीं श्रृंखला, जकड़ीं जिनमें विलासिनी सुर-बालाएँ।
देव-यजन के पशुयज्ञों की वह पूर्णाहुति की ज्वाला,
जलनिधि में बन जलती कैसी आज लहरियों की माला।"

"उनको देख कौन रोया यों अंतरिक्ष में बैठ अधीर!
व्यस्त बरसने लगा अश्रुमय यह प्रालेय हलाहल नीर!
हाहाकार हुआ क्रंदनमय कठिन कुलिश होते थे चूर,
हुए दिगंत बधिर, भीषण रव बार-बार होता था क्रूर।
दिग्दाहों से धूम उठे, या जलधर उठे क्षितिज-तट के!
सघन गगन में भीमप्रकंपन, झंझा के चलते झटके।
अंधकार में मलिन मित्र की धुँधली आभा लीन हुई,
वरुण व्यस्त थे, घनी कालिमा स्तर-स्तर जमती पीन हुई।
पंचभूत का भैरव मिश्रण, शंपाओं के शकल-निपात,
उल्का लेकर अमर शक्तियाँ खोज रहीं ज्यों खोया प्रात।
बार-बार उस भीषण रव से कँपती धरती देख विशेष,
माना नील व्योम उतरा हो आलिंगन के हेतु अशेष!
उधर गरजतीं सिंधु लहरियाँ कुटिल काल के जालों सी,
चली आ रहीं फेन उगलती फन फैलाये व्यालों-सी।
धँसती धरा, धधकती ज्वाला, ज्वाला-मुखियों के निश्वास,
और संकुचित क्रमशः उसके अवयव का होता था ह्रास।
सबल तरंगाघातों से उस क्रुद्ध सिंधु के, विचलित-सी---

व्यस्त महाकच्छप-सी धरणी ऊभ-चूभ थी विकलित-सी।
बढ़ने लगा विलास-वेग-सा वह अतिभैरव जल संघात,
तरल-तिमिर से प्रलय-पवन का होता आलिंगन, प्रतिघात।
वेला क्षण-क्षण निकट आ रही क्षितिज क्षीण, फिर लीन हुआ,
उदधि डुबाकर अखिल धरा को बस मर्य्यादा हीन हुआ!
करका क्रन्दन करती गिरती और कुचलना था सब का,
पंचभूत का यह तांडवमय नृत्य हो रहा था कब का।"

"एक नाव थी, और न उसमें डाँड़े लगते, या पतवार,
तरल तरंगों में उठ-गिरकर बहती पगली बारंबार।
लगते प्रबल थपेड़े, धुँधले तट का था कुछ पता नहीं,
कातरता से भरी निराशा देख नियति पथ बनी वहीं।
लहरें व्योम चूमती उठतीं, चपलायें असंख्य नचतीं,
गरल जलद की खड़ी झड़ी में बूँदें निज संसृति रचतीं।
चपलायें उस जलधि-विश्व में स्वयं चमत्कृत होती थीं,
ज्यों विराट बाड़व-ज्वालायें खंड-खंड हो रोती थीं।
जलनिधि के तलवासी जलचर विकल निकलते उतराते,
हुआ विलोड़ित गृह,तब प्राणी कौन! कहाँ! कब! सुख पाते?
घनीभूत हो उठे पवन, फिर श्वासों की गति होती रुद्ध,
और चेतना थी बिलखाती, दृष्टि विफल होती थी क्रुद्ध।
उस विराट् आलोड़न में ग्रह, तारा बुद-बुद से लगते,
प्रखर प्रलय-पावस में जगमग, ज्योतिरिंगणों-से जगते।
प्रहर दिवस कितने बीते, अब इसको कौन बता सकता,
इनके सूचक उपकरणों का चिह्न न कोई पा सकता।
काला शासन-चक्र मृत्यु का कब तक चला, न स्मरण रहा,
महामत्स्य का एक चपेटा दीन पोत का मरण रहा।
किंतु उसी ने ला टकराया इस उत्तरगिरि के शिर से,
देव-सृष्टि का ध्वंस अचानक श्वास लगा लेने फिर से।
आज अमरता का जीवित हूँ मैं वह भीषण जर्जर दंभ,
आह सर्ग के प्रथम अंक का अधम-पात्र मय सा विष्कंभ!"

"ओ जीवन की मरु-मरीचिका, कायरता के अलस विषाद!
अरे पुरातन अमृत! अगतिमय मोहमुग्ध जर्जर अवसाद!
मौन! नाश! विध्वंस! अंधेरा! शून्य बना जो प्रकट अभाव,
वही सत्य है, अरी अमरते! तुझको यहाँ कहाँ अब ठाँव।
मृत्यु, अरी चिर-निद्रे! तेरा अंक हिमानी-सा शीतल,
तू अनंत में लहर बनाती काल-जलधि की-सी हलचल।
महानृत्य का विषम सम अरी अखिल स्पंदनों की तू माप,
तेरी ही विभूति बनती है सृष्टि सदा होकर अभिशाप।
अंधकार के अट्टहास-सी मुखरित सतत चिरंतन सत्य,
छिपी सृष्टि के कण-कण में तू यह सुंदर रहस्य है नित्य।
जीवन तेरा क्षुद्र अंश है व्यक्त नील घन-माला में,
सौदामिनी-संधि-सा सुंदर क्षण भर रहा उजाला में।"

पवन पी रहा था शब्दों को निर्जनता की उखड़ी साँस,
टकराती थी, दीन प्रतिध्वनि बनी हिम-शिलाओं के पास।
धू-धू करता नाच रहा था अनस्तित्व का तांडव नृत्य,
आकर्षण-विहीन विद्रुत्कण बने भारवाही थे भृत्य।
मृत्यु सदृश शीतल निराश ही आलिंगन पाती थी दृष्टि,
परमव्योम से भौतिक कण-सी घने कुहासों की थी वृष्टि।
वाष्प बना उड़ता जाता था या वह भीषण जल-संघात,
सौरचक्र में आवर्त्तन था प्रलय निशा का होता प्रात!

आशा

उषा सुनहले तीर बरसती जयलक्ष्मी-सी उदित हुई,
उधर पराजित कालरात्रि भी जल में अंतर्निहित हुई।
वह विवर्ण मुख त्रस्त प्रकृति का आज लगा हँसने फिर से,
वर्षा बीती, हुआ सृष्टि में शरद-विकास नये सिर से।
नव कोमल आलोक बिखरता हिम-संसृति पर भर अनुराग,
सित सरोज पर क्रीड़ा करता जैसे मधुमय पिंग पराग।
धीरे धीरे हिम-आच्छादन हटने लगा धरातल से,
जगीं वनस्पतियाँ अलसाई मुख धोती शीतल जल से।
नेत्र निमीलन करती मानो प्रकृति प्रबुद्ध लगी होने,
जलधि लहरियों की अंगड़ाई बार-बार जाती सोने।
सिंधुसेज पर धरावधू अब तनिक संकुचित बैठी-सी,
प्रलय निशा की हलचल स्मृति में मान किये सी ऐंठी-सी।
देखा मनु ने वह अतिरंजित विजन विश्व का नव कांत,
जैसे कोलाहल सोया हो हिम-शीतल-जड़ता-सा श्रांत।
इंद्रनीलमणि महा चषक था सोम-रहित उलटा लटका,
आज पवन मृदु साँस ले रहा जैसे बीत गया खटका।
वह विराट् था हेम घोलता नया रंग भरने को आज;
'कौन?' हुआ यह प्रश्न अचानक और कुतूहल का था राज!

विश्वदेव, सविता या पूषा, सोम, मरुत, चंचल पवमान,
वरुण आदि सब घूम रहे हैं किसके शासन में अम्लान?
किसका था भ्रू-भंग प्रलय-सा जिसमें ये सब विकल रहे,
अरे! प्रकृति के शक्ति-चिह्न ये फिर भी कितने निबल रहे।
विकल हुआ-सा काँप रहा था, सकल भूत चेतन समुदाय,
उनकी कैसी बुरी दशा थी वे थे विवश और निरुपाय।
देव न थे हम और न ये हैं, सब परिवर्तन के पुतले,
हाँ कि गर्व-रय में तुरंग-सा, जितना जो चाहे जुत ले।'

"महानील इस परम व्योम में, अंतरिक्ष में ज्योतिर्मान,
ग्रह, नक्षत्र और विद्युत्कण किसका करते-से संधान!
छिप जाते हैं और निकलते आकर्षण में खिंचे हुए,
तृण, वीरुष लहलहे हो रहे किसके रस से सिंचे हुए?
सिर नीचा कर किसकी सत्ता सब करते स्वीकार यहाँ,
सदा मौन हो प्रवचन करते जिसका, वह अस्तित्व कहाँ?
हे अनंत रमणीय! कौन तुम? यह मैं कैसे कह सकता,

कैसे हो? क्या हो? इसका तो भार विचार न सह सकता।
हे विराट्! हे विश्वदेव! तुम कुछ हो, ऐसा होता भान---
मंद्र-गंभीर-धीर-स्वर-संयुत यही कर रहा सागर गान।"

"यह क्या मधुर स्वप्न-सी झिलमिल सदय हृदय में अधिक अधीर,
व्याकुलता-सी व्यक्त हो रही आशा बनकर प्राण-समीर!
यह कितनी स्पृहणीय बन गई मधुर जागरण-सी छविमान,
स्मिति की लहरों-सी उठती है नाच ही ज्यों मधुमय तान।
जीवन! जीवन! की पुकार है खेल रहा है शीतल-दाह---
किसके चरणों में नत होता नव प्रभात का शुभ उत्साह।
मैं हूं, यह वरदान सदृश क्यों लगा गूंजने कानों में!
मैं भी कहने लगा, 'मैं रहूँ' शाश्वत नभ के गानों में।
यह संकेत कर रही सत्ता किसकी सरल विकास-मयी,
जीवन की लालसा आज क्यों इतनी प्रखर विलास-मयी?
तो फिर क्या मैं जिऊं और भी---जीकर क्या करना होगा?
देव! बता दो, अमर-वेदना लेकर कब मरना होगा?"
एक यवनिका हटी, पवन से प्रेरित मायापट जैसी।
और आवरण-मुक्त प्रकृति थी हरी-भरी फिर भी वैसी।
स्वर्ण शालियों की कलमें थीं दूर दूर तक फैल रहीं,
शरद-इंदिरा के मंदिर की मानो कोई गैल रही।

विश्व-कल्पना-सा ऊँचा वह सुख-शीतल-संतोष-निदान,
और डूबती-सी अचला का अवलंबन, मणि-रत्न-निधान।
अचल हिमालय का शोभनतम लता-कलित शुचि सानु-शरीर,
निद्रा में सुख-स्वप्न देखता जैसे पुलकित हुआ अधीर।
उमड़ रही जिसके चरणों में नीरवता की विमल विभूति,
शीतल झरनों की धाराएँ बिखरातीं जीवन-अनुभूति!
उस असीम नीले अंचल में देख किसी की मृदु मुसक्यान,
मानो हंसी हिमालय की है फूट चली करती कल गान।
शिला-संघियों में टकरा कर पवन भर रहा था गुंजार,
उस दुर्भेद्य अचल दृढ़ता का करता चारण-सदृश प्रचार।
संध्या-धनमाला की सुंदर ओढ़े रंग-बिरंगी छींट,
गगन-चुंबिनी शैल-श्रेणियाँ पहने हुए तुषार-किरीट।
विश्व-मौन, गौरव, महत्त्व की प्रतिनिधियों से भरी विभा,
इस अनंत प्रांगण में मानो जोड़ रही है मौन सभा।
वह अनंत नीलिमा व्योम की जड़ता-सी जो शांत रही,
दूर-दूर ऊँचे से ऊँचे निज अभाव में भ्रांत रही।
उसे दिखातीं जगती का सुख, हँसी, और उल्लास अजान,
मानो तुंग-तरंग विश्व की हिमगिरि की वह सुधर उठान।

थी अनंत की गोद सदृश जो विस्तृत गुहा वहाँ रमणीय,
उसमें मनु ने स्थान बनाया सुंदर, स्वच्छ और वरणीय।
पहला संचित अग्नि जल रहा पास मलिन-द्युति रवि-कर से,
शक्ति और जागरण-चिह्न-सा लगा धधकने अब फिर से।

जलने लगा निरंतर उनका अग्निहोत्र सागर के तीर,
मनु ने तप में जीवन अपना किया समर्पण हो कर धीर।
सजग हुई फिर से सुर-संस्कृति देव-यजन की वर माया,
उन पर लगी डालने अपनी कर्ममयी शीतल छाया।

उठे स्वस्थ मनु ज्यों उठता है क्षितिज बीच अरुणोदय कांत,
लगे देखने लुब्ध नयन से प्रकृति-विभूति मनोहर, शांत।
पाकयज्ञ करना निश्चित कर लगे शालियों को चुनने,
उधर वह्नि-ज्वाला भी अपना लगी धूमपट थी बुनने।
शुष्क डालियों से वृक्षों की अग्नि-अर्चियाँ हुई समिध्द,
आहुति के नव धूमगंध से नभ-कानन हो गया समृद्ध।
और सोचकर अपने मन में "जैसे हम हैं बचे हुए--
क्या आश्चर्य और कोई हो जीवन-लीला रचे हुए,"
अग्निहोत्र-अवशिष्ट अन्न कुछ कहीं दूर रख आते थे,
होगा इससे तृप्त अपरिचित समझ सहज सुख पाते थे।
दुःख का गहन पाठ पढ़कर अब सहानुभूति समझते थे,
नीरवता की गहराई में मग्न अकेले रहते थे।
मनन किया करते वे बैठे ज्वलित अग्नि के पास वहाँ,
एक सजीव, तपस्या जैसे पतझड़ में कर वास रहा।
फिर भी धड़कन कभी हृदय में होती चिंता कभी नवीन,
यों ही लगा बीतने उनका जीवन अस्थिर दिन-दिन दीन।
प्रश्न उपस्थित नित्य नये थे अंधकार की माया में,
रंग बदलते जो पल-पल में उस विराट् की छाया में।
अर्ध प्रस्फुटित उत्तर मिलते प्रकृति सकर्मक रही समस्त,
निज अस्तित्व बना रखने में जीवन आज हुआ था व्यस्त।
तप में निरत हुए मनु नियमित--कर्म लगे अपना करने,
विश्वरंग में कर्मजाल के सूत्र लगे घन हो घिरने।
उस एकांत नियति-शासन में चले विवश धीरे-धीरे,
एक शांत स्पंदन लहरों का होता ज्यों सागर-तीरे।
विजन जगत की तंद्रा में तब चलता था सूना सपना,
ग्रह-पथ के आलोक-वृत्त से काल जाल तनता अपना।
प्रहर, दिवस, रजनी आती थी चल जाती संदेश-विहीन,
एक विरागपूर्ण संस्कृति में ज्यों निष्फल आरंभ नवीन।
धवल,मनोहर चंद्रबिंब से अंकित सुंदर स्वच्छ निशीथ,
जिसमें शीतल पवन गा रहा पुलकित हो पावन उद्गीथ।
नीचे दूर-दूर विस्तृत था उर्मिल सागर व्यथित, अधीर,
अंतरिक्ष में व्यस्त उसी-सा रहा चंद्रिका-निधि गंभीर।

खुलीं उसी रमणीय दृश्य में अलस चेतना की आँखें,
हृदय-कुसुम की खिलीं अचानक मधु से वे भींगी पाँखें।
व्यक्त नील में चल प्रकाश का कंपन सुख बन बजता था,
एक अतींद्रिय स्वप्न-लोक का मधुर रहस्य उलझता था।
नव हो जगी अनादि वासना मधुर प्राकृतिक भूख-समान,

चिर-परिचित-सा चाह रहा था द्वंद्व सुखद करके अनुमान।
दिवा रात्रि या-मित्र वरुण की बाला का अक्षय श्रृंगार,
मिलन लगा हंसने जीवन के उर्मिल सागर के उस पार!
तप से संयम का संचित बल, तृषित और व्याकुल था आज-
अट्टहास कर उठा रिक्त का वह अधीर-तम-सूना राज।
धीर-समीर-परस से पुलकित विकल हो चला श्रांत-शरीर,
आशा की उलझी अलकों से उठी लहर मधुगंध अधीर।
मनु का मन था विकल हो उठा संवेदन से खाकर चोट,
संवेदन! जीवन जगती को जो कटुता से देता घोंट।

"आह! कल्पना का सुंदर यह जगत मधुर कितना होता!
सुख-स्वप्नों का दल छाया में पुलकित हो जगता-सोता।
संवेदन का और हृदय का यह संघर्ष न हो सकता,
फिर अभाव असफलताओं की गाथा कौन कहाँ बकता!
कब तक और अकेले? कह दो हे मेरे जीवन बोलो?
किसे सुनाऊँ कथा- कहो मत, अपनी निधि न व्यर्थ खोलो।।"

"तम के सुंदरतम रहस्य, हे कांति-किरण-रंजित तारा!
व्यथित विश्व के सात्विक शीतल बिंदु, भरे नव रस सारा।
आतप-तापित जीवन-सुख की" शांतिमयी छाया के देश,
हे अनंत की गणना! देते तुम कितना मधुमय संदेश!
आह शून्यते! चुप होने में तू क्यों इतनी चतुर हुई?
इंद्रजाल-जननी! रजनी तू क्यों अब इतनी मधुर हुई?'

"जब कामना सिंधु तट आई ले संध्या का तारा-दीप,
फाड़ सुनहली साड़ी उसकी तू हँसती क्यों अरी प्रतीप?
इस अनंत काले शासन का वह जब उच्छृंखल इतिहास,
आँसू औ' तम घोल लिख रही तू सहसा करती मृदु हास।
विश्व कमल की मृदुल मधुकरी रजनी तू किस कोने से---
आती चूम-चूम चल जाती पढ़ी हुई किस टोने से।
किस दिगंत रेखा में इतनी संचित कर सिसकी-सी साँस,
यों समीर मिस हांफ रही-सी चली जा रही किसके पास।
विकल खिलखिलाती है क्यों तू? इतनी हँसी न व्यर्थ बिखेर,
तुहिन कणों, फेनिल लहरों में, मच जावेगी फिर अंधेर।
घूँघट उठा देख मुसक्याती किसे ठिठकती-सी आती;
विजन गगत में किसी भूल-सी किसको स्मृति-पथ में लाती।
रजत-कुसुम के नव पराग-सी उड़ा न दे तू इतनी धूल---
इस ज्योत्स्ना की, अरी बावली तू इसमें जावेगी भूल।
पगली! हाँ सम्हाल ले, कैसे छूट पड़ा तेरा अंचल?
देख, बिखरती है मणिराजी—अरी उठा बेसुध चंचल।
फटा हुआ था नील' वसन क्या ओ यौवन की मतवाली!
देख, अंकिचन जगत लूटता तेरी छवि भोली-भाली!
ऐसे अतुल अनंत विभव में जाग पड़ा क्यों तीव्र विराग?
या भूली-सी खोज रही कुछ जीवन की छाती के दाग!"

"मैं भी भूल गया हूं कुछ, हाँ स्मरण नहीं होता, क्या था?
प्रेम, वेदना, भ्रांति या कि क्या? मन जिसमें सुख सोता था!
मिले कहीं वह पड़ा अचानक उसको भी न लुटा देना;
देख तुझे भी दूँगा तेरा भाग, न उसे भुला देना!"

श्रद्धा

"कौन तुम? संसृति-जलनिधि तीर-तरंगों से फेंकी मणि एक,
कर रहे निर्जन का चुपचाप प्रभा की धारा से अभिषेक?
मधुर विश्रांत और एकांत--जगत का सुलझा हुआ रहस्य,
एक करुणामय सुंदर मौन और चंचल मन का आलस्य!'

सुना यह मनु ने मधुर गुंजार मधुकरी का-सा जब सानंद,
किये मुख नीचा कमल समान प्रथम कवि का ज्यों सुंदर छंद,
एक झिटका-सा लगा सहर्ष, निरखने लगे लुटे-से, कौन-
गा रहा यह सुंदर संगीत? कुतूहल रह न सका फिर मौन।
और देखा वह सुंदर दृश्य नयन का इंद्रजाल अभिराम,
कुसुम-वैभव में लता समान चंद्रिका से लिपटा घनश्याम।
हृदय की अनुकृति बाह्य उदार एक लंबी काया, उन्मुक्त
मधु-पवन-क्रीड़ित ज्यों शिशु साल, सुशोभित हो सौरभ-संयुक्त।
मसृण गांधार देश के नील रोम वाले मेषों के चर्म,
ढक रहे थे उसका वपु कांत बन रहा था वह कोमल वर्म।
नील परिधान बीच सुकुमार खुल रहा मृदुल अधखुला अंग,
खिला हो ज्यों बिजली का फूल मेघवन बीच गुलाबी रंग।
आह वह मुख! पश्चिम के व्योम बीच जब घिरते हों घनश्याम,
अरुण रवि-मंडल उनको भेद दिखाई देता हो छविधाम।
या कि, नव इंद्रनील लघु श्रृंग फोड़ कर धधक रही हो कांत-
एक लघु ज्वालामुखी अचेत माधवी रजनी में अश्रांत।
घिर रहे थे घुंघराले बाल अंस अवलंबित मुख के पास,
नील घनशावक-से सुकुमार सुधा भरने को विधु के पास।
और, उस मुख पर वह मुसक्यान! रक्त किसलय पर ले विश्राम-
अरुण की एक किरण अम्लान अधिक अलसाई हो अभिराम।
नित्य-यौवन छवि से ही दीप्त विश्व की करुण कामना मूर्त्ति,
स्पर्श के आकर्षण से पूर्ण प्रकट करती ज्यों जड़ में स्फूर्त्ति।
उषा की पहिली लेखा कांत, माधुरी से भींगी भर मोद,
मद भरी जैसे उठे सलज्ज भोर की तारक-द्युति की गोद।
कुसुम कानन अंचल में मंद—पवन प्रेरित सौरभ साकार,
रचित-परमाणु-पराग-शरीर खड़ा हो, ले मधु का आधार।
और, पड़ती हो उस पर शुभ्र नवल मधु-राका मन की साध,
हंसी का मदविह्वल प्रतिबिंब मधुरिमा खेला सदृश अबाध!

कहा मनु ने "नभ धरणी बीच बना जीवन रहस्य निरुपाय,

एक उल्का-सा जलता भ्रांत, शून्य में फिरता हूँ असहाय।
शैल निर्भर न बना हतभाग्य, गल नहीं सका जो कि हिम-खंड,
दौड़ कर मिला न जलनिधि-अंक आह वैसा ही हूँ पाषंड।
पहेली-सा जीवन है व्यस्त, उसे सुलझाने का अभिमान-
बताता है विस्मृति का मार्ग चल रहा हूँ बन कर अनजान।
भूलता ही जाता दिन-रात सजल-अभिलाषा-कलित अतीत,
बढ़ रहा तिमिर-गर्भ में नित्य, दीन जीवन का यह संगीत।
क्या कहूं, क्या हूँ मैं उद्भ्रांत? विवर में नील गगन के आज!
वायु की भटकी एक तरंग, शून्यता का उजड़ा-सा राज।
एक विस्मृति का स्तूप अचेत, ज्योति का धुंधला-सा प्रतिबिंब;
और जड़ता की जीवन-राशि, सफलता का संकलित विलंब।"

"कौन हो तुम वसंत के दूत विरस पतझड़ में अति सुकुमार!
घन-तिमिर में चपला की रेख, तपन में शीतल मंद बयार।
नखत की आशा-किरण समान, हृदय के कोमल कवि की कांत-
कल्पना की लघु लहरी दिव्य, कर रही मानस-हलचल शांत!"
लगा कहने आगंतुक व्यक्ति मिटाता उत्कंठा सविशेष,
दे रहा हो कोकिल सानंद सुमन को ज्यों मधुमय संदेश---

भरा था मन में नव उत्साह सीख ललित कला का ज्ञान,
इधर रह गंधर्वों के देश, पिता की हूं प्यारी संतान।
घूमने का मेरा अभ्यास बढ़ा था मुक्त-व्योम-तल नित्य,
कुतूहल खोज रहा था, व्यस्त[2] हृदय-सत्ता का सुंदर सत्य।
दृष्टि जब जाती हिमगिरि ओर प्रश्न करता मन अधिक अधीर,
धरा की यह सिकुड़न भयभीत आह, कैसी है? क्या है पीर?
मधुरिमा में अपनी ही मौन एक सोया संदेश महान,
सजग हो करता था संकेत, चेतना मचल उठी अनजान।
बढ़ा मन और चले ये पैर, शैल-मालाओं का श्रृंगार,
आँख की भूख मिटी यह देख आह कितना सुंदर संभार!
एक दिन सहसा सिंधु अपार लगा टकराने नग तल क्षुब्ध,
अकेला यह जीवन निरुपाय आज तक घूम रहा विश्रब्ध।
यहाँ देखा कुछ बलि का अन्न, भूत-हित-रत किसका यह दान!
इधर कोई है अभी सजीव, हुआ ऐसा मन में अनुमान।
तपस्वी! क्यों इतने हो क्लांत? वेदना का यह कैसा वेग?
आह! तुम कितने अधिक हताश—बताओ यह कैसा उद्वेग!
हृदय में क्या है नहीं अधीर—लालसा जीवन की निश्शेष?
कर रहा वंचित कहीं न त्याग तुम्हें, मन में धर सुंदर वेश!
दुःख के डर से तुम अज्ञात जटिलताओं का कर अनुमान,
काम से झिझक रहे हो आज, भविष्यत् से बनकर अनजान!
कर रही लीलामय आनंद-महाचिति सजग हुई-सी व्यक्त,
विश्व का उन्मीलन अभिराम-इसी में सब होते अनुरक्त।

---

[2] व्यस्त = छिन्न : द्रष्टव्य-वृत्रो अशयदव्यस्तः-ऋगवेद 1-2-7, सायण ने व्यस्त के भाष्य में कहा है,
'व्यस्तः विविधं क्षिप्तं'।

काम-मंगल से मंडित श्रेय, सर्ग इच्छा का है परिणाम,
तिरस्कृत कर उसको तुम भूल बनाते हो असफल भवधाम।"

"दुःख की पिछली रजनी बीच विकसता सुख का नवल प्रभात,
एक परदा यह झीना नील छिपाये है जिसमें सुख गात।
जिसे तुम समझे हो अभिशाप, जगत की ज्वालाओं का मूल---
ईश का वह रहस्य वरदान, कभी मत इसको जाओ भूल।
विषमता की पीड़ा से व्यस्त हो रहा स्पंदित विश्व महान,
यही दुःख-सुख, विकास का सत्य यही भूमा का मधुमय दान।
नित्य समरसता का अधिकार उमड़ता कारण-जलधि समान,
व्यथा से नीली लहरों बीच बिखरते सुख-मणिगण द्युतिमान।"

लगे कहने मनु सहित विषाद---"मधुर मारुत-से ये उच्छ्वास
अधिक उत्साह तरंग अबाध उठाते मानस में सविलास।
किंतु जीवन कितना निरुपाय! लिया है देख, नहीं संदेह,
निराशा है जिसका परिणाम, सफलता का वह कल्पित गेह।"

कहा आगंतुक ने सस्नेह-"अरे, तुम इतने हुए अधीर!
हार बैठे जीवन का दाँव, जीतते मर कर जिसको वीर।
तप नहीं केवल जीवन-सत्य करुण यह क्षणिक दीन अवसाद,
तरल आकांक्षा से है भरा---सो रहा आशा का आह्लाद।
प्रकृति के यौवन का श्रृंगार करेंगे कभी न बासी फूल,
मिलेंगे वे जाकर अति शीघ्र आह उत्सुक है उनकी धूल।
पुरातनता का यह निर्भीक सहन करती न प्रकृति पल एक,
नित्य नूतनता का आनंद किये है परिवर्तन में टेक।
युगों की चट्टानों पर सृष्टि डाल पद चिह्न चली गंभीर,
देव, गंधर्व, असुर की पंक्ति अनुसरण करती उसे अधीर।"
"एक तुम, यह विस्तृत भू-खंड प्रकृति वैभव से भरा अमंद,
कर्म का भोग, भोग का कर्म, यही जड़ का चेतन--आनंद।
अकेले तुम कैसे असहाय यजन कर सकते? तुच्छ विचार।
तपस्वी! आकर्षण से हीन कर सके नहीं आत्म-विस्तार।
दब रहे हो अपने ही बोझ खोजते भी न कहीं अवलंब,
तुम्हारा सहचर बन कर क्या न उऋण होऊँ में बिना विलंब?
समर्पण लो--सेवा का सार, सजल-संसृति का यह पतवार,
आज से यह जीवन उत्सर्ग इसी पद-तल में विगत-विकार,
दया, माया, ममता लो आज, मधुरिमा लो, अगाध विश्वास,
हमारा हृदय-रत्न-निधि स्वच्छ तुम्हारे लिए खुला है पास।
बनो संसृति के मूल रहस्य, तुम्हीं से फैलेगी वह बेल,
विश्व-भर सौरभ से भर जाय सुमन के खेलो सुंदर खेल।"

"और यह क्या तुम सुनते नहीं विधाता मंगल वरदान--
'शक्तिशाली हो, विजयी बनो' विश्व में गूंज रहा जय-गान।
डरो मत, अरे अमृत संतान! अग्रसर है मंगलमय वृद्धि,
पूर्ण आकर्षण जीवन केंद्र खिंची आवेगी सकल समृद्धि।

देव-असफलताओं का ध्वंस प्रचुर उपकरण जुटाकर आज,
पड़ा है बन मानव-सम्पत्ति पूर्ण हो मन का चेतन-राज।
चेतना का सुंदर इतिहास--अखिल मानव भावों का सत्य,
विश्व के हृदय-पटल पर दिव्य-अक्षरों से अंकित हों नित्य।
विधाता की कल्याणी सृष्टि, सफल हो इस भूतल पर पूर्ण,
पटें सागर, बिखरें ग्रह-पुंज और ज्वालामुखियाँ हों चूर्ण।
उन्हें चिनगारी सदृश सदर्प कुचलती रहे खड़ी सानंद,
आज से मानवता की कीर्ति अनिल, भू जल में रहे न बंद।
जलधि के फूटें कितने उत्स—-द्वीप-कच्छप डूबें-उतरायँ,
किन्तु वह खड़ी रहे दृढ़-मूर्ति अभ्युदय का कर रही उपाय।
विश्व की दुर्बलता बल बने, पराजय का बढ़ता व्यापार--
हँसाता रहे उसे सविलास शक्ति का क्रीड़ामय संचार।
शक्ति के विद्त्कण जो व्यस्त[3] विकल बिखरे हैं, हो निरुपाय,
समन्वय उसका करे समस्त विजयिनी मानवता हो जाय!"

---

[3] देखिए--पादटिप्पणी, पृष्ठ 16

काम

"मधुमय वसंत जीवन-वन के, वह अंतरिक्ष की लहरों में,
कब आये थे तुम चुपके से रजनी के पिछले पहरों में?
क्या तुम्हें देख कर आते यों मतवाली कोयल बोली थी?
उस नीरवता में अलसाई कलियों ने आंखें खोली थी?
जब लीला से तुम सीख रहे कोरक-कोने में लुक रहना,
तब शिथिल सुरभि से धरणी में बिछलन न हुई थी? सच कहना!
जब लिखते थे तुम सरस हँसी अपनी, फूलों के अंचल में,
अपना कलकंठ मिलाते थे झरनों के कोमल कल-कल में।
निश्चिंत आह! वह था कितना, उल्लास, काकली के स्वर में!
आनंद प्रतिध्वनि गूंज रही जीवन दिगंत के अंबर में।
शिशु चित्रकार! चंचलता में, कितनी आशा चित्रित करते!
अस्पष्ट एक लिपि ज्योतिमयी--जीवन की आँखों में भरते।
लतिका घूँघट से चितवन की वह कुसुम-दुग्ध-सी मधु-धारा,
प्लावित करती मन-अजिर रही--था तुच्छ विश्व-वैभव सारा।
वे फूल और वह हँसी रही वह सौरभ, वह निश्वास छना,
वह कलरव, वह संगीत अरे वह कोलाहल एकांत बना!"

कहते-कहते कुछ सोच रहें लेकर निश्वास निराशा की--
मनु अपने मन की बात, रुकी फिर भी न प्रगति अभिलाषा की।

"ओ नील आवरण जगती के! दुर्बोध न तू ही है इतना,
अवगुंठन होता आँखों का आलोक रूप बनता जितना।
चल-चक्र वरुण का ज्योति-भरा व्याकुल तू क्यों देता फेरी?
तारों के फूल बिखरते हैं लटट हैं असफलता तेरी।
नव नील कुंज हैं झीम रहे कुसुमों की कथा न बन्द हुई,
है अंतरिक्ष आमोद भरा हिम-कणिका ही मकरंद हुई।
इस इंदीवर से गंध भरी बुनती जाली मधु की धारा,
मन-मधुकर की अनुरागमयी बन रही मोहिनी-सी कारा।
अणुओं को है विश्राम कहाँ यह कृतिमय वेग भरा कितना!
अविराम नाचता कंपन है, उल्लास सजीव हुआ कितना!
उन नृत्य-शिथिल-निश्वासों की कितनी है मोहमयी माया?
जिनसे समीर छनता-छनता बनता है प्राणों की छाया।
आकाश-रंध्र है पूरित-से यह सृष्टि गहन-सी होती है;
आलोक सभी मूर्च्छित सोते यह आँख थकी-सी रोती है।
सौंदर्यमयी चंचल कृतियाँ बनकर रहस्य हैं नाच रहीं,

मेरी आँखों को रोक वहीं आगे बढ़ने में जाँच रहीं।
मैं देख रहा हूँ जो कुछ भी वह सब क्या छाया उलझन है?
सुन्दरता के इस परदे में क्या अन्य धरा कोई धन है?
मेरी अक्षय निधि! तुम क्या हो पहचान सकूँगा क्या न तुम्हें?
उलझन प्राणों के धागों की सुलझन का समझूँ मान तुम्हें?
माधवी निशा की अलसाई अलकों में लुकते तारा-सी,
क्या ही सूने मरु-अंचल में अंतःसलिला की धारा-सी!
श्रुतियों में चुपके-चुपके से कोई मधु-धारा घोल रहा,
इस नीरवता के परदे में जैसे कोई कुछ बोल रहा।
है स्पर्श मलय के झिलमिल सा संज्ञा को और सुलाता है,
पुलकित हो आँखें बंद किये तंद्रा को पास बुलाता है।
व्रीड़ा है यह चंचल कितनी विभ्रम से घट खींच रही,
छिपने पर स्वयं मृदुल कर से क्यों मेरी आँखें मींच रही?
उद्बद्ध क्षितिज को श्याम छटा इस उदित शुक्र की छाया में,
ऊषा-सा कौन रहस्य लिये सोती किरनों की काया में!
उठती है किरनों के ऊपर कोमल किसलय की छाजन-सी,
स्वर का मधु-निस्वन रंध्रों में--जैसे कुछ दूर बजे बंसी।
सब कहते हैं--'खोलो-खोलो, छवि देखूँगा जीवन घन की'
आवरण स्वयं बनते जाते हैं भीड़ लग रही दर्शन की।
चाँदनी सदृश खुल जाय कहीं अवगुंठन आज सँवरता-सा,
जिसमें अनन्त कल्लोल भरा लहरों में मस्त विचरता-सा--
अपना फेनिल फन पटक रहा मणियों का जाल लुटाता-सा,
उन्निद्र दिखाई देता हो उन्मत्त हुआ कुछ गाता-सा।"

"जो कुछ हो, मैं न सम्हालूँगा इस मधुर भार को जीवन के,
आने दो कितनी आती हैं बाधाएँ दम-संयम बन के।
नक्षत्रो, तुम क्या देखोगे--इस ऊषा की लाली क्या है?
संकल्प भर रहा है उनमें सन्देहों की जाली क्या है?
कौशल यह कोमल कितना है सुषमा दुर्भेद्य बनेगी क्या?
चेतना इंद्रियों की मेरी मेरी ही हार बनेगी क्या?"

"पीता हूँ, हाँ, मैं पीता हूँ--यह स्पर्श, रूप, रस, गंध भरा,
मधु लहरों के टकराने से ध्वनि में है क्या गुंजार भरा।
तारा बनकर यह बिखर रहा क्यों स्वप्नों का उन्माद अरे!
मादकता-माती नींद लिये सोऊँ मन में अवसाद भरे।
चेतना शिथिल-सी होती है उन अंधकार की लहरों में—-"
मनु डूब चले धीरे-धीरे रजनी के पिछले पहरो में।
उस दूर क्षितिज में सृष्टि बनी स्मृतियों की संचित छाया से,
इस मन को है विश्राम कहाँ! चंचल यह अपनी माया से।
जागरण-लोक था भूल चला स्वप्नों का सुख-संचार हुआ,
कौतुक-सा बन मनु के मन का वह सुन्दर क्रीड़ागार हुआ।
था व्यक्ति सोचता आलस में चेतना सजग रहती दुहरी,
कानों के कान खोल करके सुनती थी कोई ध्वनि गहरी।

"प्यासा हूँ, मैं अब भी प्यासा संतुष्ट ओष से मैं न हुआ,
आया फिर भी वह चला गया तृष्णा को तनिक न चैन हुआ।
देवों की सृष्टि विलीन हुई अनुशीलन में अनुदिन मेरे,
मेरा अतिचार न बंद हुआ उन्मत्त रहा सबको घेरे।
मेरी उपासना करते वे मेरा संकेत विधान बना,
विस्तृत जो मोह रहा मेरा वह देव-विलास-वितान तना।
मैं काम, रहा सहचर उनका उनके विनोद का साधन था,
हँसता था और हँसाता था उनका मैं कृतिमय जीवन था।
जो आकर्षण बन हँसती थी रति थी अनादि-वासना वही,
अव्यक्त-प्रकृति-उन्मीलन के अंतर में उसकी चाह रही।
हम दोनों का अस्तित्व रहा उस आरंभिक आवर्त्तन-सा,
जिससे संसृति का बनता है आकार रूप के नर्त्तन-सा।
उस प्रकृति-लता के यौवन में उस पुष्पवती के माधव का-
मधु-हास हुआ था वह पहला दो रूप मघुर जो ढाल सका।"

"वह मूल शक्ति उठ खड़ी हुई अपने आलस का त्याग किये,
परमाणु बाल सब दौड़ पड़े जिसका सुन्दर अनुराग लिये।
कुंकुम का चूर्ण उड़ाते से मिलने को गले ललकते से,
अंतरिक्ष में मधु-उत्सव के विद्रकण मिले झलकते से।
वह आकर्षण, वह मिलन हुआ प्रारंभ माधुरी छाया में,
जिसको कहते सब सृष्टि, बनी मतवाली अपनी माया में।
प्रत्येक नाश-विश्लेषण भी संश्लिष्ट हुए, वन सृष्टि रही,
ऋतुपति के घर कुसुमोत्सव था—मादक मरंद की वृष्टि रही।
भुज-लता पड़ी सरिताओं की शैलों के गले सनाथ हुए,
जलनिधि का अंचल व्यजन बना धरणी का दो-दो साथ हुए।
कोरक अंकुर-सा जन्म रहा हम दोनों साथी झूम चले,
उस नवल-सर्ग के कानन में मृदु मलयानिल से फूल चले।
हम भूख-प्यास-से जाग उठे आकांक्षा-तृप्ति समन्वय में,
रति-काम बने उस रचना में जो रही नित्य-यौवन वय में।"
"सुरबालाओं को सखी रही उनकी हत्तंत्री की लय थी
रति, उनके मन को सुलझाती वह राग-भरी थी, मधुमय थी।
मैं तृष्णा था विकसित करता, वह तृप्ति दिखाती थी उनको
आनंद-समन्वय होता था हम ले चलते पथ पर उनको।
वे अमर रहे न विनोद रहा, चेतनता रही, अनंग हुआ,
हूँ भटक रहा अस्तित्व लिये संचित का सरल प्रसंग हुआ।"

"यह नीड़ मनोहर कृतियों का यह विश्व-कर्म रंगस्थल है,
है परंपरा लग रही यहाँ ठहरा जिसमें जितना बल है।
वे कितने ऐसे होते हैं जो केवल साधन बनते हैं,
आरंभ और परिणामों के संबंध सूत्र से बुनते हैं।
ऊषा की सजल गुलाली जो खुलती है नीले अंबर में,
वह क्या है? क्या तुम देख रहे वर्गों के मेघडंबर में?
अंतर है दिन औ' रजनी का यह साधक-कर्म बिखरता है,

माया के नीले अंचल में आलोक बिंदु-सा झरता है।"

"आरंभिक वात्या-उद्गम मैं अब प्रगति बन रहा संसृति का,
मानव की शीतल छाया में ऋणशोध करूँगा निज कृति का।
दोनों का समुचित परिवर्तन जीवन में शुद्ध विकास हुआ,
प्रेरणा अधिक अब स्पष्ट हुई जब विप्लव में पड़ ह्वास हुआ।
यह लीला जिसकी विकस चली वह मूलशक्ति थी प्रेम-कला,
उसका संदेश सुनाने को संसृति में आयी वह अमला।
हम दोनों की संतान वही--कितनी सुन्दर भोली-भाली,
रंगों ने जिनसे खेला हो ऐसे फूलों की वह डाली।
जड़-चेतनता की गाँठ वही सुलझन है भूल-सुधारों की।
वह शीतलता है शांतिमयी जीवन के ऊष्ण विचारों की।
उसको पाने की इच्छा हो तो योग्य बनो"--कहती-कहती,
वह ध्वनि चुपचाप हुई सहसा जैसे मुरली चुप हो रहती।
मनु आंख खोलकर पूछ रहे--" पथ कौन वहाँ पहुँचाता है?
उस ज्योतिमयी को देव! कहो कैसे कोई नर पाता है?
पर कौन वहाँ उत्तर देता! वह स्वप्न अनोखा भंग हुआ,
देखा तो सुन्दर प्राची में अरुणोदय का रस-रंग हुआ।
उस लता-कुंज की झिल-मिल से हेमाभरश्मि थी खेल रही,
देवों के सोम-सुधा-रस की मनु के हाथों में बेल रही।

वासना

चल पड़े कब से हृदय दो, पथिक-से अश्रांत,
यहाँ मिलने के लिए, जो भटकते थे भ्रांत।
एक गृहपति, दूसरा था अतिथि विगत-विकार,
प्रश्न था यदि एक, तो उत्तर द्वितीय उद्धार।
एक जीवन-सिंधु था, तो वह लहर लघु कलोल,
एक नवल प्रभात, तो वह स्वर्ण-किरण अमोल।
एक था आकाश वर्षा का सजल उद्दाम;
दूसरा रंजित किरण से श्री-कलित घनश्याम।
नदी-तट के क्षितिज में नव-जलद सायंकाल-
खेलता-दो बिजलियों से ज्यों मधुरिमा-जाल।
लड़ रहे अविरत युगल थे चेतना के पाश;
एक सकता था न कोई दूसरे को फाँस।
था समर्पण में ग्रहण का एक सुनिहित भाव,
थी प्रगति, पर अड़ा रहता था सतत अटकाव।
चल रहा था विजन-पथ पर मधुर जीवन-खेल,
दो अपरिचित से नियति अब चाहती थी मेल।
नित्य परिचित हो रहे तब भी रहा कुछ शेष,
गूढ़ अंतर का छिपा रहता रहस्य विशेष।
दूर, जैसे सघन वन-पथ-अंत का आलोक-
सतत होता जा रहा हो, नयन की गति रोक।

गिर रहा निस्तेज गोलक जलधि में असहाय,
धव-पटल में डूबता था किरण का समुदाय।
कर्म का अवसाद दिन से कर रहा छल-छंद,
मधुकरी का सुरस-संचय हो चला अब बंद।
उठ रही थी कालिमा धूसर क्षितिज से दीन,
भेंटता अंतिम अरुण आलोक-वैभव-हीन।
यह दरिद्र-मिलन रहा रच एक करुणा लोक,
शोक भर निर्जन निलय से बिछुड़ते थे कोक।
मनु अभी तक मनन करते थे लगाये ध्यान,
काम के संदेश से ही भर रहे थे कान।
इधर गृह में आ जुटे थे उपकरण अधिकार,
शस्य, पशु या धान्य का होने लगा संचार।
नई इच्छा खींच लाती, अतिथि का संकेत-

चल रहा था सरल-शासन युक्त-सुरुचि-समेत।
देखते हुए ये अग्निशाला से कुतूहल-युक्त,
मनु चमत्कृत निज नियति का खेल बंधन-मुक्त।

एक माया? आ रहा था पशु अतिथि के साथ,
हो रहा था मोह करुणा से सजीव सनाथ।
चपल कोमल-कर रहा फिर सतत पशु के अंग,
स्नेह से करता चमर-उद्ग्रीव हो वह संग।
कभी पुलकित रोमराजी से शरीर उछाल,
भांवरों से निज बनाता अतिथि सन्निधि जाल।
कभी निज भोले नयन से अतिथि बदन निहार,
सकल संचित-स्नेह देता दृष्टि-पथ से ढार।
और वह पुचकारने का स्नेह शबलित चाव,
मंजु ममता से मिला बन हृदय का सद्भाव।
देखते-ही-देखते दोनों पहुंच कर पास,
लगे करने सरल शोभन मधुर मुग्ध विलास।
वह विराग-विभूति ईर्षा-पवन से हो व्यस्त,।
बिखरती थी और खुलते ज्वलन-कण जो अस्त।
किन्तु यह क्या? एक तीखी घूँट, हिचकी आह।
कौन देता है हृदय में वेदनामय डाह?

आह यह पशु और इतना सरल सुंदर स्नेह!
पल रहे मेरे दिये जो अन्न से इस गेह।
मैं? कहाँ मैं? ले लिया करते सभी निज भाग,
और देते फेंक मेरा प्राप्य तुच्छ विराग!
अरी नीच कृतघ्नते? पिछल-शिला-संलग्न,
मलिन काई-सी करेगी हृदय कितने भग्न?
हृदय का राजस्व अपहृत कर अधम अपराध,
दस्यु मुझसे चाहते हैं सुख सदा निर्बाध।
विश्व में जो सरल सुंदर हो विभूति महान
सभी मेरी हैं, सभी करती रहें प्रतिदान।
यही तो, मैं ज्वलित वाडव-वह्नि नित्य-अशांत,
सिंधु लहरों सा करें शीतल मुझे सब शांत।"

आ गया फिर पास क्रीड़ाशील अतिथि उदार,
चपल शशव सा मनोहर भूल का ले भार।
कहा-"क्यों तुम अभी बैठे ही रहे धर ध्यान,
देखती हैं आँख कुछ, सुनते रहे कुछ कान--
मन कहीं, यह क्या हुआ है? आज कैसा रंग?"
नत हुआ फण दृप्त ईर्षा का, विलीन उमंग।
और सहलाने लगा कर-कमल कोमल कांत,
देख कर वह रूप-सुषमा मनु हुए कुछ शांत।
कहा--"अतिथि? कहाँ रहे तुम किधर थे अज्ञात?
और यह सहचर तुम्हारा कर रहा क्यों बात--?

किसी सुलभ भविष्य की, क्यों आज अधिक अधीर?
मिल रहा तुमसे चिरंतन स्नेह सा गंभीर?
कौन हो तुम खींचते यों मुझे अपनी ओर!
और ललचाते स्वयं हटते उधर की ओर!
ज्योत्स्ना-निर्भर! ठहरती ही नहीं यह आँख,
तुम्हें कुछ पहचानने की खो गयी-सी साख।
कौन करुण रहस्य है तुममें छिपा छविमान?
लता-वीरुध दिया करते जिसे छायादान।
पशु कि हो पाषाण सब में नृत्य का नव छंद,
एक आंलिगन बुलाता सभा को सानंद।
राशि-राशि बिखर पड़ा है शांत संचित प्यार,
रख रहा है उसे ढोकर दीन विश्व उधार।
देखता हूँ चकित जैसे ललित लतिका-लास,
अरुण घन की सजल छाया में दिनांत निवास--
और उसमें हो चला जैसे सहज सविलास,
मदिर माधव-यामिनी का धीर-पद-विन्यास।
आह यह जो रहा सूना पड़ा कोना दीन--
ध्वस्त मंदिर का, बसाता जिसे कोई भी न--
उसी में विश्राम माया का अचल आवास,
अरे यह सुख नींद कैसी, हो रहा हिम-हास!
वासना की मधुर छाया! स्वास्थ्य, बल, विश्राम!
हृदय की सौंदर्य-प्रतिमा! कौन तुम छविघाम!
कामना की किरन का जिसमें मिला हो ओज,
कौन हो तुम, इसी भूले हृदय की चिर-खोज!
कुंद-मंदिर-सी हँसी ज्यों खुली सुषमा बाँट;
क्यों न वैसे ही खुला यह हृदय रुद्ध-कपाट?

"कहा हँसकर--"अतिथि हूं मैं, और परिचय व्यर्थ,
तुम कभी उद्विग्न इतने थे न इसके अर्थ।
चलो, देखो वह चला आता बुलाने आज--
सरल हँसमुख विधु जलद-लघु-खंड-वाहन साज!
कालिमा घुलने लगी घुलने लगा आलोक,
इसी निभृत अनंत में बसने लगा अब लोक।
इस निशामुख की मनोहर सुधामय मुसक्यान,
देख कर सब भूल जायें दुःख के अनुमान।
देख लो, ऊँचे शिखर का व्योम-चुंबन-व्यस्त--
लौटना अंतिम किरण का और होना अस्त।
चलो तो इस कौमुदी में देव आवें आज,
प्रकृति का यह स्वप्न-शासन, साधना का राज।"

सृष्टि हँसने लगी आंखों में खिला अनुराग,
राग-रंजित चंद्रिका थी, उड़ा सुमन-पराग।
और सता था अतिथि मनु का पकड़कर हाथ,

चले दोनों के स्वप्न-पथ में, स्नेह-संबल साथ।
देवदारु निकुंज गह्वर सब सुधा में स्नात,
सब मनाते एक उत्सव जागरण की रात।
था रही थी मदिर भीनी माधवी की गंध,
पवन के घन घिरे पड़ते थे बने मधु-अंध।
शिथिल अलसाई पड़ी छाया निशा की कांत--
सो रही थी शिशिर कण की सेज पर विश्रांत।
उसी झुरमुट में हृदय की भावना थी भ्रांत,
जहाँ छाया सृजन करती थी कुतूहल कांत।

कहा मनु ने -"तुम्हें देखा अतिथि! कितनी बार,
किंतु इतने तो न थे तुम दबे छवि के भार!
पूर्व-जन्म कहें कि या स्पृहणीय मधुर अतीत
गूँजते जब मंदिर घन में वासना के गीत।
भूलकर जिस दृश्य को मैं बना आज अचेत,
वही कुछ सत्रीड़, सस्मित कर रहा संकेत।
'मैं तुम्हारा हो रहा' हूँ यही सुदृढ़ विचार,
चेतना का परिधि बनता धूम चक्राकार।
मधु बरसती विधु किरन है काँपती सुकुमार?
पवन में है पुलक, मंथर चल रहा मधु-भार।
तुम समीप, अधीर इतने आज क्यों है प्राण?
छक रहा है किस सुरभि से तृप्त होकर घ्राण?
आज क्यूंकि संदेह होता रूठने का व्यर्थ,
क्यों मनाना चाहता-सा बन रहा असमर्थ!
धमनियों में वेदना रक्त का संचार,
हृदय में है कंपती धड़कन, लिये लघु भार!
चेतना रंगीन ज्वाला परिधि में सानंद
मानती-सी दिव्य-कुछ गा रही है छंद।
अग्निकीट समान जलती है भरी उत्साह,
और जीवित है, न छाले हैं न उसमें दाह!
कौन हो तुम विश्व-माया-कुहक-सी साकार,
प्राण-सत्ता के मनोहर भेद-सी सुकुमार!
हृदय जिसकी कांत छाया में लिये निश्वास,
थके पथिक समान करता व्यजन ग्लानि विनाश।"

श्याम-नभ में मधु-किरण-सा फिर वही मृदु हास,
सिंधु की हिलकोर दक्षिण का समीर-विलास!
कुंज में गुंजरित कोई मुकुल सा अव्यक्त-
लगा कहने अतिथि, मन थे सुन रहे अनुरक्त-
"यह अतृप्ति अधीर मन की, क्षोभयुत उन्माद,
सखे! तुमुल-तरंग-सा उच्छ्वासमय संवाद।
मत कहो, पूछो न कुछ, देखो न कैसी मौन,
विमल राका-मूर्त्ति बन कर स्तब्ध में बैठा कौन!

विभव मतवाली प्रकृति का आवरण वह नील,
शिथिल है, जिस पर बिखरता प्रचुर मंगल खील।
राशि-राशि नखत-कुसुम की अर्चना अश्रांत,
बिखरती है, तामरस सुंदर चरण के प्रांत।

मनु निरखने लगे ज्यों-ज्यों यामिनी का रूप,
वह अनंत प्रगाढ़ छाया फैलती अपरूप,
बरसता था मदिर कण-सा स्वच्छ सतत अनंत,
मिलन का संगीत होने लगा था श्रीमंत।
छूटती चिनगारियां उत्तेजना उद्भ्रांत।
धधकती ज्वाला मधुर, था वक्ष विकल अशांत।
वातचक्र समान कुछ था बाँधता आवेश,
धैर्य का कुछ भी न मनु के हृदय में था लेश।

कर पकड़ उन्मत से हो लगे कहने--"आज,
देखता दूसरा कुछ मधुरिमामय साज!
वही छवि! हाँ वही जैसे! किंतु गया यह भूल?
रही विस्मृति-सिंधु में स्मृति-नाव विकल अकूल!
जन्म-संगिनि एक थी जो कामबाला नाम--
मधुर श्रद्धा था, हमारे प्राण को विश्राम--
सतत मिलता था उसी से, अरे जिसको फूल
दिया करते थे अर्घ में मकरंद सुषमा-मूल
प्रणय में भी बच रहे हम फिर मिलन का मौद
रहा मिलने को बचा सूने जगत की गोद!
ज्योत्स्ना सी निकल आई! पार कर नीहार,
प्रणय-विधु है खड़ा नभ में लिये तारक हार!
कुटिल कुंतल से बनाती कालमाया जाल--
नीलिमा से नयन की रचती तमिस्रा साल।
नींद-सी दुर्भेद्य तम की, फेंकती यह दृष्टि,
स्वप्न-सी है बिखर जाती हँसी की चल-सृष्टि।
हुई केंद्रीभूत-सी है साधना की स्फूर्ति,
दृढ़--सकल सुकुमारता में रम्य नारी-मूर्ति।
दिवाकर दिन या परिश्रम का विकल विश्रांत
मैं पुरुष, शिशु-सा भटकता आज तक था भ्रांत।
चंद्र की विश्राम राका बालिका-सी कांत,
विजयिनी सी दीखती तुम माधुरी-सी शांत।
पददलित-सी थकी व्रज्या ज्यों सदा आक्रांत,
शस्य-श्यामल भूमि में होती समाप्त अशांत।
आह! वैसा ही हृदय का बन रहा परिणाम,
पा रहा हूं आज देकर तुम्हीं से निज काम।
आज ले लो चेतना का यह समर्पण दान।
विश्व-रानी! सुंदरी नारी! जगत की मान!

धूम-लतिका-सी गगन-तरु पर न चढ़ती दीन,

दबी शिशिर-निशीथ में ज्यों ओस-भार नवीन।
झुक चली सब्रीड़ वह सुकुमारता के भार,
लद गई पाकर पुरुष का नर्ममय उपचार।
और वह नारीत्व का जो मूल मधु अनुभाव,
आज जैसे हँस रहा भीतर बढ़ाता चाव।
मधुर व्रीडा-मिश्र चिंता साथ ले उल्लास,
हृदय का आनंद-कूजन लगा करने रास।
गिर रहीं पलकें, झुकी थी नासिका की नोक,
भूलता थी कान तक चढ़ती रही बेरोक।
स्पर्श करने लगी लज्जा ललित कर्ण कपोल;
खिला पुलक कदंब सा था भरा गद्गद् बोल।
किन्तु बोली--"क्या समर्पण आज का हे देव!
बनेगा-- चिर-बंध-- नारी-हृदय-हेतु-- सदैव।
आह मैं दुर्बल, कहो क्या ले सकूंगी दान!
वह जिसे उपभोग करने में विकल हों प्रान?

लज्जा

"कोमल किसलय के अंचल में नन्हीं कलिका क्यों छिपती-सी,
गोधूली के धूमिल पट में दीपक के स्वर में दिपती-सी।
मंजुल स्वप्रों की विस्मृति में मन का उन्माद निखरता ज्यों-
सुरभित लहरों की छाया में बुल्ले का विभव बिखरता ज्यों-
वैसी ही माया में लिपटी अधरों पर उँगली धरे हुए,
माधव के सरस कुतूहल का आँखों में पानी भरे हुए।
नीरव निशीथ में लतिका-सी तुम कौन आ रही हो बढ़ती?
कोमल बाहें फैलाये-सी आलिंगन का जादू पढ़ती!
किन इंद्रजाल के फूलों से लेकर सुहागकण रागभरे,
सिर नीचा कर हो गूथ रही माला जिससे मधु धार ढरे?
पुलकित कदंब की माला-सी पहना देती हो अन्तर में,
झुक जाती है मन की डाली अपनी फलभरता के डर में।
वरदान सदृश हो डाल रही नीली किरनों से बुना हुआ,
यह अंचल कितना हलका-सा कितना सौरभ से सना हुआ।
सब अंग मोम से बनते हैं कोमलता में बल खाती हूँ,
मैं सिमट रही - सी अपने में परिहास-गीत सुन पाती हूँ।
स्मित बन जाती है तरल हँसी नयनों में भर कर बाँकपना,
प्रत्यक्ष देखती हूँ सब जो वह बनता जाता है सपना।
मेरे सपनों में कलरव का संसार आँख जब खोल रहा,
अनुराग समीरों पर तिरता था इतराता-सा डोल रहा।
अभिलाषा अपने यौवन में उठती उस सुख के स्वागत को,
जीवन भर के बल-वैभव से सत्कृत करती दुरागत को।
किरनों का रज्जु समेट लिया जिसका अवलम्बन ले चढ़ती;
रस के निर्झर में धँस कर मैं आनन्द-शिखर के प्रति बढ़ती।
छूने में हिचक, देखने में पलकें आँखों पर झुकती हैं,
कलरव परिहास भरी गूंजें अधरों तक सहसा रुकती हैं।
संकेत कर रही रोमाली चुपचाप बरजती खड़ी रही,
भाषा बन भौंहों की काली रेखा-सी भ्रम में पड़ी रही।
तुम कौन! हृदय की परवशता? सारी स्वतंत्रता छीन रही
स्वच्छंद सुमन जो खिले रहे जीवनवन से हो बीन रही!"
संध्या की लाली में हंसती, उसका ही आश्रय लेती-सी,
छाया प्रतिमा गुनगुना उठी श्रद्धा का उत्तर देती-सी।

"इतना न चमत्कृत हो बाले! अपने मन का उपकार करो,

मैं एक पकड़ है जो कहती ठहरो कुछ सोच-विचार करो।
अंबर-चुंबी हिम-श्रृंगों से कलरव कोलाहल साथ लिये,
विद्रुत की प्राणमयी धारा बहती जिसमें उन्माद लिये।
मंगल कुंकुम की श्री जिसमें निखरी हो ऊषा की लाली
भोला सुहाग इठलाता हो ऐसा हो जिसमें हरियाली,
हो नयनों का कल्याण बना आनन्द सुमन-सा विकसा हो,
वासंती के वनवैभव में जिसका पंचमस्वर पिक-सा हो,
जो गूँज उठे फिर नस-नस में मूर्च्छना समान मचलता-सा,
आँखों के साँचे में आकर रमणीय रूप बन ढलता सा,
नयनों की नीलम की घाटी जिस रस धन से छा जाती हो,
वह कौंध कि जिससे अन्तर की शीतलता ठंडक पाती हो,
हिल्लोल भरा हो ऋतुपति का गोधूली की सी ममता हो,
जागरण प्रात-सा हँसता हो जिसमें मध्याह्न निखरता हो,
हो चकित निकल आई सहसा जो अपने प्राची के घर से,
उस नवल चंद्रिका-से बिछले जो मानस की लहरों पर से,
फूलों की कोमल पंखड़ियाँ बिखरें जिसके अभिनन्दन में,
मकरंद मिलाती हों अपना स्वागत के कुंकुम चन्दन में,
कोमल किसलय मर्मर-रव-से जिसका जयघोष सुनाते हों,
जिसमें दुःख-सुख मिलकर मन के उत्सव आनंद मनाते हों,
उज्ज्वल वरदान चेतना का सौन्दर्य जिसे सब कहते हैं,
जिसमें अनंत अभिलाषा के सपने सब जगते रहते हैं।
मैं उसी चपल की धात्री हूँ, गौरव महिमा हूँ सिखलाती,
ठोकर जो लगने वाली है उसको धीरे से समझाती,
मैं देव-सृष्टि की रति-रानी निज पंचबाण से वंचित हो,
बन आवर्जना-मूर्त्ति दीना अपनी अतृप्ति-सी संचित हो,
अवशिष्ट रह गई अनुभव में अपनी अतीत असफलता-सी,
लीला विलास की खेद-भरी अवसादमयी श्रम-दलिता-सी,
मैं रति की प्रतिकृति लज्जा हूं मैं शालीनता सिखाती हूँ,
मतवाली सुन्दरता पग में नूपुर सी लिपट मनाती हूँ,
लाली बन सरल कपोलों में आँखों में अंजन सी लगती,
कुंचित अलकों सी घुंघराली मन की मरोर बनकर जगती,
चंचल किशोर सुन्दरता की मैं करती रहती रखवाली,
मैं वह हलकी सी मसलन हूँ जो बनती कानों की लाली।"

"हाँ, ठीक, परन्तु बताओगी मेरे जीवन का पथ क्या है?
इस निविड़ निशा में संसृति की आलोकमयी रेखा क्या है?
यह आज समझ तो पाई हूँ मैं दुर्बलता में नारी हूँ,
अवयव की सुन्दर कोमलता लेकर मैं सबसे हारी हूं।
पर मन भी क्यों इतना ढीला अपने ही होता जाता है,
घनश्याम-खंड-सी आँखों में क्यों सहसा जल भर आता है?
सर्वस्व-समर्पण करने की विश्वास-महा-तरु-छाया में,
चुपचाप पड़ी रहने की क्यों ममता जगती है माया में?
छायापथ में तारक-द्रुति सी झिलमिल करने की मधु-लीला;

अभिनय करती क्यों इस मन में कोमल निरीहता श्रम-शीला?
निस्संबल होकर तिरती हूँ इस मानस की गहराई में,
चाहती नहीं जागरण कभी सपने की इस सुघराई में।
नारी जीवन का चित्र यही क्या? विकल रंग भर देती हो,
अस्फुट रेखा की सीमा में आकार कला को देती हो।
रुकती हूं और ठहरती हूं पर सोचविचार न कर सकती,
पगली-सी कोई अंतर में बैठी जैसे अनुदिन बकती।
मैं जभी तोलने का करती उपचार स्वयं तुल जाती हूँ,
भुजलता फँसा कर नर-तरु से झूले-सी झोंके खाती हूँ।
इस अर्पण में कुछ और नहीं केवल उत्सर्ग छलकता है,
मैं दे दूँ और न फिर कुछ लूँ इतना ही सरल झलकता है।"

"क्या कहती हो ठहरो नारी! संकल्प अश्रु-जल-से अपने--
तुम दान कर चुकी पहले ही जीवन के सोने-से सपने।
नारी! तुम केवल श्रद्धा हो विश्वास-रजत-नग पगतल में,
पीयूष-स्रोत-सी बहा करो जीवन के सुंदर समतल में।
देवों की विजय, दानवों की हारों का होता युद्ध रहा,
संघर्ष सदा उर-अंतर में जीवित रह नित्य-विरुद्ध रहा।
आँसू से भींगे अंचल पर मन का सब कुछ रखना होगा--
तुमको अपनी स्मित रेखा से यह संधिपत्र लिखना होगा।"

कर्म

कर्मसूत्र-संकेत सदृश थी सोमलता तब मनु को,
चढ़ी शिंजिनी सी, खींचा फिर उसने जीवन-धनु को।
हुए अग्रसर उसी मार्ग में छुटे-तीर-से फिर वे,
यज्ञ-यज्ञ की कटु पुकार से रह न सके अब थिर वे।

भरा कान में कथन काम का मन में नव अभिलाषा,
लगे सोचने मनु—अतिरंजित उमड़ रही थी आशा।
ललक रही थी ललित लालसा सोमपान की प्यासी,
दिन के उस दीन विभव में जैसे बनी उदासी।
जीवन की अविराम साधना भर उत्साह खड़ी थी,
ज्यों प्रतिकूल पवन में तरणी गहरे लौट पड़ी थी।
श्रद्धा के उत्साह वचन, फिर काम-प्रेरणा मिल के।
भ्रांत अर्थ बन आगे आये बने ताड़ थे तिल के।
बन जाता सिद्धांत प्रथम-फिर पुष्टि हुआ करती है,
बुद्धि उसी ऋण को सबसे ले सदा भरा करती है।
मन जब निश्चित-सा कर लेता कोई मत है अपना,
बुद्धि दैवबल से प्रमाण का सतत निरखता सपना।
पवन वही हिलकोर उठाता वही तरलता जल में।
वही प्रतिध्वनि अंतरतम की छा जाती नभ थल में।
सदा समर्थन करती उसकी तर्कशास्त्र की पीढ़ी,
"ठीक यही है सत्य! यही है उन्नति सुख की सीढ़ी।
और सत्य। यह एक शब्द तू कितना गहन हुआ है?
मेधा के क्रीड़ा-पंजर का पाला हुआ सुआ है।
सब बातों में खोज तुम्हारी रट-सी लगी हुई है,
किन्तु स्पर्श से तर्क-करों के बनता 'छुईमुई' है।
असुर पुरोहित उस विप्लव से बच कर भटक रहे थे,
वे किलात--आकुलि थे--जिनने कष्ट अनेक सहे थे।
देखदेख कर मनु का पशु, जो व्याकुल चंचल रहती--
उनकी आमिष-लोलुप-रसना आंखों से कुछ कहती।
'क्यों किलात! खाते-खाते तृण और कहाँ तक जीऊँ,
कब तक मैं देखूँ जीवित पशु घूँट लहू का पीऊँ!
क्या कोई इसका उपाय ही नहीं कि इसको खाऊँ?
बहुत दिनों पर एक बार तो सुख की बीन बजाऊँ।
आकुलि ने तब कहा- 'देखते नहीं, साथ में उसके

एक मृदुलता की, ममता की छाया रहती हँस के।
अंधकार को दूर भगाती वह आलोक किरन-सी,
मेरी माया बिंध जाती है जिससे हलके घन-सी।
तो भी चलो आज कुछ करके तब मैं स्वस्थ रहूंगा,
या जो भी आयेंगे सुख-दुःख उनको सहज सहूंगा।
यों ही दोनों कर विचार उस कुंज द्वार पर आये,
जहाँ सोचते थे मनु बैठे मन से ध्यान लगाये।

"कर्म-यज्ञ से जीवन के सपनों का स्वर्ग मिलेगा,
इसी विपिन में मानस की आशा का कुसुम खिलेगा।
किन्तु बनेगा कौन पुरोहित? अब यह प्रश्न नया है,
किस विधान से करूँ यज्ञ यह पथ किस ओर गया है।
श्रद्धा! पुण्य-प्राप्य है मेरी वह अनंत अभिलाषा,
फिर इस निर्जन में खोजे अब किसको मेरी आशा!

कहा असुर मित्रों ने अपना मुख गंभीर बनाये--
"जिनके लिए यज्ञ होगा हम उनके भेजे आये।
यजन करोगे क्या तुम? फिर यह किसको खोज रहे हो?
अरे पुरोहित की आशा में कितने कष्ट सहे हो।
इस जगती के प्रतिनिधि जिनसे प्रगट निशीथ सबेरा--
'मित्र--वरुण' जिनकी छाया है यह आलोक-अंधेरा।
वे ही पथ-दर्शक हों सब विधि पूरी होगी मेरी,
चलो आज फिर से वेदी पर हो ज्वाला की फेरी।"

"परंपरागत कर्मों की वे कितनी सुन्दर लड़ियाँ,
जीवन-साधन की उलझी हैं जिसमें सुख की घड़ियाँ,
जिनमें हैं प्रेरणामयी-सी संचित कितनी कृतियाँ
पुलक भरी सुख देने वाली बन कर मादक स्मृतियां।
साधारण से कुछ अतिरंजित गति में मधुर त्वरा-सी
उत्सव-लीला, निर्जनता की जिससे कटे उदासी।
एक विशेष प्रकार कुतूहल होगा श्रद्धा को भी।
प्रसन्नता से नाच उठा मन नूतनता का लोभी।"

यज्ञ समाप्त हो चुका तो भी धधक रही थी ज्वाला,
दारुण-दृश्य? रुधिर के छींटे अस्थि खंड की माला।
बेदी की निर्मम प्रसन्नता, पशु की कातर वाणी,
मिलकर वातावरण बना था कोई कुत्सित प्राणी।
सोमपात्र भी भरा, धरा था। पुरोडाश भी आगे,
श्रद्धा वहां न थी मनु के तब सुप्त भाव सब जागे।

"जिसका था उल्लास निरखना वही अलग जा बैठी,
यह सब क्यों फिर! दृप्त-वासना लगी गरजने ऐंठी।
जिसमें जीवन का संचित सुख सुन्दर मूर्त्त बना है,
हृदय खोलकर कैसे उसको कहूं कि वह अपना है।

वही प्रसन्न नहीं : रहस्य कुछ इसमें सुनिहित होगा,
आज वही पशु मर कर भी क्या सुख में बाधक होगा।
श्रद्धा रूठ गयी तो फिर क्या उसे मनाना होगा,
या वह स्वयं मान जायेगी, किस पथ जाना होगा।"
पुरोडाश के साथ सोम का पान लगे मनु करने,
लगे प्राण के रिक्त अंश को मादकता से भरने।

संध्या की धूसर छाया में शैल श्रृंग की रेखा,
अंकित थी दिगंत अंबर में लिये मलिन शशि-लेखा।
श्रद्धा अपनी शयन-गुहा में दुखी लौट कर आयी,
एक विरक्ति-बोझ सी ढोती मन ही मन बिलखायी।
सूखी काष्ठ संधि में पतली अनल शिखा जलती थी,
उस धुंधले गृह में आभा से, तामस को छलती थी।
किन्तु कभी बुझ जाती पाकर शीत पवन के झोंके,
कभी उसी से जल उठती तब कौन उसे फिर रोके?
कामायनी पड़ी थी अपना कोमल चर्म बिछा के,
श्रम मानो विश्राम कर रहा मृदु आलस को पा के।
धीरे-धीरे जगत चल रहा अपने उस ऋजुपथ में,
धीरे-धीरे खिलते तारे मृग जुतते विघुरथ में!
अंचल लटकाती निशीथिनी अपना ज्योत्स्ना-शाली
जिसकी छाया में सुख पावे सृष्टि वेदना वाली।
उच्च शैलशिखरों पर हंसती प्रकृति चंचला बाला
धवल हंसी बिखराती अपना फैला मधुर उजाला।
जीवन की उद्दाम लालसा उलझी जिसमें ब्रीड़ा,
एक तीव्र उन्माद और मन मथने वाली पीड़ा।
मधुर विरक्ति भरी आकुलता, घिरती हृदय-गगन में
अंतर्दाह स्नेह का तब भी होता था उस मन में।
वे असहाय नयन थे खुलते—मुंदते भीषणता में,
आज स्नेह का पात्र खड़ा था स्पष्ट कुटिल कटुता में।

"कितना दुःख जिसे मैं चाहूँ वह कुछ और बना हो;
मेरा मानस-चित्र खींचना सुन्दरसा सपना हो।
जाग उठी है दारुण-ज्वाला इस अनंत मधुवन में,
कैसे बुझे कौन कह देगा इस नीरव निर्जन में?
यह अनंत अवकाश नीड़-सा जिसका व्यथित बसेरा,
वही वेदना सजग पलक में भर कर अलस सबेरा
काँप रहे हैं चरण पवन के, विस्तृत नीरवता-सी--
घुली जा रही है दिशि-दिशि की नभ में मलिन उदासी।
अंतरतम की प्यास विकलता से लिपटी बढ़ती है,
युगयुग की असफलता का अवलंबन ले चढ़ती है।
विश्व विपुल-आतंक-त्रस्त है अपने ताप विषम-से,
फैल रही है घनी नीलिमा अंतर्दाह परम-से।
उद्वेलित है उदधि, लहरियाँ लौट रहीं व्याकुल-सी

चक्रवाल की धुंधली रेखा मानो जाती झुलसी।
सघन घूम कुंडल में कैसी नाच रही यह ज्वाला,
तिमिर फणी पहने है मानो अपने मणि की माला!
जगती-तल का सारा कुंदन यह विषमयी विषमता
चुभने वाला अंतरंग छल अति दारुण निर्ममता।
जीवन के वे निष्ठर दंशन जिनकी आतुर पीड़ा,
कलुष-चक्र सी नाच रही है बन आंखों की क्रीड़ा।
स्खलन चेतना के कौशल का भूल जिसे कहते हैं,
एक बिंदु, जिसमें विषाद के नद उमड़े रहते हैं।
आह वही अपराध जगत की दुर्बलता की माया,
धरणी की वर्जित मादकता, संचित तम की छाया।
नील गरल से भरा हुआ यह चंद्र कपाल लिये हो,
इन्हीं निमीलित ताराओं में कितनी शांति पिये हो।
अखिल विश्व का विष पीते हो सृष्टि जियेगी फिर से,
कहो अमर शीतलता इतनी आती तुम्हें किधर से?
अचल अनंत नील लहरों पर बैठे आसन मारे,
देव! कौन तुम, झरते तन से श्रमकण से ये तारे!
इन चरणों में कर्मकुसुम की अंजलि वे दे सकते,
चले आ रहे छायापथ में लोक-पथिक जो थकते,
किन्तु कहाँ वह दुर्लभ उनको स्वीकृति मिली तुम्हारी?
लौटाये जाते वे असफल जैसे नित्य भिखारी!
प्रखर विनाशशील नर्तन में विपुल विश्व की माया,
क्षण-क्षण होती प्रकट नवीना बन कर उसकी काया।
सदा पूर्णता पाने को सब भूल किया करते क्या?
जीवन में यौवन लाने को जी-जी कर मरते क्या?
यह व्यापार महागतिशाली कहीं नहीं बसता क्या?
क्षणिक विनाशों में स्थिरमंगल चुपके से हँसता क्या?
यह विराग संबंध हृदय का कैसी यह मानवता!
प्राणी को प्राणी के प्रति बस बची रही निर्ममता!
जीवन का संतोष अन्य का रोदन बन हंसता क्यों?
एक-एक विश्राम प्रगति को परिकरसा कसता क्यों?
दुर्व्यवहार एक का कैसे अन्य भूल जावेगा,
कौन उपाय! गरल को कैसे अमृत बना पावेगा!"

जाग उठी थी तरल वासना मिली रही मादकता,
मनु को कौन वहाँ आने से भला रोक अब सकता!
खुले मसृण भुजमूलों से वह आमंत्रण था मिलता,
उन्नत वक्षों में आलिंगन सुख लहरोंसा तिरता।
नीचा हो उठता जो धीमे-धीमे निःश्वासों में,
जीवन का ज्यों ज्वार उठ रहा हिमकर के हासों में।
जागृत था सौंदर्य यद्यपि वह सोती थी सुकुमारी,
रूप-चंद्रिका में उज्ज्वल थी आज निशासी नारी।
वे मांसल परमाणु किरण से विदित थे बिखराते,

अलकों की डोरी में जीवन कण-कण उलझे जाते।
विगत विचारों के श्रम-सीकर बने हुए थे मोती,
मुख मण्डल पर करुण कल्पना उनको रही पिरोती।
छूते थे मनु और कंटकित होती थी वह बेली,
स्वस्थ-व्यथा की लहरों-सी जो अंग-लता थी फैली।
वह पागल सुख इस जगती का आज विराट बना था,
अंधकार-मिश्रित प्रकाश का एक वितान तना था।
कामायनी जगी थी कुछ-कुछ खोकर सब चेतनता,
मनोभाव आकार स्वयं ही रहा बिगड़ता बनता।
जिसके हृदय सदा समीप है वही दूर जाता है,
और क्रोध होता उस पर ही जिससे कुछ नाता है।
प्रिय को ठुकरा कर भी मन की माया उलझा लेती,
प्रणय-शिला प्रत्यावर्तन में उसको लौटा देती।

जलदागम-मारुत से कंपित पल्लव सदृश हथेली,
श्रद्धा की, धीरे से मनु ने अपने कर में ले ली।
अनुनय वाणी में, आंखों में उपालंभ की छाया,
कहने लगे-"अरे यह कैसी मानवती की माया!
स्वर्ग बनाया है जो मैंने उसे न विफल बनाओ,
अरी अप्सरे! उस अतीत के नूतन गान सुनाओ।
इस निर्जन में ज्योत्स्ना-पुलकित विदृत नभ के नीचे,
केवल हम तुम-और कौन है? रहो न आँखें मींचे।
आकर्षण से भरा विश्व यह केवल भोग्य हमारा,
जीवन के दोनों कूलों में बहे वासना धारा।
श्रम की, इस अभाव की जगती उसकी सब आकुलता,
जिस क्षण भूल सकें हम अपनी यह भीषण चेतनता।
वही स्वर्ग की बन अनंतता मुसक्याता रहता है,
दो बूंदो में जीवन का रस लो बरबस बहता है।
देवों को अर्पित मधु-मिश्रित सोम, अधर से छू लो,
मादकता दोला पर प्रेयसी! आओ मिलकर झूलो।"

श्रद्धा जाग रही थी तब भी छाई थी मादकता,
मधुर-भाव उसके तन-मन में अपना हो रस छकता,
बोली एक सहज मुद्रा से यह तुम क्या कहते हो,
आज अभी तो किसी भाव की धारा में बहते हो।
कल ही यदि परिवर्तन होगा तो फिर कौन बचेगा!
क्या जाने कोई साथी बन नूतन यज्ञ रचेगा।

और किसी की फिर बलि होगी किसी देव के नाते,
कितना धोखा! उससे तो हम अपना ही सुख पाते।
ये प्राणी जो बचे हुए हैं इस अचला जगती के,
उनके कुछ अधिकार नहीं क्या वे सब ही हैं फीके?
मनु! क्या यही तुम्हारी होगी उज्ज्वल नव मानवता।
जिसमें सब कुछ ले लेना हो हंत! बची क्या शवता।"

तुच्छ नहीं है अपना सुख भी श्रद्धे! वह भी कुछ है,
दो दिन के इस जीवन का तो वही चरम सब कुछ है।
इंद्रिय की अभिलाषा जितनी सतत सफलता पावे,
जहां हृदय की तृप्ति-विलासिनि मधुर-मधुर कुछ गावे।
रोम-हर्ष हो उस ज्योत्स्ना में मृदु मुसक्यान खिले तो,
आशाओं पर श्वास निछावर होकर गले मिले तो।
विश्व-माधुरी जिसके सम्मुख मुकुर बनी रहती हो,
वह अपना सुख-स्वर्ग नहीं है! यह तुम क्या कहती हो?
जिसे खोजता फिरता मैं इस हिमगिरि के अंचल में,
वही अभाव स्वर्ग बन हंसता इस जीवन चंचल में।
वर्तमान जीवन के सुख से योग जहाँ होता है,
छली-अदृष्ट अभाव बना क्यों वहीं प्रकट होता है।
किंतु सकल कृतियों की अपनी सीमा हैं हम ही तो,
पूरी हो कामना हमारी, विफल प्रयास नहीं तो।"

एक अचेतनता लाती सी सविनय श्रद्धा बोली--
"बचा जान यह भाव सृष्टि ने फिर से आँखें खोली!
भेद-बुद्धि निर्मम ममता की समझ, बची ही होगी,
प्रलय-पयोनिधि की लहरें भी लौट गयी ही होंगी।
अपने में सब कुछ भर कैसे व्यक्ति विकास करेगा,
यह एकांत स्वार्थ भीषण है अपना नाश करेगा।
औरों को हंसते देखो मनु--हंसो और सुख पाओ,
अपने सुख को विस्तृत कर लो सब को सुखी बनाओ!
रचना-मूलक सृष्टि-यज्ञ यह यज्ञ-पुरुष का जो है,
संसृति-सेवा भाग हमारा उसे विकसने को है!
सुख को सीमित कर अपने में केवल दुःख छोड़ोगे,
इतर प्राणियों की पीड़ा लख अपना मुंह मोड़ोगे,
ये मुद्रित कलियाँ दल में सब सौरभ बंदी कर लें,
सरस न हों मकरंद बिंदु से खुल कर, तो ये मर लें--
सूखे, झड़े और तब कुचले सौरभ को पाओगे,
फिर आमोद कहाँ से मधुमय वसुधा पर लाओगे।
सुख अपने संतोष के लिए संग्रह-मूल नहीं है,
उसमें एक प्रदर्शन जिसको देखें अन्य, वही है।
निर्जन में क्या एक अकेले तुम्हें प्रमोद मिलेगा?
नहीं इसी से अन्य हृदय का कोई सुमन खिलेगा।
सुख-समीर पाकर, चाहे हो वह एकांत तुम्हारा,
बढ़ती है सीमा संसृति की बन मानवता-धारा।"

हृदय हो रहा था उत्तेजित बातें कहते-कहते,
श्रद्धा के थे अधर सूखते मन की ज्वाला सहते।
उधर सोम का पात्र लिये मनु समय देखकर बोले-
"श्रद्धे! पी लो इसे बुद्धि के बंधन को जो खोले।
वही करूँगा जो कहती हो सत्य, अकेला सुख क्या!

यह मनुहार! रुकेगा प्याला पीने से फिर मुख क्या?"

आँखे प्रिय आँखों में, डूबे अरुण अधर थे रस में
हृदय काल्पनिक-विजय में सुखी चेतनता नस-नस में।
छल-वाणी की वह प्रवंचना हृदयों की शिशुता को,
खेल खिलाती, भुलवाती जो उस निर्मल विभुता को,
जीवन का उद्देश्य, लक्ष्य की प्रगति दिशा को पल में
अपने एक मधुर इंगित से बदल सके जो छल में--
वही शक्ति अवलंब मनोहर निज मनु को थी देती,
जो अपने अभिनय से मन को सुख में उलझा लेती।

"श्रद्धे, होगी चंद्रशालिनी यह भव-रजनी भीमा,
तुम बन जाओ इस जीवन के मेरे सुख की सीमा।
लज्जा का आवरण प्राण को ढंक लेता है तम से,
उसे अकिंचन कर देता है अलगाता 'हम तुम' से
कुचल उठा आनंद,—यही है बाधा, दूर हटाओ,
अपने ही अनुकूल सुखों को मिलने दो मिल जाओ।"

और एक फिर व्याकुल चुंबन रक्त खौलता जिससे,
शीतल प्राण धधक उठते हैं तृषा-तृप्ति के मिस से।
दो काठों की संधि बीच उस निभृत गुफा में अपने,
अग्निशिखा बुझ गई, जागने पर जैसे सुख सपने।

ईर्ष्या

पल भर की उस चंचलता ने खो दिया हृदय का स्वाधिकार,
श्रद्धा की अब वह मधुर निशा फैलाती निष्फल अंधकार!
मनु को अब मृगया छोड़ नहीं रह गया और था अधिक काम,
लग गया रक्त था उस मुख में--हिंसा-सुख लाली से ललाम।
हिंसा ही नहीं--और भी कुछ वह खोज रहा था मन अधीर,
अपने प्रभुत्व की सुख सीमा जो बढ़ती हो अवसाद चीर।
जो कुछ मनु के करतलगत था उसमें न रहा कुछ भी नवीन,
श्रद्धा का सरल विनोद नहीं रुचता अब था बन रहा दीन।
उठती अंतस्तल से सदैव दुर्ललित लालसा जो कि कांत,
वह इंद्रचाप-सी झिलमिल हो दब जाती अपने आप शांत।

"निज उद्दम का मुख बंद किये कब तक सोयेंगे अलस प्राण,
जीवन की चिर चल पुकार रोये कब तक, है कहाँ त्राण!
श्रद्धा का प्रणय और उसकी आरंभिक सीधी अभिव्यक्ति,
जिसमें व्याकुल आलिंगन का अस्तित्व न तो है कुशल सूक्ति!
भावनामयी वह स्फूर्त्ति नहीं नव-नव स्मित रेखा में विलीन!
अनुरोध न तो उल्लास, नहीं कुसुमोद्गम-सा कुछ भी नवीन!
आती है वाणी में न कभी वह चाव भरी लीला-हिलोर,
जिसमें नूतनता नृत्यमयी इठलाती हो चंचल मरोर।
जब देखो बैठी हुई वहीं शालियाँ बीन कर नहीं श्रांत,
या अन्न इकट्ठे करती है होती न तनिक सी कभी क्लांत।
बीजों का संग्रह और इधर चलती है तकली भरी गीत,
सब कुछ लेकर बैठी है वह, मेरा अस्तित्व हुआ अतीत!"

लौटे थे मृगया से थक कर दिखलाई पड़ता गुफाद्वार,
पर और न आगे बढ़ने की इच्छा होती, करते विचार!
मृग डाल दिया, फिर धनु को भी, मनु बैठ गये शिथिलित शरीर,
बिखरे थे सब उपकरण वहीं आयुध, प्रत्यंचा, श्रृंग, तीर।

"पश्चिम की रागमयी संध्या अब काली है हो चली, किन्तु,
अब तक आये न अहेरी वे क्या दूर ले गया चपल जंतु"--
यों सोच रही मन में अपने हाथों में तकली रही घूम,
श्रद्धा कुछ-कुछ अनमनी चली अलकें लेतीं थीं गुल्फ चूम।
केतकी-गर्भ-सा पीला मुंह आंखों में आलस भरा स्नेह,
कुछ कृशता नई लजीली थी कंपित लतिका-सी लिये देह!

मातृत्व-बोझ से झुके हुए बंध रहे पयोधर पीन आज,
कोमल काले ऊनों की नवपट्टिका बनाती रुचिर साज,
सोने की सिकता में मानो कालिंदी बहती भर उसाँस।
स्वर्गंगा में इंदीवर की या एक पंक्ति कर रही हास!
कटि में लिपटा था नवल-वसन वैसा ही हलका बुना नील।
दुर्भर थी गर्भ-मधुर पीड़ा झेलती जिसे जननी सलील।
श्रम-बिन्द बना सा झलक रहा भावी जननी का सरस गर्व,
बन कुसुम बिखरते थे भू पर आया समीप था महापर्व।
मनु ने देखा जब श्रद्धा का वह सहज-खेद से भरा रूप,
अपनी इच्छा का दृढ़ विरोध--जिसमें वे भाव नहीं अनूप।
वे कुछ भी बोले नहीं, रहे चुपचाप देखते साधिकार,
श्रद्धा कुछ कुछ मुस्कुरा उठी ज्यों जान गई उनका विचार।

'दिन भर थे कहां भटकते तुम' बोली श्रद्धा भर मधुर स्नेह--
यह हिंसा इतनी है प्यारी जो भुलवाती है देह-गेह।
मैं यहां अकेली देख रही पथ, सुनती-सी पद-ध्वनि नितांत,
कानन में जब तुम दौड़ रहे मृग के पीछे बन कर अशांत!
ढल गया दिवस पीला पीला तुम रक्तारूण बन रहे घूम!
देखो नीड़ों में विहग-युगल अपने शिशुओं को रहे चूम!
उनके घर में कोलाहल है मेरा सूना है गुफा-द्वार!
तुमको क्या ऐसी कमी रही जिसके हित जाते अन्य-द्वार?"

"श्रद्धे तुमको कुछ कमी नहीं पर मैं तो देख रहा अभाव,
भूली-सी कोई मधुर वस्तु जैसे कर देती विकल घाव।
चिर-मुक्त-पुरुष वह कब इतने अवरुद्ध श्वास लेगा निरीह!
गतिहीन पंगु-सा पड़ा-पड़ा ढह कर जैसे बन रहा डीह।
जब जड़-बंधन-सा एक मोह कसता प्राणों का मृदु शरीर,
आकुलता और जकड़ने की तब ग्रंथि तोड़ती हो अधीर।
हँस कर बोले, बोलते हुए निकले मधु-निर्झर-ललित-गान,
गानों में हो उल्लास भरा झूमें जिसमें बन मधुर प्रान।
वह आकुलता अब कहाँ रही जिसमें सब कुछ ही जाय भूल,
आशा के कोमल तंतु-सदृश तुम तकली में हो रही झूल।
यह क्यों, क्या मिलते नहीं तुम्हें शावक के सुंदर मृदुल चर्म?
तुम बीज बीनती क्यों? मेरा मृगया का शिथिल हुआ न कर्म।
तिस पर यह पीलापन कैसा--यह क्यों बनने का श्रम सखेद?
यह किसके लिए, बताओ तो क्या इसमें है छिप रहा भेद?"

"अपनी रक्षा करने में जो चल जाय तुम्हारा कहीं अस्त्र,
वह तो कुछ समझ सकी हूँ मैं--हिंसक से रक्षा करे शस्त्र।
पर जो निरीह जीकर भी कुछ उपकारी होने में समर्थ,
वे क्यों न जियें, उपयोगी बन--इसका मैं समझ सकी न अर्थ।
चमड़े उनके आवरण रहे ऊनों से मेरा चले काम,
वे जीवित हों मांसल बनकर हम अमृत दुहें--वे दुग्धधाम।
वे द्रोह न करने के स्थल हैं जो पाले जा सकते सहेतु

पशु से यदि हम कुछ ऊँचे हैं तो भव-जलनिधि में बनें सेतु।"

"मैं यह तो मान नहीं सकता सुख सहज-लब्ध यों छूट जाये,
जीवन का जो संघर्ष चले वह विफल रहे हम छले जायँ।
काली आँखों की तारा में --मैं देख अपना चित्र धन्य,
मेरा मानस का मुकुर रहे प्रतिबिंबित तुमसे ही अनन्य।
श्रद्धे! यह नव संकल्प नहीं चलने का लघु जीवन अमोल,
मैं उसको निश्चय भोग चलूँ जो सुख चलदल सा रहा डोल!
देखा क्या तुमने कभी नहीं स्वर्गीय सुखों पर प्रलय-नृत्य?
फिर नाश और चिर-निद्रा है तब इतना क्यों विश्वास सत्य?
यह चिर-प्रशांत-मंगल की क्यों अभिलाषा इतनी रही जाग?
यह संचित क्यों हो रहा स्नेह किस पर इतनी हो सानुराग?
यह जीवन का वरदान--मुझे दे दो रानी--अपना दुलार,
केवल मेरी ही चिन्ता का तव-चित्त वहन कर रहे भार।
मेरा सुन्दर विश्राम बना सृजता हो मधुमय विश्व एक,
जिसमें बहती हो मधुधारा लहरें उठती हों एक-एक।"

"मैंने तो एक बनाया है चल कर देखो मेरा कुटीर,"
यों कहकर श्रद्धा हाथ पकड़ मनु को ले चली वहाँ अधीर।
उस गुफा समीप पुआलों की छाजन छोटी सी शांति-पुंज,
कोमल लतिकाओं की डालें मिल सघन बनाती जहाँ कुंज।
थे वातायन भी कटे हुए--प्राचीर पर्णमय रचित शुभ्र,
आवें क्षण भर तो चले जायँ—रुक जायँ कहीं न समीर, अभ्र।
उसमें था झूला पड़ा हुआ वेतसी - लता का सुरुचिपूर्ण,
बिछ रहा धरातल पर चिकना सुमनों का कोमल सुरभि-चूर्ण।
कितनी मीठी अभिलाषाएँ उसमें चुपके से रहीं घूम!
कितने मंगल के मधुर गान उसके कानों को रहे चूम!

मनु देख रहे थे चकित नया यह गृहलक्ष्मी का गृह-विधान!
पर कुछ अच्छा-सा नहीं लगा 'यह क्यों? किसका सुख साभिमान?'
चुप थे पर श्रद्धा ही बोली--'देखो यह तो बन गया नीड़,
पर इसमें कलरव करने को आकुल न हो रही अभी भीड़।

तुम दूर चले जाते हो जब--तब लेकर तकली, यहां बैठ,
मैं उसे फिराती रहती हूँ अपनी निर्जनता बीच पैठ।
मैं बैठी गाती हूं तली के प्रतिवर्त्तन में स्वर विभोर--
'चल री तकली धीरेधीरे प्रिय गये खेलने को अहेर'।

जीवन का कोमल तंतु बढ़े तेरी ही मंजुलता समान,
चिर-नग्न प्राण उनमें लिपटें सुन्दरता का कुछ बढ़े मान।
किरनों-सी तू बुन दे उज्ज्वल मेरे मधु-जीवन का प्रभात,
जिसमें निर्वसना प्रकृति सरल ढँक ले प्रकाश से नवल गात।

वासना भरी उन आंखों पर आवरण डाल दे कांतिमान,
जिसमें सौंदर्य निखर आवे लतिका में फुल्ल-कुसुम-समान।

अब वह आगंतुक गुफा बीच पशु सा न रहे निर्वसन-नग्न,
अपने अभाव की जड़ता में वह रह न सकेगा कभी मग्न।

सूना न रहेगा यह मेरा लघु-विश्व कभी जब रहोगे न,
मैं उसके लिए बिछाऊँगी फूलों के रस का मृदुल फेन।
झूले पर उसे झुलाऊंगी दुलरा कर लूंगी वदन चूम,
मेरी छाती से लिपटा इस घाटी में लेगा सहज घूम।

वह आवेगा मृदु मलयज-सा लहराता अपने मसृण बाल,
उसके अधरों से फैलेगी नवमधुमय स्मिति-लतिका-प्रवाल।
अपनी मीठी रसना से वह बोलेगा ऐसे मधुर बोल,
मेरी पीड़ा पर छिड़केगा जो कुसुम-धूलि मकरंद घोल।
मेरी आँखों का सब पानी तब बन जायेगा अमृत स्निग्ध,
उन निर्विकार नयनों में जब देखूँगी अपना चित्र मुग्ध!"

"तुम फूल उठोगी लतिका सी कंपित कर सुख सौरभ तरंग,
मैं सुरभि खोजता भटकूँगा वन-वन बन कस्तूरी कुरंग।
यह जलन नहीं सह सकता मैं चाहिए मुझे मेरा ममत्व,
इस पंचभूत की रचना में मैं रमण करूँ बन एक तत्त्व।
यह द्वैत, अरे यह द्विविधा तो है प्रेम बाँटने का प्रकार।
भिक्षुक मैं! ना, यह कभी नहीं मैं लौटा लूँगा निज विचार।
तुम दानशीलता से अपनी बन सजल जलद वितरो न बिन्द।
इस सुख-नभ में मैं विचरूँगा बन सकल कलाधर शरद-इंदु।
भूले से कभी निहारोगी कर आकर्षणमय हास एक;
मायाविनि! मैं न उसे लूँगा वरदान समझ कर—जानु टेक।
इस दीन अनुग्रह का मुझ पर तुम बोझ डालने में समर्थ--
अपने को मत समझो श्रद्घे! होगा प्रयास यह सदा व्यर्थ।
तुम अपने सुख से सुखी रहो मुझको दुःख पाने दो स्वतंत्र,
'मन की परवशता महा-दुःख' मैं यही जपूँगा महासंभ!
लो चला आज मैं छोड़ यहीं संचित संवेदन-भार-पुंज,
मुझको काँटे ही मिलें धन्य! हो सफल तुम्हें ही कुसुम-कुंज।"
कह, ज्वलनशील अंतर लेकर मनु चले गये, या शून्य प्रांत
"रुक जा, सुन ले ओ निर्मोही!" वह कहती रही अधीर श्रांत!

इड़ा

"किस गहन गुहा से अति अधीर
झंझा-प्रवाह-सा निकला यह जीवन विक्षुब्ध महासमीर
ले साथ विकल परमाणु-पुंज नभ, अनिल, अनल, क्षिति और नीर
भयभीत सभी को भय देता भय की उपासना में विलीन
प्राणी कटुता को बाँट रहा जगती को करता अधिक दीन
निर्माण और प्रतिपद-विनाश में दिखलाता अपनी क्षमता
संघर्ष कर रहा-सा सब से, सब से विराग सब पर ममता
अस्तित्व-चिरंतन-धनु से कब, यह छूट पड़ा है विषम तीर
किस लक्ष्य-भेद को शून्य चीर?

देखे   मैंने   वे   शैल-श्रृंग
जो अचल हिमानी से रंजित, उन्मुक्त, उपेक्षा भरे रंग
अपने जड़-गौरव के प्रतीक वसुधा का कर अभिमान भंग
अपनी समाधि में रहे सुखी, बह जाती हैं नदियाँ अबोध
कुछ स्वेद-बिन्द उसके लेकर, वह स्तिमित-नयन गत शोक-क्रोध
स्थिर-मुक्ति, प्रतिष्ठा में वैसी चाहता नहीं इस जीवन की
मैं तो अबाध गात मरुत्-सदृश, हूँ चाह रहा अपने अपने मन की
जो चूम चला जाता अग-जग प्रति-पग में कंपन की तरंग
वह ज्वलनशील गतिमय पतंग।

अपनी ज्वाला से कर प्रकाश
जब छोड़ चला आया सुन्दर प्रारंभिक जीवन का निवास
वन, गुहा, कुंज, मरु-अंचल में हूँ खोज रहा अपना विकास
पागल मैं, किस पर सदय रहा—क्या मैंने ममता ली न तोड़
किस पर उदारता से रीझा--किससे न लगा दी कड़ी होड़?
इस विजन प्रांत में बिलख रही मेरी पुकार उत्तर न मिला
लू-सा झुलसाता दौड़ रहा-कब मुझसे कोई फूल खिला?मैं
स्वप्न देखता हूँ उजड़ा--कल्पनालोक में कर निवास
देखा कब मैंने कुसुम हास!

इस दुःखमय जीवन का प्रकाश
नभ-नील लता की डालों में उलझा अपने सुख से हताश!
कलियाँ जिनको मैं समझ रहा वे काँटे बिखरे आस-पास
कितना बीहड़-पथ चला और पड़ रहा कहीं थक कर नितांत
उन्मुक्त शिखर हँसते मुझ पर --रोता मैं निर्वासित अशांत

इस नियति-नटी के अति भीषण अभिनय की छाया नाँच रही
खोखली शून्यता में प्रतिपद-असफलता अधिक कुलाँच रही
पावस-रजनी में जुगुनू गण को दौड़ पकड़ता मैं निराश
उन ज्योति कणों का कर विनाश!

जीवन-निशीथ के अंधकार!
तू नील तुहिन-जल-निधि बन कर फैला है कितना वार-पार
कितनी चेतनता की किरणें हैं डूब रहीं ये निर्विकार
कितना मादक तम, निखिल भुवन भर रहा भूमिका में अभंग!
तू मूर्त्तिमान हो छिप जाता प्रतिपल के परिवर्त्तन अनंग
ममता की क्षीण अरुण रेखा खिलती है तुझमें ज्योति-कला
जैसे सुहागिनी की ऊर्मिल अलकों में कुंकुमचूर्ण भला
रे चिरनिवास विश्राम प्राण के मोह-जलद-छाया उदार
मायारानी के केशभार!

जीवन-निशीथ के अंधकार!
तू घूम रहा अभिलाषा के नव ज्वलन-धूम-सा दुर्निवार
जिसमें अपूर्ण—लालसा, कसक, चिनगारी-सी उठती पुकार
यौवन मधुवन की कालिंदी बह रही चूम कर सब दिगंत
मन-शिशु की क्रीड़ा नौकाएँ बस दौड़ लगाती हैं अनंत
कुहकिनि अपलक दृग के अंजन! हँसती तुझमें सुन्दर छलना
धूमिल रेखाओं से सजीव चंचल चित्रों की नव-कलना
इस चिर प्रवास श्यामल पथ में छायी पिक प्राणों की पुकार-
बन नील प्रतिध्वनि नभ अपार!

यह उजड़ा सूना नगर-प्रांत
जिसमें सुखदुःख की परिभाषा विध्वस्त शिल्प-सी हो नितांत
निज विकृत व रेखाओं से, प्राणी का भाग्य बनी अशांत
कितनी सुखमय स्मृतियाँ, अपूर्ण रुचि बन कर मँडराती विकीर्ण
इन ढेरों में दुखभरी कुरुचि दब रही अभी बन पत्र जीर्ण
आती दुलार को हिचकी-सी सूने कोनों में कसक भरी
इस सूखे तरु पर मनोवृत्ति आकाश-बेलि सी रही हरी
जीवन-समाधि के खँडहर पर जो जल उठते दीपक अशांत
फिर बुझ जाते वे स्वयं शांत।

यों सोच रहे मनु पड़े श्रांत
श्रद्धा का सुख साधन निवास जब छोड़ चले आये प्रशांत
पथ-पथ में भटक अटकते वे आये इस उजड़ नगर-प्रांत
बहती सरस्वती वेग भरी निस्तब्ध हो रही निशा श्याम
नक्षत्र निरखते निर्निमेष वसुधा की वह गति विकल वाम
वृत्रघ्नी का वह जनाकीर्ण उपकूल आज कितना सूना
देवेश इंद्र की विजय-कथा की स्मृति देती थीं दुःख दूना
वह पावन सारस्वत प्रदेश दुःस्वप्न देखता पड़ा क्लांत
फैला था चारों ओर ध्वांत।

"जीवन का लेकर नव विचार
जब चला द्वंद्व था असुरों में प्राणों की पूजा का प्रचार
उस छोर आत्मविश्वास-निरत सुर-वर्ग कह रहा था पुकार--
मैं स्वयं सतत आराध्य आत्म - मंगल - उपासना में विभोर
उल्लासशील मैं शक्ति-केंद्र, किसकी खोजूँ फिर शरण और
आनंद-उच्छलित-शक्ति-स्रोत जीवन-विकास वैचित्र्य भरा
अपना नव-नव निर्माण किये रखता यह विश्व सदैव हरा,
प्राणों के सुख - साधन में ही, संलग्न असुर करते सुधार
नियमों में बँधते दुनियार।

था एक पूजता देह दीन
दूसरा अपूर्ण अहंता में अपने को समझ रहा प्रवीण
दोनों का हठ था दुनिवार, दोनों ही थे विश्वास-हीन--
फिर क्यों न तर्क को शस्त्रों से वे सिद्ध करें—क्यों हो न युद्ध
उनका संघर्ष चला अशांत वे भाव रहे अब तक विरुद्ध
मुझमें ममत्वमय आत्ममोह स्वातंत्र्यमयी उच्छृंखलता
हो प्रलय-भीत तन रक्षा में पूजन करने की व्याकुलता
वह पूर्व द्वंद्व परिवर्त्तित हो मुझको बना रहा अधिक दीन
--सचमुच मैं हूं श्रद्धा-विहीन।"

"मनु! तुम श्रद्धा को गये भूल
उस पूर्ण आत्म-विश्वासमयी को उड़ा दिया था समझ तूल
तुमने तो समझा असत् विश्व जीवन धागे में रहा झूल
जो क्षण बीतें सुख-साधन में उनको ही वास्तव लिया मान
वासना-तृप्ति ही स्वर्ग बनी, यह उलटी मति का व्यर्थ-ज्ञान
तुम भूल गये पुरुषत्व-मोह में कुछ सत्ता है नारी की
समरसता है संबंध बनी अधिकार और अधिकारी की।"
जब गूजी यह वाणी तीखी कंपित करती अंबर अकूल
मनु को जैसे चुभ गया शूल।

"यह कौन? अरे फिर वही काम!
जिसने इस भ्रम में है डाला छीना जीवन का सुख-विराम?
प्रत्यक्ष लगा होने अतीत जिन घड़ियों का अब शेष नाम
वरदान आज उस गतयुग का कंपित करता है अंतरंग
अभिशाप ताप की ज्वाला से जल रहा आज मन और अंग—"
बोले मनु--"क्या मैं श्रांत साधना में ही अब तक लगा रहा
क्या तुमने श्रद्धा को पाने के लिए नहीं सस्नेह कहा?
पाया तो, उसने भी मुझको दे दिया हृदय निज अमृत-धाम
फिर क्यों न हुआ मैं पूर्ण-काम?"

"मनु! उसने तो कर दिया दान
वह हृदय प्रणय से पूर्ण सरल जिसमें जीवन का भरा मान
जिसमें चेतनता ही केवल निज शांत प्रभा से ज्योतिमान
पर तुमने तो पाया सदैव उसकी सुन्दर जड़ देह मात्र

सौंदर्य जलधि से भर लाये केवल तुम अपना गरल पात्र
तुम अति अबोध, अपनी अपूर्णता को न स्वयं तुम समझ सके
परिणय जिसको पूरा करता उससे तुम अपने आप रुके
'कुछ मेरा हो' यह राग-भाव संकुचित पूर्णता है अजान
    मानस-जलनिधि का क्षुद्र-यान।

हाँ, अब तुम बनने को स्वतंत्र
सब कलुष ढाल कर औरों पर रखते हो अपना अलग तंत्र
द्वंद्वों का उद्गम तो सदैव शाश्वत रहता वह एक मंत्र
डाली में कंटक संग कुसुम खिलते मिलते भी हैं नवीन
अपनी रुचि से तुम बिंधे हुए जिसको चाहे ले रहे बीन
तुमने तो प्राणमयी ज्वाला का प्रणय-प्रकाश न ग्रहण किया।
हाँ,जलन वासना को जीवन भ्रम तम में पहला स्थान दिया—
अब विकल प्रवर्तन हो ऐसा जो निर्यात-चक्र का बने यंत्र
    हो शाप भरा तब प्रजातंत्र।

यह अभिनव मानव प्रजा सृष्टि
द्वयता में लगी निरंतर ही वर्णों की करती रहे वृष्टि
अनजान समस्याएँ गढ़ती रचती हो अपनी ही विनष्टि
कोलाहल कलह अनंत चले, एकता नष्ट हो बड़े भेद
अभिलषित वस्तु तो दूर रहे, हाँ मिले अनिच्छित दुखद खेद
हृदयों का हो आवरण सदा अपने वक्षस्थल की जड़ता
पहचान सकेंगे नहीं परस्पर चले विश्व गिरता पड़ता
सब कुछ भी हो यदि पास भरा पर दूर रहेगी सदा तुष्टि
    दुःख देगी यह संकुचित दृष्टि।

अनवरत उठे कितनी उमंग
चुंबित हों आंसू जलधर से अभिलाषाओं के शैल-श्रृंग
जीवन-नद हाहाकार भरा—हो उठती पीड़ा की तरंग
लालसा भरे यौवन के दिन पतझड़ से सूखे जायँ बीत
संदेह नये उत्पन्न रहें उनसे संतप्त सदा सभीत
फैलेगा स्वजनों का विरोध बन कर तम वाली श्याम-अमा
दारिद्र्य दलित बिलखाती हो यह शस्यश्यामला प्रकृति-रमा
दुःख-नीरद में बन इंद्रधनुष बदले नर कितने नये रंग—
    बन तृष्णा-ज्वाला का पतंग।

कह प्रेम न रह जाये पुनीत
अपने स्वार्थों से आवृत हो मंगल-रहस्य सकुचे सभीत
सारी संसृति हो विरह भरी, गाते ही बीतें करुण गीत
आकांक्षा-जलनिधि की सीमा हो क्षितिज निराशा सदा रक्त
तुम राग-विराग करो सबसे अपने को कर शतशः विभक्त
मस्तिष्क हृदय के हो विरुद्ध, दोनों में हो सद्भाव नहीं
वह चलने को जब कहे कहीं तब हृदय विकल चल जाय कहीं
रोकर बीते सब वर्तमान क्षण सुन्दर अपना हो अतीत

पेंगों में झूले हार-जीत।

संकुचित असीम अमोघ शक्ति
जीवन को बाधा-मय पथ पर ले चले भेद से भरी भक्ति
या कभी अपूर्ण अजंता में हो रागमयी-सी महासक्ति
व्यापकता नियति-प्रेरणा बन अपनी सीमा में रहे बंद
सर्वज्ञ-ज्ञान का झुद्र-अंश विद्या बनकर कुछ रचे छंद
कर्तृत्व-सकल बनकर आवे नश्वर - छाया-सी ललित-कला
नित्यता विभाजित हो पल-पल में काल निरंतर चले ढला
तुम समझ न सको, बुराई से शुभ-इच्छा की है बड़ी शक्ति
हो विफल तर्क से भरी युक्ति।

जीवन सारा बन जाय युद्ध
उस रक्त, अग्नि की वर्षा में बह जायँ सभी जो भाव शुद्ध
अपनी शंकाओं से व्याकुल तुम अपने ही होकर विरुद्ध
अपने को आबूत किये रहो दिखलाओ निज कृत्रिम स्वरूप
वसुधा के समतल पर उन्नत चलता फिरता हो दंभ-स्तूप
श्रद्धा इस संसृति की रहस्य—व्यापक, विशुद्ध, विश्वासमयी
सब-कुछ देकर नव-निधि अपनी तुमसे ही तो वह छली गयी
हो वर्तमान से वंचित तुम अपने भविष्य में रहो रुद्ध
सारा प्रपंच ही हो अशुद्ध।

तुम जरा मरण में चिर अशांत
जिसको अब तक समझे थे सब जीवन में परिवर्तन अनंत
अमरत्व, वही अब भूलेगा तुम व्याकुल उसको कहो अंत
दुःखमय चिर चिंतन के प्रतीक! श्रद्धा-वंचक बनकर अधीर
मानव-संतति ग्रह-रश्मि-रज्जु से भाग्य बाँध पीटे लकीर
'कल्याण भूमि यह लोक' यही श्रद्धा-रहस्य जाने न प्रजा
अतिचारी मिथ्या मान इसे परलोक-वंचना से भर जा
आशाओं में अपने निराश निज बुद्धि विभव से रहे भ्रांत
वह चलता रहे सदैव श्रांत।"

अभिशाप-प्रतिध्वनि हुई लीन
नभ-सागर के अंतस्तल में जैसे छिप जाता महा मीन
मृदु मरुत्-लहर में फेनोपम तारागण झिलमिल हुए दीन
निस्तब्ध मौन था अखिल लोक तंद्रालस था वह विजन प्रांत
रजनी-तम-पुंजीभूत-सदृश मनु श्वास ले रहे थे अशांत
वे सोच रहे थे—"आज वही मेरा अदृष्ट बन फिर आया
जिसने डाली थी जीवन पर पहले अपनी काली छाया
लिख दिया आज उसने भविष्य! यातना चलेगी अंतहीन
अब तो अवशिष्ट उपाय भी न।"

करती सरस्वती मधुर नाद
बहती थी श्यामल घाटी में निर्लिप्त भाव सी अप्रमाद

सब उपल उपेक्षित पड़े रहे जैसे वे निष्ठर जड़ विवाद
वह थी प्रसन्नता की धारा जिसमें था केवल मधुर गान
थी कर्म-निरंतरता-प्रतीक चलता था स्ववश अनंत - ज्ञान
हिम-शीतल लहरों का रह-रह कूलों से टकराते जाना
आलोक अरुण किरणों का उन पर अपनी छाया बिखराना——
अद्भुत था! निज-निर्मित-पथ का वह पथिक चल रहा निर्विवाद
              कहता जाता कुछ सुसंवाद।

प्राची में फैला मधुर राग
जिसके मंडल में एक कमल खिल उठा सुनहला भर पराग
जिसके परिमल से व्याकुल हो श्यामल कलरव सब उठे जाग
आलोक-रश्मि से बुने उषा-अंचल में आंदोलन अमंद
करता प्रभात का मधुर पवन सब ओर वितरने को मरंद
उस रम्य फलक पर नवल चित्र सी प्रकट हुई सुन्दर बाला
वह नयन-महोत्सव की प्रतीक अम्लान-नलिन की नव-माला
सुषमा का मंडल सुस्मित-सा बिखराता संसृति पर सुराग
              सोया जीवन का तम विराग।

बिखरी अलकें ज्यों तर्क जाल
वह विश्व मुकुट सा उज्ज्वलतम शशिखंड सदृश था स्पष्ट भाल
दो पद्म-पलाश चषक-से दृग देते अनुराग विराग ढाल
गुंजरित मधुप से मुकुल सदृश वह आनन जिसमें भरा गान
वक्षस्थल पर एकत्र धरे संसृति के सब विज्ञान ज्ञान
था एक हाथ में कर्म-कलश वसुधा-जीवनरस-सार लिये
दूसरा विचारों के नभ को या मधुर अभय अवलंब दिये
त्रिवली थी त्रिगुण-तरंगमयी, आलोकवसन लिपटा अराल
              चरणों में थी गति भरी ताल।

नीरव थी प्राणों की पुकार
मूर्च्छित जीवन-सर निस्तरंग नीहार घिर रहा था अपार
निस्तब्ध अलस बन कर सोयी चलती न रही चंचल बयार
पीता मन मुकुलित कंज आप अपनी मधु बूँदें मधुर मौन
निस्वन दिगंत में रहे रुद्ध सहसा बोले मनु "अरे कौन--
आलोकमयी स्मिति-चेतनता आयी यह हेमवती छाया"
तंद्रा के स्वप्न तिरोहित थे बिखरी केवल उजली माया
वह स्पर्श-दुलार-पुलक से भर बीते युग को उठता पुकार
              वीचियाँ नाचतीं बार-बार।

प्रतिभा प्रसन्न-मुख सहज खोल
वह बोली —"मैं हूँ इड़ा, कहो तुम कौन यहां पर रहे डोल!"
नासिका नुकीली के पतले पुट फरक रहे कर स्मित अमोल
"मनु मेरा नाम सुनो वाले! मैं विश्व पथिक सह रहा क्लेश।"
"स्वागत! देख रहे हो तुम यह उजड़ा सारस्वत प्रदेश
भौतिक हलचल से यह चंचल हो उठा देश ही था मेरा

इसमें अब तक हूँ पड़ी इसी आशा से आये दिन मेरा।"

× × ×

मैं तो आया हूँ—देवि बता दो जीवन का क्या सहज मोल
भव के भविष्य का द्वार खोल!

इस विश्वकुहर में इंद्रजाल
जिसने रच कर फैलाया है ग्रह, तारा, विदृत, नखत-माल,
सागर की भीषणतम तरंग-सा खेल रहा वह महाकाल
तब क्या इस वसुधा के लघु-लघु प्राणी को करने को सभीत
उस निष्ठुर की रचना कठोर केवल विनाश की रही जीत
तब मूर्ख आज तक क्यों समझे हैं सृष्टि उसे जो नाशमयी
उसका अधिपति! होगा कोई, जिस तक दुःख की न पुकार गयी
सुख नीड़ों को घेरे रहता अविरत विषाब का चक्रवाल
किसने यह पट है दिया डाल!

शनि का सुदूर वह नील लोक
जिसकी छाया-सा फैला है ऊपर नीचे यह गगन-शोक
उसके भी परे सुना जाता कोई प्रकाश का महा ओक
वह एक किरन अपनी देकर मेरी स्वतंत्रता में सहायक्या
बन सकता है? नियति-जाल से मुक्ति-दान का कर उपाय।"

× × ×

"कोई भी हो वह क्या बोले, पागल बन नर निर्भर न करे
अपनी दुर्बलता बल सम्भाल गंतव्य मार्ग पर पैर धरे--
मत कर पसार--निज पैरों चल, चलने की जिसको रहे झोंक
उसको कब कोई सके रोक?

हाँ तुम ही हो अपने सहाय?
जो बुद्धि कहे उनको न मान कर फिर किसकी नर शरण जाय
जितने विचार संस्कार रहे उनका न दूसरा है उपाय
यह प्रकृति, परम रमणीय अखिल-ऐश्वर्य-भरी शोषक विहीन
तुमउसका पटल खोलने में परिकर कस कर बन कर्मलीन
सबका नियमन शासन करते बस बढ़ा चलो अपनी क्षमता
तुम ही इसके निर्णायक हो, हो कहीं विषमता या समता
तुम जड़ता को चैतन्य करो विज्ञान सहज साधन उपाय
यश अखिल लोक में रहे छाय।"

हँस पड़ा गगन वह शून्य लोक
जिसके भीतर बस कर उजड़े कितने ही जीवन मरण शोक
कितने हृदयों के मधुर मिलन क्रंदन करते बन विरह-कोक
ले लिया भार अपने सिर पर मनु ने यह अपना विषम आज
हँस पड़ी उषा प्राची-नभ में देखे नर अपना राज-काज
चल पड़ी देखने वह कौतुक चंचल मलयाचल की बाला
लख लाली प्रकृति कपोलों में गिरता तारा दल मतवाला
उन्निद्र कमल-कानन में होती थी मधुपों की नोक-झोंक

वसुधा विस्मृत थी सकल-शोक।

"जीवन निशीथ का अंधकार
भग रहा क्षितिज के अंचल में मुख आवृत कर तुमको निहार
तुम इड़े उषा-सी आज यहां आयी हो बन कितनी उदार
कलरव कर जाग पड़े मेरे ये मनोभाव सोये विहंग
हँसती प्रसन्नता चाव भरी बन कर किरनों की सी तरंग
अवलंब छोड़ कर औरों का जब बुद्धिवाद को अपनाया
मैं बढ़ा सहज, तो स्वयं बुद्धि को मानो आज यहाँ पाया
मेरे विकल्प संकल्प बनें, जीवन हो कर्मों की पुकार
सुख साधन का हो खुला द्वार।"

स्वप्न

संध्या अरुण जलज केसर ले अब तक मन थी बहलाती,
मुरझा कर कब गिरा तामरस, उसको खोज कहाँ पाती!
क्षितिज भाल का कुंकुम मिटता मलिन कालिमा के कर से,
कोकिल की काकली वृथा ही अब कलियों पर मँडराती।

कामायनी-कुसुम वसुधा पर पड़ी, न वह मकरंद रहा,
एक चित्र बस रेखाओं का, अब उसमें है रंग कहाँ!
वह प्रभात का हीन कला शशि—-किरन कहाँ चाँदनी रही,
कह संध्या थी--रवि, शशि, तारा ये सब कोई नहीं जहाँ।

जहाँ तामरस इंदीवर या सित शतदल हैं मुरझाये--
अपने नालों पर, वह सरसी श्रद्धा थी, न मधुप आये,
वह जलधर जिसमें चपला या श्यामलता का नाम नहीं,
शिशिर-कला की क्षीण-स्रोत वह जो हिमतल में जम जाये।

एक मौन वेदना विजन की, झिल्ली की झनकार नहीं,
जगती की अस्पष्ट-उपेक्षा, एक कसक साकार रही।
हरित-कुंज की छाया भर--थी वसुधा-आलिंगन करती,
वह छोटी सी विरह-नदी थी जिसका है अब पार नहीं।

नील गगन में उड़ती-उड़ती विहग-बालिका सी किरन,
स्वप्न-लोक को चलीं थकी सी नींद-सेज पर जा गिरने।
किन्तु, विरहिणी के जीवन में एक घड़ी विश्राम नहीं--
बिजली-सी स्मृति चमक उठी तब, लगे जभी तम-घन धिरने।

संध्या नील सरोरुह से जो श्याम पराग बिखरते थे,
शैल-घाटियों के अंचल को वे धीरे से भरते थे।
तृण-गुल्मों से रोमांचित नग सुनते उस दुःख की गाथा,
श्रद्धा की सूनी साँसों से मिल कर जो स्वर भरते थे--

"जीवन में सुख'अधिक या कि दुःख, मंदाकिनि कुछ बोलोगी?
नभ में नखत अधिक, सागर में या बुदबुद हैं, गिन दोगी?
प्रतिबिंबित हैं तारा तम में, सिंधु मिलन को जाती हो,
या दोनों प्रतिबिंब एक के इस रहस्य को खोलोगी!

इस अवकाश-पटी पर जितने चित्र बिगड़ते बनते हैं;

उनमें कितने रंग भरे जो सुरधनु पट से छनते हैं,
किन्तु सकल अणु पल में घुल कर व्यापक नील-शून्यता-सा,
जगती का आवरण वेदना का धूमिल-पट बुनते हैं।

दग्ध-श्वास से आह न निकले सजल कुहु में आज यहाँ!
कितना स्नेह जला कर जलता ऐसा है लघु-दीप कहाँ?
बुझ न जाय वह साँझ-किरन सी दीप-शिखा इस कुटिया की,
शलभ समीप नहीं तो अच्छा, सुखी अकेले जले यहाँ!

आज सुनें केवल चुप होकर, कोकिल जो चाहे कह ले,
पर न परागों की वैसी है चहल-पहल जो थी पहले।
इस पतझड़ की सूनी डाली और प्रतीक्षा की संध्या,
कामायनि! तू हृदय कड़ा कर धीरे-धीरे सब सह ले!

बिरल डालियों के निज सब ले दुःख के निश्वास रहे;
उस स्मृति का समीर चलता है मिलन कथा फिर कौन कहे?
आज विश्व अभिमानी जैसे रूठ रहा अपराध बिना,
किन चरणों को धोयेंगे जो अश्रु पलक के पार बहे!

अरे मधुर हैं कष्ट पूर्ण भी जीवन की बीती घड़ियाँ--
जब निस्संबल होकर कोई जोड़ रहा बिखरी कड़ियाँ।
वही एक जो सत्य बना था चिर-सुन्दरता में अपनी,
छिपा कहीं, तब कैसे सुलझें उलझी सुख-दुःख की लड़ियाँ!

विस्मृत हों वे बीती बातें, अब जिनमें कुछ सार नहीं हैं;
वह जलती छाती न रही अब वैसा शीतल प्यार नहीं!
सब अतीत में लीन हो चलीं, आशा, मधु-अभिलाषाएँ;
प्रिय की निष्ठर विजय हुई, पर यह तो मेरी हार नहीं!

वे आलिंगन एक पाश थे, स्मिति चपला थी, आज कहाँ?
और मधुर विश्वास : अरे वह पागल मन का मोह रहा,
वंचित जीवन बना समर्पण यह अभिमान अकिंचन का;
कभी दे दिया था कुछ मैंने, ऐसा अब अनुमान रहा।

विनिमय प्राणों का यह कितना भयसंकुल व्यापार अरे!
देना हो जितना दे दे तु लेना! कोई यह न करे!
परिवर्त्तन की तुच्छ प्रतीक्षा पूरी कभी न हो सकती,
संध्या रवि देकर पाती है इधर-उधर उडुगन बिखरे!

कुछ दिन जो हँसते आये अंतरिक्ष अरुणाचल से,
फूलों की भरमार स्वरों का सृजन लिये कुहक बल से।
फैल गयी जब स्मिति की माया, किरन-कली की क्रीड़ा से,
चिर-प्रवास में चले गये वे आने को कह कर छल से!

जब शिरीष की मधुर गंध से मान-भरी मधुऋतु रातें,
रूठ चली जातीं रक्तिम-मुख, न सह जागरण की घातें,

दिवस मधुर आलाप कथा-सा कहता छा जाता नभ में,
वे जगते-सपने अपने तब तारा बन कर मुसक्याते।

वन बालाओं के निकुंज सब भरे वेणु के मधु स्वर से,
लौट चुके थे आने वाले सुन पुकार अपने घर से,
किन्तु न आया वह परदेसी-॰युग छिप गया प्रतीक्षा में,
रजनी की भीगी पलकों से तुहिन बिन्द कण कण बरसे!

मानस का स्मृति-शतदल खिलता,झरते बिंदु मरंद घने,
मोती कठिन पारदर्शी ये, इनमें कितने चित्र बने!
आंसू सरल तरल विद्‌कण, नयनालोक विरह तम में,
प्राण पथिक यह संबल लेकर लगा कल्पना-जग, रचने।

अरुण जलज के शोण कोण थे नव तुषार के बिंदु भरे,
मुकुर चूर्ण बन रहे, प्रतिच्छवि कितनी साथ लिये बिखरे!
वह अनुराग हंसी दुलार की पंक्ति चली सोने तम में,
वर्षा-विरह-कुहू में जलते स्मृति के जुगुनू डरे-डरे।

सूने गिरि-पथ में गुंजारित भृंगनाद की ध्वनि चलती,
आकांक्षा लहरी दुःख-तटिनी पुलिन अंक में थी ढलती।
जले दीप नभ के, अभिलाषा-शलभ उड़े, उस ओर चले,
भरा रह गया आंखों में जल, बुझी न वह ज्वाला जलती।'

"माँ"--फिर एक किलक दूरागत, गूंज उठी कुटिया सूनी,
माँ उठ दौड़ी भरे हृदय में लेकर उत्कंठा दूनी
लुटरी खुली अलक, रज-धूसर बाँहें आकर लिपट गयीं,
निशा-ताप की जलने को धधक उठी बुझती धूनी!

"कहाँ रहा नटखट तू फिरता अब तक मेरा भाग्य बना!
अरे पिता के प्रतिनिधि : तूने भी सुख-दुःख तो दिया घना,
चंचल तू बनचर-मृग बन कर भरता है चौकड़ी कहीं
मैं डरती तू रूठ न जाये करती कैसे तुझे मना!"

"मैं रूठूं माँ और मना तू कितनी अच्छी बात कही!
ले मैं सोता हूं अब जाकर, बोलूंगा मैं आज नहीं,
पके फलों से पेट भरा है नींद नहीं खुलने वाली।"
श्रद्धा चुंबन ले प्रसन्न कुछ-कुछ विषाद से भरी रही।

जल उठते हैं लघु जीवन के मधुर-मधुर वे पल हलके,
मुफ्त उदास गगन के उर में छालें बन कर जा झलके।
दिवा-श्रांत-आलोक-रश्मियाँ नील-निलय में छिपीं कहीं,
करुण वही स्वर फिर उस संसृति में बह जाता है गल के।

प्रणय किरण का कोमल बंधन मुक्ति बना बढ़ता जाता,
दूर, किंतु कितना प्रतिपल वह हृदय समीप हुआ जाता।
मधुर चाँदनी-सी तंद्रा जब फैली मूर्च्छित मानस पर

तब अभिन्न प्रेमास्पद उसमें अपना चित्र बना जाता।

कामायनी सकल अपना सुख स्वप्न बना-सा देख रही,
युग-युग की वह विकल प्रतारित मिटी हुई बन लेख रही-
जो कुसुमों के कोमल दल से कभी पवन पर अंकित था,
आज पपीहा की पुकार बन –नभ में खिंचती रेख रही।

इड़ा अग्नि-ज्वाला-सी आगे जलती है उल्लास भरी,
मनु का पथ आलोकित करती विपद-नदी में बनी तरी,
उन्नति का आरोहण, महिमा शैल-श्रृंग सी श्रांति नहीं,
तीव्र प्रेरणा की धारा सी bही वहाँ उत्साह भरी।

वह सुन्दर आलोक किरन सी हृदय भेदिनी दृष्टि लिये,
जिधर देखती--खुल जाते हैं तम ने जो पथ बंद किये।
मनु की सतत सफलता की वह उदय विजयिनी तारा थी;
आश्रय की भूखी जनता ने निज श्रम के उपहार दिये!

मनु का नगर बसा है सुन्दर सहयोगी हैं सभी बने,
दृढ़ प्राचीरों में मन्दिर के द्वार दिखाई पड़े घने,
वर्षा धूप शिशिर में छाया के साधन संपन्न हुए,
खेतों में हैं कृषक चलाते हल प्रमुदित श्रम-स्वेद सने।

उधर धातु गलते बनते हैं आभूषण औ' अस्त्र नये,
कहीं साहसी ले आते हैं मृगया के उपहार नये,
पुष्पलावियाँ चुनती हैं वन-कुसुमों की अध-विकच कली,
गंध चूर्ण था लोध्र कुसुम रज, जुटे नवीन प्रसाधन ये।

घन के आघातों से होती जो प्रचंड ध्वनि रोष भरी,
तो रमणी के मधुर कंठ से हृदय मूर्च्छना उधर ढरी,
अपने वर्ग बना कर श्रम का करते सभी उपाय वहाँ,
उनकी मिलित-प्रयत्न-प्रथा से पुर की श्री दिखती निखरी।

देश काल का लाघव करते वे प्राणी चंचल से हैं,
सुख-साधन एकत्र कर रहे जो उनके संबल में हैं,
बढ़े ज्ञान-व्यवसाय, परिश्रम, बल की विस्मृत छाया में
नर-प्रयत्न से ऊपर आवे जो कुछ वसुधा तल में है।

सृष्टि-बीज अंकुरित, प्रफुल्लित, सफल हो रहा हरा भरा,
प्रलय बीच भी रक्षित मनु से वह फैला उत्साह भरा,
आज स्वचेतन-प्राणी अपनी कुशल कल्पनाएँ करके,
स्वावलंब की दृढ़ धरणी पर खड़ा, नहीं अब रहा डरा।

श्रद्धा उस आश्चर्य-लोक में मलय-बालिका-सी चलती,
सिंहद्वार के भीतर पहुँची, खड़े प्रहरियों को छलती,
ऊँचे स्तंभों पर वलभी-युत बने रम्य प्रासाद वहाँ,
धूप-धूप-सुरभित-गृह जिनमें थी आलोक-शिखा जलती।

स्वर्ण-कलश-शोभित भवनों से लगे हुए उद्यान बने,
ऋजु-प्रशस्त, पथ बीच-बीच में, कहीं लता के कुंज घने,
जिनमें दंपत्ति समुद विहरते, प्यार भरे दे गलबाहीं,
गूंज रहे थे मधुप रसीले, मदिरा-मोद पराग सने।

देवदारू के वे प्रलंब भुज,जिनमें उलझी वायु-तरंग,
मुखरित आभूषण से कलरव करते सुन्दर बाल-विहंग,
आश्रय देता वेणु-वनों से निकली स्वर-लहरी-ध्वनि को,
नाग-केसरों की क्यारी में अन्य सुमन भी थे बहुरंग!

नव मंडप में सिंहासन सम्मुख कितने ही मंच तहाँ,
एक ओर रखे हैं सुन्दर मढ़ें चर्म से सुखद जहाँ,
आती है शैलेय-अगुरु की धूम-गंध आमोद-भरी,
श्रद्धा सोच रही सपने में 'यह लो मैं आ गयी कहाँ'!

और सामने देखा उसने निज दृढ़ कर में चषक लिये,
मनु, वह क्रतुमय पुरुष! वही मुख संध्या की लालिमा पिवे,
मादक भाव सामने,सुन्दर एक चित्र सा कौन यहाँ,
जिसे देखने को यह जीवन मर-मर कर सौ बार जिये--

इड़ा ढालती थी वह आसव, जिसकी बुझती प्यास नहीं,
तृषित कंठ को, पी-पी कर भी, जिसमें है विश्वास नहीं,
वह--वैश्वानर की ज्वाला-सी--मंच-वेदिका पर बैठी,
सौमनस्य बिखराती शीतल, जड़ता का कुछ भास नहीं।

मनु ने पूछा--"और अभी कुछ करने को है शेष यहाँ?
बोली इड़ा--"सफल इतने में अभी कर्म सविशेष कहाँ!
क्या सब साधन स्ववश हो चुके?" "नहीं अभी मैं रिक्त रहा--
देश बसाया पर उजड़ा है सूना मानस - देश यहाँ।

सुन्दर मुख, आँखों की आशा, किन्तु हुए ये किसके हैं,
एक बाँकपन प्रतिपद-शशि का, भरे भाव कुछ रिस के हैं,
कुछ अनुरोध मान-मोचन का करता आँखों में संकेत,
बोल अरी मेरी चेतनते! तू किसकी, ये किसके हैं?"

"प्रजा तुम्हारी, तुम्हें प्रजापति सबका ही गुनती हैं मैं,
वह संदेह-भरा फिर कैसा नया प्रश्न सुनती हूं मैं!"
"प्रजा नहीं, तुम मेरी रानी मुझे न अब भ्रम में डालो,
मधुर मराली! कहो 'प्रणय के मोती अब चुनती हूँ मैं '

मेरा भाग्य-गगन धुंधला-सा, प्राची-पट-सी तुम उसमें,
खुल कर स्वयं अचानक कितनी प्रभापूर्ण हो छवि-यश में!
मैं अतृप्त आलोक-भिखारी ओ प्रकाश-बालिके! बता,
कब डूबेगी प्यास हमारी इन मधु-अधरों के रस में?

ये सुख-साधन और रुपहली-रातों की शीतल-छाया,

स्वर-संचरित दिशाएँ, मन है उन्मद और शिथिल काया,
तब तुम प्रजा बनो मत रानी!" नर-पशु कर हुंकार-उठा,
उधर फैलती मदिर घटा सी अंधकार की घन-माया।

आलिंगन! फिर भय का क्रंदन! वसुधा जैसे काँप उठी!
वह अतिचारी, दुर्बल नारी-परित्राण-पथ नाप उठी!
अंतरिक्ष में हुआ रुद्र-हुंकार भयानक हलचल थी,
अरे आत्मजा प्रजा! पाप की परिभाषा बन शाप उठी।

उधर गगन में क्षुब्ध हुई सब देव-शक्तियाँ क्रोध-भरी,
रुद्र-नयन खुल गया अचानक--व्याकुल काँप रही नगरी;
अतिचारी था स्वयं प्रजापति, देव अभी शिव बने रहें!
नहीं, इसी से चढ़ी शिंजिनी अजगव पर प्रतिशोध भरी।

प्रकृति त्रस्त थी, भूतनाथ ने नृत्य विकंपित-पद अपना--
उधर उठाया, भूत-सृष्टि सब होने जाती थी सपना!
आश्रय पाने को सब व्याकुल, स्वयं-कलुष में मनु संदिग्ध,
फिर कुछ होगा, यही समझ कर वसुधा का थर-थर कँपना।

काँप रहे थे प्रलयमयी क्रीड़ा से सब आशंकित जंतु,
अपनी-अपनी पड़ी सभी को, छिन्न स्नेह का कोमल तंतु,
आज कहाँ वह शासन था जो रक्षा का था भार लिये,
इड़ा क्रोध लज्जा से भर कर बाहर निकल चली थी किंतु।

देखा उसने, जनता व्याकुल राजद्वार कर रुद्ध रही,
प्रहरी के दल भी झुक आये उनके भाव विशुद्ध नहीं,
नियमन एक झुकाव दबा-सा, टूटे या ऊपर उठ जाय!
प्रजा आज कुछ और सोचती अब तक जो अविरुद्ध रही!

कोलाहल में घिर, छिप बैठे, मनु कुछ सोच विचार भरे,
द्वार बंद लख प्रजा अस्त-सी, कैसे मन फिर धैर्य-धरे!
शक्ति-तरंगों में आंदोलन, रुद्र-क्रोध भीषणतम था,
महानील-लोहित-ज्वाला का नृत्य सभी से उधर परे।

वह विज्ञानमयी अभिलाषा, पंख लगाकर उड़ने की,
जीवन की असीम आशाएँ कभी न नीचे मुड़ने की,
अधिकारों की सृष्टि और उनकी वह मोहमयी माया,
वर्गों की खाँई बन फैली कभी नहीं जो जुड़ने की।

असफल मनु कुछ क्षुब्ध हो उठे, आकस्मिक बाधा कैसी--
समझ न पाये कि यह हुआ क्या, प्रजा जुटी क्यों आ ऐसी।
परित्राण प्रार्थना विकल थी देव-क्रोध से बन विद्रोह
इड़ा रही जब वहाँ! स्पष्ट ही वह घटना कुचक्र जैसी।

"द्वार बंद कर दो इनको तो अब न यहाँ आने देना,
प्रकृति आज उत्पात कर रही, मुझको बस सोने देना!"

कह कर यों मनु प्रगट क्रोध में, किन्तु डरे-से थे मन में,
शयन-कक्ष में चले सोचते जीवन का लेना - देना।

अटा काँप उठी सपने में, सहसा उसकी आंख खुली,
यह क्या देखा मैंने? कैसे वह इतना हो गया छली?
स्वजन-स्नेह में भय की कितनी आशकाएं उठ आतीं,
अब क्या होगा, इसी सोच में व्याकुल रजनी बीत चली।

संघर्ष

श्रद्धा का था स्वप्न किंतु वह सत्य बना था,
इड़ा सकुचित उधर प्रजा में क्षोभ घना था।
भौतिक-विप्लव देख विकल वे थे घबराये,
राज-शरण में त्राण प्राप्त करने को आये।

किंतु मिला अपमान और व्यवहार बुरा था,
मनस्ताप से सब के भीतर रोष भरा था।
क्षुब्ध निरखते वदन इड़ा का पीला-पीला,
उधर प्रकृति की रुकी नहीं थी तांडव-लीला।

प्रांगण में थी भीड़ बढ़ रही सब जुड़ आये,
प्रहरी-गण कर द्वार बंद थे ध्यान लगाये।
रात्रि घनी-कालिमा-पटी में दबी-लुकी-सी,
रह-रह होती प्रगट मेघ की ज्योति झुकी सी।

मनु चिंतित से पड़े शयन पर सोच रहे थे,
क्रोध और शंका के श्वापद नोच रहे थे।
"मैं यह प्रजा बना कर कितना तुष्ट हुआ था।
किंतु कौन कह सकता इन पर रुष्ट हुआ था।

कितने जव से भर कर इनका चक्र चलाया,
अलग-अलग ये एक हुई पर इनकी छाया।
मैं नियमन के लिए बुद्धि - बल से प्रयत्न कर,
इनको कर एकत्र, चलाता नियम बना कर।

किंतु स्वयं भी क्या वह सब कुछ मान चलूँ मैं,
तनिक न मैं स्वच्छंद, स्वर्ण सा सदा गलू मैं!
जो मेरी है सृष्टि उसी से भीत हूँ मैं,
क्या अधिकार नहीं कि कभी अविनीत रहूँ मैं?

श्रद्धा का अधिकार समर्पण दे न सका मैं,
प्रतिपल बढ़ता हुआ भला कब वहाँ रुका मैं .
इड़ा नियम - परतंत्र चाहती मुझे बनाना,
निर्वाचित अधिकार उसी ने एक न माना।

विश्व एक बंधन विहीन परिवर्त्तन तो है,

इसकी गति में रवि-शशि-तारे ये सब जो हैं।
रूप बदलते रहते वसुधा जलनिधि बनती,
उदधि बना मरुभूमि जलषि में ज्वाला जलती!

तरल अग्नि की दौड़ लगी है सब के भीतर,
गल कर बहते हिम-नग सरिता-लीला रच कर।
यह स्फुलिंग का नृत्य एक पल आया बीता!
टिकने को कब मिला किसी को यहाँ सुभीता?

कोटि-कोटि नक्षत्र शून्य के महा-विवर में,
लास रास कर रहे लटकते हुए अधर में।
उठती हैं पवनों के स्तर में लहरें कितनी,
यह असंख्य चीत्कार और परवशता इतनी।

यह नर्तन उन्मुक्त विश्व का स्पंदन द्रुततर,
गतिमय होता चला जा रहा अपने लय पर।
कभी-कभी हम वही देखते पुनरावर्त्तन,
उसे मानते नियम चल रहा जिससे जीवन।

रुदन हास बन किंतु पलक में छलक रहे हैं,
शत-शत प्राण विमुक्ति खोजते ललक रहे हैं।
जीवन में अभिशाप शाप में ताप भरा है,
इस विनाश में सृष्टि-कुंज हो रहा हरा है।

विश्व बंधा है एक नियम से यह पुकार-सी,
फली गयी है इसके मन में दृढ़ प्रचार-सी,
नियम इन्होंने परखा फिर सुख-साधन जाना।
वशी नियामक रहे, न ऐसा मैंने माना।

मैं चिर-बंधन-हीन मृत्यु-सीमा-उल्लंघन--
करता सतत चलूँगा यह मेरा है दृढ़ प्रण।
महानाश की सृष्टि बीच जो क्षण हो अपना,
चेतनता की तुष्टि वही है फिर सब सपना।"

प्रगतिशील मन रुका एक क्षण करवट लेकर,
देखा अविचल इड़ा खड़ी फिर सब कुछ देकर!
और कह रही "किंतु नियामक नियम न माने,
तो फिर सब कुछ नष्ट हुआ सा निश्चय जाने।"

"ऐं तुम फिर भी यहाँ आज कैसे चल आयी,
क्या कुछ और उपद्रव की है बात समायी।
मन में, यह सब आज हुआ है जो कुछ इतना!
क्या न हुई है तुष्टि? बच रहा है अब कितना?"

"मनु सब शासन स्वत्व तुम्हारा सतत निबाहें,
तुष्टि, चेतना का क्षण अपना अन्य न चाहें!

आह प्रजापति यह न हुआ है, कभी न होगा,
निर्वाधित अधिकार आज तक किसने भोगा?"

यह मनुष्य आकार चेतना का है विकसित,
एक विश्व अपने आवरणों में है निर्मित
चिति-केंद्रों में जो संघर्ष चला करता है,
द्वयता का जो भाव सदा मन में भरता है--

वे विस्मृत पहचान रहे से एक-एक को
होते सतत समीप मिलाते हैं अनेक को।
स्पर्धा में जो उत्तम ठहरें वे रह जावें,
संस्कृति का कल्याण करें शुभ मार्ग बतावें।

व्यक्ति चेतना इसीलिए परतंत्र बनी-सी,
रागपूर्ण, पर द्वेष-पंक में सतत सनी सी।
नियत मार्ग में पद-पद पर है ठोकर खाती,
अपने लक्ष्य समीप श्रांत हो चलती जाती।

यह जीवन उपयोगी, यही है बुद्धि-साधना
अपना जिसमें श्रेय यही सुख की अराधना
लोक सुखी हो आश्रय ले यदि उस छाया में,
प्राण सदृश तो रमो राष्ट्र की इस काया में।

देश कल्पना काल परिधि में होती लय है,
काल खोजता महाचेतना में निज क्षय है,
वह अनंत चेतन नचता है उन्मद गति से,
तुम भी नाचो अपनी द्वयता में-विस्मृति में।

क्षितिज पटी को उठा बढ़ो ब्रह्मांड विवर में,
गुंजारित घन नाद सुनो इस विश्व कुहर में।
ताल-ताल पर चलो नहीं लय छूटे जिसमें,
तुम न विवादी स्वर छेड़ी अनजाने इसमें।

"अच्छा . यह तो फिर न तुम्हें समझाना है अब,
तुम कितनी प्रेरणामयी हो जान चुका सब।
किंतु आज ही अभी लौट कर फिर हो आयी,
कैसे यह साहस की मन में बात समायी!

आह प्रजापति होने का अधिकार यही क्या?
अभिलाषा मेरी अपूर्ण ही सदा रहे क्या?
मैं सबको वितरित करता ही सतत रहूँ क्या?
कुछ पाने का यह प्रयास है पाप सहूँ क्या?

तुमने भी प्रतिदान दिया कुछ कह सकती हो?
मुझे ज्ञान देकर ही जीवित रह सकती हो?
जो मैं हूँ चाहता वही जब मिला नहीं है,

तब लौटा लो व्यर्थ बात जो अभी कही है।"

"इड़े! मुझे वह वस्तु चाहिए जो मैं चाहूँ,
तुम पर हो अधिकार, प्रजापति न तो वृथा हूँ।
तुम्हें देख कर बंधन ही अब टूट रहा सब,
शासन या अधिकार चाहता हूँ न तनिक अब।

देखो यह दुर्धर्ष प्रकृति का इतना कंपन!
मेरे हृदय समक्ष क्षुद्र है इसका स्पंदन!
इस कठोर ने प्रलय खेल है हँस कर खेला!
किंतु आज कितना कोमल हो रहा अकेला?

तुम कहती हो विश्व एक लय है, मैं उसमें
लीन हो चलूँ? किंतु धरा है क्या सुख इसमें।
क्रंदन का निज अलग एक आकाश बना लूँ,
उस रोदन में अट्टहास हो तुमको पा लूँ।

फिर से जलनिधि उछल बहे मर्य्यादा बाहर,
फिर झंझा हो वज्र-प्रगति से भीतर बाहर,
फिर डगमग हो नाव लहर ऊपर से भागे,
रवि-शशि-तारा सावधान हों चौंकें जागें,
किंतु पास ही रहो बालिके मेरी हो, तुम,
मैं हूँ कुछ खिलवाड़ नहीं जो अब खेलो तुम?"

आह न समझोगे क्या मेरी अच्छी बातें,
तुम उत्तेजित होकर अपना प्राप्य न पाते।
प्रजा क्षुब्ध हो शरण माँगती उधर खड़ी है,
प्रकृति सतत आतंक विकंपित घड़ी-घड़ी है।
सावधान, में शुभाकांक्षिणी और कहूँ क्या।
कहना था कह चुकी और अब यहाँ रहूँ क्या।"

"मायाविनि, बस पा ली तुमने ऐसे छुट्टी।
लड़के जैसे खेलों में कर लेते खुट्टी।
मूर्तिमयी अभिशाप बनी सी सम्मुख आयी,
तुमने ही संघर्ष भूमिका मुझे दिखायी।

रूधिर भरी वेदियाँ भयकरी उनमें ज्वाला,
विनयन का उपचार तुम्हीं से सीख निकाला।
चार वर्ण बन गये बँटा श्रम उनका अपना,
शस्त्र यंत्र बन चले, न देखा जिनका सपना।
आज शक्ति का खेल खेलने में आतुर नर,
प्रकृति संग संघर्ष निरंतर अब कैसा डर?
बाधा नियमों की न पास में अब आने दो,
इस हताश जीवन में क्षण-सुख मिल जाने दो।

राष्ट्र-स्वामिनी, यह लो सब कुछ वैभव अपना,
केवल तुम को सब उपाय से कह लूँ अपना।
यह सारस्वत देश या कि फिर ध्वंस हुआ सा
समझो, तुम हो अग्नि और यह सभी धुआँ सा।

मैंने जो मनु किया उसे मत यों कह भूलो,
तुमको जितना मिला उसी में यों मत फूलो।
प्रकृति संग संघर्ष सिखाया तुमको मैंने,
तुमको केंद्र बनाकर अनहित किया न मैंने!
मैंने इस बिखरी-विभूति पर तुमको स्वामी,
सहज बनाया, तुम अब जिसके अंतर्यामी।
किंतु आज अपराध हमारा अलग खड़ा है,
हाँ में हाँ न मिलाऊँ तो अपराध बड़ा है।
मनु देखो यह भ्रांत निशा अब बीत रही है,
प्राची में नव-उषा तमस को जीत रही है।
अभी समय है मुझ पर कुछ विश्वास करो तो।
बनती है सब बात तनिक तुम धैर्य धरो तो।"

और एक क्षण वह, प्रमाद का फिर से आया,
इधर इड़ा ने द्वार ओर निज पैर बढ़ाया।
किंतु रोक ली गयी भुजाओं से मनु की वह,
निस्सहाय हो दीन-दृष्टि देखती रही वह।

"यह सारस्वत देश तुम्हारा तुम हो रानी,
मुझको अपना अस्त्र बना करती मनमानी।
यह छल चलने में अब पंगु हुआ सा समझो,
मुझको भी अब मुक्त जाल से अपने समझो।
शासन की यह प्रगति सहज ही अभी रुकेगी,
क्योंकि दासता मुझसे अब तो हो न सकेगी।
मैं शासक, मैं चिर स्वतंत्र, तुम पर भी मेरा--
हो अधिकार असीम सफल हो जीवन मेरा।
छिन्न भिन्न अन्यथा हुई जाती है पल में,
सकल व्यवस्था अभी जाय डूबती अतल में।
देख रहा हूँ वसुधा का अति-भय से कंपन,
और सुन रहा हूँ नभ का यह निर्मम-क्रंदन!
किंतु आज तुम बंदी हो मेरी बांहों में,
मेरी छाती में,"--फिर सब डूबा आहों में!

'सिंहद्वार अरराया जनता भीतर आयी,
"मेरी रानी" उसने जो चीत्कार मचायी।

अपनी दुर्बलता में मनु तब हाँफ रहे थे,
स्खलन विकंपित पद वे अब भी काँप रहे थे,
सजग हुए मनु वज्र-खचित ले राजदंड तब,

और पुकारा "तो सुन लो जो कहता हूं अब।

"तुम्हें तृप्ति कर सुख के साधन सकल बताया,
मैंने ही श्रम-भाग किया फिर वर्ग बनाया।
अत्याचार प्रकृति-कृत हम सब जो सहते हैं,
करते कुछ प्रतिकार न अब हम चुप रहते हैं।

आज न पशु हैं हम, या गूँगे काननचारी,
यह उपकृति क्या भूल गये तुम आज हमारी "
वे बोले सक्रोध मानसिक भीषण दुख से,
"देखो पाप पुकार उठा अपने ही मुख से!

तुमने योगक्षेम से अधिक संचय वाला,
लोभ सिखा कर इस विचार-संकट में डाला।
हम संवेदनशील हो चले यही मिला सुख;
कष्ट समझने लगे बना कर निज कृत्रिम दुःख!
प्रकृत-शक्ति तुमने यंत्रों से सब की छीनी!
शोषण कर जीवनी बना दी जर्जर झीनी!
और इड़ा पर यह क्या अत्याचार किया है?
इसीलिए तू हम सब के बल यहाँ जिया है?
आज बंदिनी मेरी रानी इड़ा यहाँ है?
ओ यायावर! अब तेरा निस्तार कहां है?"

"तो फिर मैं हूँ आज अकेला जीवन रण में,
प्रकृति और उसके पुतलों के दल भीषण में।
आज साहसिक का पौरुष निज तन पर लेखें,
राजदंड को वज्र बना सा सचमुच देखें।"
यों कह मनु ने अपना भीषण अस्त्र सम्हाला,
देव 'आग' ने उगली त्यों ही अपनी ज्वाला।
छूट चले नाराच धनुष से तीक्ष्ण नुकीले,
टूट रहे नभ-धूमकेतु अति नीले-पीले।
अंधड़ था बढ़ रहा, प्रजा दल सा झुंझलाता,
रण वर्षा में शस्त्रों सा बिजली चमकाता।

किंतु क्रूर मनु वारण करते उन वाणों को,
बढ़े कुचलते हुए खड्ग से जनप्राणों को।
तांडव में थी तीव्र प्रगति, परमाणु विकल थे,
नियति विकर्षणमयी, त्रास से सब व्याकुल थे।

मनु फिर रहे अलात-चक्र से उस घन-तम में,
वह रक्तिम-उन्माद नाचता कर निर्मम में।
उठ तुमुल रण-नाद, भयानक हुई अवस्था,
बढ़ा विपक्ष समूह मौन पददलित व्यवस्था।

आहत पीछे हटे, स्तंभ से टिक कर मनु ने,

श्वास लिया, टंकार किया दुर्लक्ष्यी धनु ने।
बहते विकट अधीर विषम उंचास-वात थे,
मरण-पर्व था, नेता आकुलि औ' किलात थे।

ललकारा, "बस अब इसको मत जाने देना"
किंतु सजग मनु पहुंच गये कह "लेना लेना"।
"कायर, तुम दोनों ने ही उत्पात मचाया,
अरे, समझकर जिनको अपना था अपनाया।

तो फिर आओ देखो कैसे होती है बलि,
रण यह यज्ञ, पुरोहित ओ किलात औ' आकुलि।
और धराशायी थे असुर-पुरोहित उस क्षण,
ईड़ा अभी कहती जाती थी बस रोको रण।

भीषण जन संहार शाप ही तो होता है,
ओ पागल प्राणी, तू क्यों जीवन खोता है!
क्यों इतना आतंक ठहर जा ओ गर्विले,
जीने दे सबको फिर तू भी सुख से जी ले।"

कौन! धधकती वेदी ज्वाला,
सामूहिक-बलि का निकला था पंथ निराला।
रक्तोन्मद मनु का न हाथ अब भी रुकता था,
प्रजा-पक्ष का भी न किंतु साहस झुकता था।

वहीं धर्षिता खड़ी इड़ा सारस्वत-रानी,
वे प्रतिशोध अधीर, रक्त बहता बन पानी।
धूमकेतु-सा चला रुद्र नाराच भयंकर,
लिये पूंछ में ज्वाला अपनी अति प्रलयंकर।

अंतरिक्ष में महाशक्ति हुंकार कर उठी
सब शस्त्रों की धारें भीषण वेग भर उठीं।
और गिरीं मनु पर, मुर्मूर्ष वे गिरे वहीं पर,
रक्त नदी की बाढ़—फैलती थी उस भू पर।

निर्वेद

वह सारस्वत नगर पड़ा था क्षुब्ध, मलिन, कुछ मौन बना,
जिसके ऊपर विगत कर्म का विष-विषाद-आवरण तना।
उल्का धारी प्रहरी से ग्रह—तारा नभ में टहल रहे,
वसुधा पर यह होता क्या है अणु अणु क्यों हैं मचल रहे?

जीवन में जागरण सत्य है या सुषुप्ति ही सीमा है,
आती है रह-रह पुकार सी 'यह भव-रजनी भीमा है।'
निशिचारी भीषण विचार के पंख भर रहे सरटे,
सरस्वती थी चली जा रही खींच रही-सी सन्नाटे।

अभी घायलों की सिसका में जाग रही थी मर्म-व्यथा,
पुर-लक्ष्मी खगरव के मिस कुछ कह उठती थी करुण-कथा।
कुछ प्रकाश धूमिल-सा उसके दीपों से था निकल रहा,
पवन चल रहा था रुक-रुक कर खिन्न, भरा अवसाद रहा।

भयमय मौन निरीक्षक-सा या सजग सतत चुपचाप खड़ा,
अंधकार का नील आवरण दृश्य-जगत से रहा बड़ा।
मंडप के सोपान पड़े थे सूने, कोई अन्य नहीं,
स्वयं इड़ा उस पर बैठी थी अग्निशिखा सी धधक रही।

शून्य राज-चिह्नों से मंदिर बस समाधि-सा रहा खड़ा,
क्योंकि वहीं घायल शरीर वह मनु का तो था रहा पड़ा।
इड़ा ग्लानि से भरी हुई बस सोच रही बीती बातें,
घृणा और ममता में ऐसी बीत चुकीं कितनी रातें।

नारी का वह हृदय! हृदय में--सुधा-सिंधु लहरें लेता,
बाड़व-ज्वलन उसी में जलकर कंचन सा जल रंग देता।
मधु-पिंगल उस तरल-अग्नि में शीतलता संसृति रचती,
क्षमा और प्रतिशोध! आह रे दोनों की माया नचती।

"उसने स्नेह किया था मुझसे हाँ अनन्य वह रहा नहीं,
सहज लब्ध थी वह अनन्यता पड़ी रह सके जहाँ कहीं।
बाधाओं का अतिक्रमण कर जो अबाध हो दौड़ चले,
वही स्नेह अपराध हो उठा जो सब सीमा तोड़ चले।

"हाँ अपराध, किंतु वह कितना एक अकेले भीम बना,

जीवन के कोने से उठ कर इतना आज असीम बना!
और प्रचुर उपकार सभी वह सहृदयता की सब माया,
शून्य-शून्य था! केवल उसमें खेल रही थी छल छाया!

"कितना दुखी एक परदेशी बन, उस दिन जो आया था,
जिसके नीचे धारा नहीं थी शून्य चतुर्दिक छाया था।
वह शासन का सूत्रधार था नियमन का आधार बना,
अपने निर्मित नव विधान से स्वयं दंड साकार बना।

"सागर की लहरों से उठकर शैल-शृंग पर सहज चढ़ा,
अप्रतिहत गति, संस्थानों से रहता था जो सदा बढ़ा।
आज पड़ा है वह मुमूर्षु-सा वह अतीत सब सपना था,
उसके ही सब हुए पराये सबका ही जो अपना था।

"किन्तु वही मेरा अपराधी जिसका वह उपकारी था,
प्रकट उसी से दोष हुआ है जो सबको गुणकारी था।
अरे सर्ग-अंकुर के दोनों पल्लव हैं ये भले-बुरे,
एक दूसरे की सीमा हैं क्यों न युगल को प्यार करें?

"अपना हो या औरों का सुख बढ़ा कि बस दुःख बना वहीं,
कौन बिंदु है रुक जाने का यह जैसे कुछ ज्ञात नहीं।
प्राणी निज-भविष्य चिंता में वर्तमान का सुख छोड़े,
दौड़ चला है बिखराता-सा अपने ही पथ में रोड़े।

इसे दंड देने में बैठी या करती रखवाली मैं,
यह कैसी है विकट पहेली कितनी उलझन वाली मैं?
एक कल्पना है मीठी यह इससे कुछ सुंदर होगा,
हाँ कि, वास्तविकता से अच्छी सत्य इसी को वर देगा।"

चौंक उठी अपने विचार से कुछ दूरागत-ध्वनि सुनती,
इस निस्तब्ध-निशा में कोई चली आ रही है कहती-
"अरे बता दो मुझे दया कर कहाँ प्रवासी है मेरा?
उसी बावले से मिलने को डाल रही हूँ मैं फेरा।

रूठ गया था अपनेपन से अपना सकी न उसको मैं,
वह तो मेरा अपना ही था भला मनाती किसको मैं!
यही भूल अब शूल-सदृश हो साल रही उर में मेरे,
कैसे पाऊँगी उसको मैं कोई आकर कह दे रे!"

इड़ा उठी, दिख पड़ा राजपथ धुँधली सी छाया चलती,
वाणी में थी करुण - वेदना वह पुकार जैसे जलती।
शिथिल शरीर, वसन विश्रृंखल कबाड़ी-अधिक अधीर खुली।
छिन्नपत्र मकरद लुटी सी ज्यों मुरझायी हुई कली।

नव कोमल अवलंब साथ में वय किशोर उँगली पकड़े,
चला आ रहा मौन धैर्य-सा अपनी माता को जकड़े।

थके हुए थे दुखी बटोही वे दोनों ही माँ-बेटे,
खोज रहे थे भूले मनु को जो घायल हो कर लेटे।

इड़ा आज कुछ द्रवित हो रही दुखियों को देखा उसने,
पहुँची पास और फिर पूछा 'तुमको बिसराया किसने?
इस रजनी में कहाँ भटकती जाओगी तुम बोलो तो,
बैठो आज अधिक चंचल हूँ व्यथागाँठ निज खोलो तो।

जीवन की लंबी यात्रा में खोये भी हैं मिल जाते,
जीवन है तो कभी मिलन है कट जाती दुःख की रातें।"
श्रद्धा रुकी कुमार श्रांत था मिलता है विश्राम यहीं,
चली इड़ा के साथ जहाँ पर वह्नि शिखा प्रज्वलित रही।

सहसा धधकी वेदी ज्वाला मंडप आलोकित करती,
कामायनी देख पायी कुछ पहुँची उस तक डग भरती।
और वही मनु! घायल सचमुच तो क्या सच्चा स्वप्न रहा?
आह! प्राणप्रिय! यह क्या? तुम यों! घुला हृदय, बन नीर बहा।

इड़ा चकित, श्रद्धा आ बैठी वह थी मनु को सहलाती,
अनुलेपन-सा मधुर स्पर्श था व्यथा भला क्यों रह जाती?
उस मूर्च्छित नीरवता में कुछ हल्के-से स्पंदन आये,
आँखें खुलीं चार कोनों में चार बिंदु आकर छाये।

उधर कुमार देखता ऊँचे मंदिर, मंडप, बेदी को,
यह सब क्या है नया मनोहर कैसे ये लगते जी को?
माँ ने कहा--"अरे आ तू भी देख पिता हैं पड़े हुए",
"पिता! आ गया लो" यह कहते उसके रोयें खड़े हुए।

"मां जल के, कुछ प्पासे होंगे क्या बैठी कर रही यहाँ?"
मुखर हो गया सूना मंडप यह सजीवता रही कहां?
आत्मीयता घुली उस घर में छोटा-सा परिवार बना,
छाया एक मधुर स्वर उस पर श्रद्धा का संगीत बना।

"तुमुल कोलाहल कलह में
मैं हृदय की बात रे मन!

विकल होकर नित्य चंचल,
खोजती जब नींद के पल,
चेतना थक-सी रही तब,
मैं मलय की वात रे मन!

चिर-विषाद-विलीन मन की
इस व्यथा के तिमिर-वन की;
मैं इस उषा-सी ज्योति-रेखा
कुसुम-विकसित प्रात रे मन!

जहाँ मरु-ज्वाला धधकती,
यातकी कन को तरसती
उन्हीं जीवन-घाटियों की,
में सरस बरसात रे मन!

पवन की प्राचीर में रुक
जला जीवन जी रहा झुक,
इस झुलसते विश्वदिन की
मैं कुसुम-ऋतु-रात रे मन!

चिर निराशा नीरधर से,
प्रतिच्छायित अश्रु-सर में,
मधुप-मुखर, मरंद-मुकुलित,
मैं सजल जलजात रे मन!"

उस स्वर-लहरी के अक्षर सब संजीवन रस बने घुले,
उधर प्रभात हुआ प्राची में मनु के मुदित-नयन खुले।
श्रद्धा का अवलंब मिला फिर कृतज्ञता से हृदय भरे,
मनु उठ बैठे गद्गद होकर बोले अनुराग भरे।

"श्रद्धा! तू आ गयी भला तो—पर क्या मैं था यहीं पड़ा!"
वही भवन, वे स्तंभ, वेदिका! बिखरी चारों ओर घृणा।
आँख बंद कर लिया क्षोभ से "दूर दूर ले चल मुझको,
इस भयावने अंधकार में खो दें कहीं न फिर तुझको।

हाथ पकड़ ले, चल सकता हूँ-हाँ कि यही अवलंब मिले,
वह तू कौन? परे हट, श्रद्धे! आ कि हृदय का कुसुम खिले।"
श्रद्धा नीरव सिर सहलाती आंखों में विश्वास भरे,
मानो कहती तुम मेरे हो अब क्यों कोई वृथा डरे?"

जल पीकर कुछ स्वस्थ हुए से लगे बहुत धीरे कहने,
"ले चल इस छाया के बाहर मुझको दे न यहाँ रहने।
मुक्त नील नभ के नीचे या कहीं गुहा में रह लेंगे,
अरे झेलता ही आया हूँ--जो आवेगा सह लेंगे।"

"ठहरो कुछ तो बल आने दो लिवा चलूँगी तुरत तुम्हें,
इतने क्षण तक" श्रद्धा बोली-"रहने देंगी क्या न हमें?"
इड़ा संकुचित उधर खड़ी थी यह अधिकार न छीन सकी,
श्रद्धा अविचल, मनु अब बोले उनकी वाणी नहीं रुकी।

"जब जीवन में साध भरी थी उच्छृंखल अनुरोध भरा,
अभिलाषाएँ भरी हृदय में अपनेपन का बोध भरा।
मैं था, सुन्दर कुसुमों की यह सघन सुनहली छाया थी,
मलयानिल की लहर उठ रही उल्लासों की माया थी!

उषा अरुण प्याला भर लाती सुरभित छाया के नीचे

मेरा यौवन पीता सुख से अलसाई आँखें भींचे।
ले मकरंद नया चू पड़ती शरद-प्रात की शेफाली,
बिखराती सुख ही, संध्या की सुन्दर अलके घुँघराली।

सहसा अंधकार की आँधी उठी क्षितिज से वेग भरी,
हलचल से विक्षुब्ध विश्व--थी उद्वेलित मानस लहरी।
व्यथित हृदय उस नीले नभ में छायापथ-सा खुला तभी,
अपनी मंगलमयी मधुर-स्मिति कर दी तुमने देवि! जभी।

दिव्य तुम्हारी अमर अमिट छवि लगी खेलने रंग-रली,
नवल हेम-लेखा-सी मेरे हृदय-निकष पर खिंची भली।
अरुणाचल मन-मन्दिर की वह मुग्ध-माधुरी नव प्रतिमा,
लगी सिखाने स्नेह-मयी सी सुन्दरता की मृदु महिमा।

उस दिन तो हम जान सके थे सुन्दर किसको हैं कहते!
तब पहचान सके, किसके हित प्राणी यह दुख-सुख सहते।
जीवन कहता यौवन से--"कुछ देखा तूने मतवाले "
यौवन कहता--"साँस लिये चल कुछ अपना संबल पा ले!"

हृदय बन रहा था सीपी-सा तुम स्वाती की बूंद बनीं,
मानस-शतदल झूम उठा जब तुम उसमें मकरंद बनीं।
तुमने इस सूखे पतझड़ में भर दी हरियाली कितनी,
मैंने समझा मादकता है तृप्ति बन गयी वह इतनी!

विश्व, कि जिसमें दु ख की आँधी पीड़ा की लहर उठती,
जिसमें जीवन-मरण बना था बुदबुद की माया नचती।
वही शांत उज्ज्वल मंगल सा दिखता था विश्वास भरा,
वर्षा के कंदब कानन-सा सृष्टि-विभव हो उठा हरा।

भगवति! वह पावन मधु-धारा! देख अमृत भी ललचाये,
वही, रम्य सौंदर्य-शैल से जिसमें जीवन घुल जाये।
संध्या अब ले जाती मुझसे ताराओं की अकथ कथा,
नींद सहज ही ले लेती थी सारे श्रम की विकल व्यथा।

सकल कुतूहल और कल्पना उन चरणों से उलझ पड़ी,
कुसुम प्रसन्न हुए हँसते से जीवन की वह धन्य घड़ी।
स्मिति मघुराका थी, श्वासों से पारिजात कानन खिलता,
गति मरंद-मंथर मलयज-सी स्वर में वेणु कहाँ मिलता!

श्वास-पवन पर चढ़ कर मेरे दरागतशी वंशी-रव-सी,
गूँज उठीं तुम, विश्व-कुहर में दिव्य-रागिनी-अभिनव-सी!
जीवन-जलनिधि के तल से जो मुक्ता थे वे निकल पड़े,
जग-मंगल-संगीत तुम्हारा गाते मेरे रोम खड़े।

आशा की आलोक-किरन से कुछ मानस से ले मेरे,
लघु जलधर का सृजन हुआ था जिसको शशिलेखा घेरे--

उस पर बिजली की माला-सी झूम पड़ी तुम प्रभा भरी,
और जलद वह रिमझिम बरसा मन-वनस्थली हुई हरी!

तुमने हँस-हँस मुझे सिखाया विश्व खेल है खेल चलो,
तुमने मिलकर मुझे बताया सबसे करते मेल चलो।
यह भी अपनी बिजली के से विभ्रम से संकेत किया,
अपना मन है, जिसको चाहा तब इसको दे दान दिया।

तुम अजस्र वर्षा-सुहाग की और स्नेह की मधु-रजनी,
चिर अतृप्ति जीवन यदि था तो तुम उसमें संतोष बनी।
कितना है उपकार तुम्हारा आश्रित मेरा प्रणय हुआ,
कितना आभारी हूँ, इतना संवेदनमय हृदय हुआ।

किंतु अधम मैं समझ न पाया उस मंगल की माया को,
और आज भी पकड़ रहा हूँ हर्ष शोक की छाया को।
मेरा सब कुछ क्रोध मोह के उपादान से गठित हुआ,
ऐसा ही अनुभव होता है किरनों ने अब तक न छुआ।

शापित-सा मैं जीवन का यह ले कंकाल भटकता हूँ,
उसी खोखलेपन में जैसे कुछ खोजता अटकता हूँ।
अंध-तमस् है, किंतु प्रकृति का आकर्षण है खींच रहा,
सब पर, हाँ अपने पर भी मैं झुँझलाता हूँ खीज रहा।

नहीं पा सका हूँ मैं जैसे जो तुम देना चाह रही,
क्षुद्र पात्र! तुम उसमें कितनी मधु-धारा हो ढाल रही।
सब बाहर होता जाता है स्वगत उसे मैं कर न सका,
बुद्धि-तर्क के छिद्र हुए थे हृदय हमारा भर न सका।

यह कुमार--"मेरे जीवन का उच्च-अंश, कल्याण-कला!
कितना बड़ा प्रलोभन मेरा हृदय स्नेह बन जहाँ ढला।
सुखी रहें, सब सुखी रहें बस छोड़ो मुझ अपराधी को,"
श्रद्धा देख रही चुप मनु के भीतर उठती आँधी को।

दिन बीता रजनी भी आयी तंद्रा निद्रा संग लिये,
इड़ा कुमार समीप पड़ी थी मन की दबी उमंग लिये।
श्रद्धा भी कुछ खिन्न थकी-सी हाथों को उपधान किये,
पड़ी सोचती मन ही मन कुछ, मनु चुप सब अभिशाप पिये।

सोच रहे थे, "जीवन सुख है? ना, यह विकट पहेली है,
भाग अरे मनु! इंद्रजाल से कितनी व्यथा न झेली है?
यह प्रभात की स्वर्ण किरन-सी झिलमिल चंचल-सी छाया,
श्रद्धा को दिखलाऊँ कैसे यह मुख या कलुषित काया?

और शत्रु सब, ये कृतघ्न फिर इनका क्या विश्वास करूँ,
प्रतिहिंसा प्रतिशोध दबा कर मन ही मन चुपचाप मरूँ।
श्रद्धा के रहते यह संभव नहीं कि कुछ कर पाऊँगा,

तो फिर शांति मिलेगी मुझको जहाँ, खोजता जाऊँगा।'

जगे सभी जब नव प्रभात में देखे तो मनु वहाँ नहीं,
'पिता कहाँ' कह खोज रहा सा यह कुमार अब शांत नहीं।
इड़ा आज अपने को सबसे अपराधी है समझ रही,
कामायनी मौन बैठी-सी अपने में ही उलझ रही।

दर्शन

वह चंद्रहीन थी एक रात,
जिसमें सोया था स्वच्छ प्रात,

उजले - उजले तारक झलमल
प्रतिबिंबित सरिता वक्षस्थल;
धारा बह जाती बिंब अटल;
खुलता था धीरे पवन-पटल,

चुपचाप खड़ी थी वृक्ष पाँत,
सुनती जैसे कुछ निजी बात।

धूमिल छायाएँ रहीं घूम,
लहरी पैरों को रही चूम।

"माँ! तू चल आयी दूर इधर,
संध्या कब की चल गयी उधर।
इस निर्जन में अब क्या सुंदर--
तू देख रही, हाँ बस चल घर

उसमें से उठता गंध-धूम"
श्रद्धा ने वह मुख लिया चूम।

"माँ! क्यों तू है इतनी उदास,
क्या मैं हूँ तेरे नहीं पास,

तु कई दिनों से यों चुप रह;
क्या सोच रही है? कुछ तो कह;
यह कैसा तेरा दुःख-दुसह,
जो बाहर-भीतर देता दह,

लेती ढीली-सी भरी सांस,
जैसे होती जाती हताश।"

वह बोली--"नील गगन अपार,
जिसमें अवनत घन सजल भार,

आते जाते, सुख, दिशि, पल,
शिशु-सा आता कर खेल अनिल,
फिर झलमल सुंदर तारक दल,

नभ रजनी के जुगनू अविरल,

यह विश्व अरे कितना उदार!
मेरा गृह रे उन्मुक्त-द्वार।

यह लोचन-गोचर-सकल-लोक,
संसृति के कल्पित हर्ष शोक,

भावोदधि से किरनों के मग,
स्वाती कन से बन भरते जग,
उत्थान-पतनमय सतत सजग,
झरने झरते आलिंगित नग,

उलझन की मीठी रोक टोक,
यह सब उसकी है नोक-झोंक।

जग, जगता आँखें किये लाल,
सोता ओढ़े तम-नींद-जाल,

सुरधनु-सा अपना रंग बदल,
मृति, संसृति, नति, उन्नति में ढल,
अपनी सुषमा में यह झलमल,
इस पर लिखता झरता उडुदल,

अवकाश-सरोवर का मराल।
कितना सुंदर कितना विशाल;

इसके स्तर-स्तर में मौन शांति,
शीतल अगाध है, ताप-भ्रांति,

परिवर्त्तनमय यह चिर-मंगल,
मुसक्याते इसमें भाव सकल,
हँसता है इसमें कोलाहल,
उल्लास भरा सा अंतस्तल,

मेरा निवास अति-मधुर-कांति।
यह एक नीड़ है सुखद शांति।"

"अंबे फिर क्यों इतना विराग,
मुझ पर न हुई क्यों सानुराग?"

पीछे मुड़ श्रद्धा ने देखा,
वह इड़ा मलिन छबि की रेखा,
ज्यों राहुग्रस्त-सी शशि-लेखा,
जिस पर विषाद की विष-रेखा,

कुछ ग्रहण कर रहा दीन त्याग,
सोया जिसका है भाग्य, जाग।

बोली--"तुमसे कैसी विरक्ति,
तुम जीवन की अंधानुरक्ति,

  मुझसे बिछड़े को अवलंबन।
  देकर, तुमने रक्खा जीवन,
  तुम आशामयि! चिर आकर्षण,
  तुम मादकता की अव्यगत घन,

मनु के मस्तक की चिर-अतृप्ति,
तुम उत्तेजित चंचला-शक्ति!

मैं क्या दे सकती तुम्हें मोल,
यह हृदय! अरे दो मधुर बोल,

  मैं हँसती हूँ रो लेती हूँ
  मैं पाती हूँ खो देती हूँ
  इससे ले उसको देती हूँ
  मैं दुःख को सुख कर लेती हूँ

अनुराग भरी हूँ मधुर घोल,
चिर-विस्मृति-सी हूँ रही डोल।

यह प्रभापूर्ण तब मुख निहार,
मनु हत-वेतन से एक बार,

  नारी माया-ममता का बल,
  वह शक्तिमयी छाया शीतल,
  फिर कौन क्षमा कर दे निश्छल,
  जिससे यह धन्य बने भूतल,

तुम क्षमा करोगी' यह विचार,
मैं छोड़ूँ कैसे साधिकार?"

"अब मैं रह सकती नहीं मौन,
अपराधी किंतु यहाँ न कौन?

  सुख-दुःख जीवन में सब सहते,
  पर केवल सुख अपना कहते
  अधिकार न सीमा में रहते,
  पावस - निर्भर - से वे बहते,

रोके फिर उनको भला कौन?
सबको वे कहते—शत्रु हो न!'

अग्रसर हो रही यहाँ फूट,
सीमाएँ कृत्रिम रहीं टूट,

  श्रम-भाग वर्ग, बन गया जिन्हें,
  अपने बल का है गर्व उन्हें,
  नियमों की करनी सृष्टि जिन्हें।

विप्लव की करनी वृष्टि उन्हें,

सब पिये मत्त लालसा घूँट;
मेरा साहस अब गया छूट।

मैं जनपद-कल्याणी प्रसिद्ध,
अब अवनति कारण हूँ निषिद्ध,

मेरे सुविभाजन हुए विषम,
टूटते, नित्य बन रहे नियम,
नाना केंद्रों में जलधर-सम,
घिर हट, बरसे ये उपलोपम।

यह ज्वाला इतनी है समिद्ध,
आहुति बस चाह रही समृद्ध।

तो क्या मैं भ्रम में थी नितांत,
संहार-बध्य, असहाय दांत,

प्राणी विनाश-मुख में अविरल,
चुपचाप चलें होकर निर्बल!
संघर्ष कर्म का मिथ्या बल,
ये शक्ति-चिह्न, ये यज्ञ विफल,

भय की उपासना! प्रणति भ्रांत!
अनुशासन की छाया अशांत!

तिस पर मैंने छीना सुहाग,
हे देवि! तुम्हारा दिव्य-राग,

मैं आज अकिंचन पाती हूँ,
अपने को नहीं सुहाती हूँ,
मैं जो कुछ भी स्वर गाती हूँ,
वह स्वयं नहीं सुन पाती हूँ।

दो क्षमा, न दो अपना विराग,
सोयी चेतनता उठे जाग।"

"है रुद्र-रोष अब तक अशांत ",
श्रद्धा बोली, "बन विषम ध्वांत!

सिर चढ़ी रही! पाया न हृदय
तू विकल कर रही है अभिनय,
अपनापन चेतन का सुखमय,
खो गया, नहीं आलोक उदय,

सब अपने पथ पर चलें श्रांत,
प्रत्येक विभाजन बना भ्रांत।"

जीवन धारा सुन्दर प्रवाह,
सत्, सतत, प्रकाश सुखद अथाह,

ओ तर्कमयी! तू गिने लहर,
प्रतिबिंबित तारा पकड़, ठहर,
तू रुक-रुक देखे आठ पहर,
वह जड़ता की स्थिति, भूल न कर,

सुख-दुख का मधुमय धूप-छाँह,
तूने छोड़ी यह सरल राह।

चेतनता का भौतिक विभाग--
कर, जग को बाँट दिया विराग,

चिति का स्वरूप यह नित्य-जगत,
वह रूप बदलता है शत-शत,
कण विरह-मिलन-मय नृत्य-निरत
उल्लासपूर्ण आनंद सतत

तल्लीन--पूर्ण है एक राग,
झंकृत है केवल 'जाग जाग!'

मैं लोक-अग्नि में तप नितांत,
आहुति प्रसन्न देती प्रशांत,

तू क्षमा न कर कुछ चाह रही,
जलती छाती की दाह रही,
तो ले ले जो निधि पास रही,
मुझको बस अपनी राह रही,

रह सौम्य! यहीं, हो सुखद प्रांत,
विनिमय कर दे कर कर्म कांत।

तुम दोनों देखो राष्ट्र-नीति,
शासक बन फैलाओ न भीति,

मैं अपने मनु को खोज चली,
सरिता, मरु, नग या कुंज-गली,
वह भोला इतना नहीं छली!
मिल जायेगा, हूँ प्रेम-पली,

तब देख कैसी चली रीति,
मानव! तेरी हो सुयश गीति।"

बोला बालक, "ममता न तोड़,
जननी! मुझसे मुँह यों न मोड़,

तेरी आज्ञा का कर पालन,
वह स्नेह सदा करता लालन--
मैं मरूँ जिऊँ पर छुटे न प्रण,

वरदान बने मेरा जीवन!

जो मुझको तू यों चली छोड़,
तो मुझे मिले फिर यही क्रोड़!"

"हे सौम्य! इड़ा का शुचि दुलार,
हर लेगा तेरा व्यथा-भार,

यह तर्कमयी तू श्रद्धामय,
तू मननशील कर कर्म अभय,
इसका तू सब संताप निश्चय,
हर ले, हो मानव भाग्य उदय,

सब की समरसता का प्रचार,
मेरे सुत! सुन माँ की पुकार।"

"अति मधुर वचन विश्वास मूल,
मुझको न कभी ये जायें भूल;

हे देवि! तुम्हारा स्नेह प्रबल,
बन दिव्य श्रेय-उद्भम अविरल,
आकर्षण धन-सा वितरे जल,
निर्वासित हों संताप सकल!"

कह इड़ा प्रणत ले चरण धूल,
पकड़ा कुमार-कर मृदुल फूल।

वे तीनों ही क्षण एक मौन--
विस्मृत से थे, हम कहाँ कौन!

विच्छेद बाह्य, था आलिंगन--
वह हृदयों का अति मधुर मिलन,
मिलते आहत होकर जलकन,
लहरों का यह परिणत जीवन,

दो लौट चले पुर ओर मौन,
जब दूर हुए तब रहे दो न!

निस्तब्ध गगन था, दिशा शांत,
वह था असीम का चित्र कांत।

कुछ शून्य बिंदु उर के ऊपर,
व्यथिता रजनी के श्रमसीकर,
झलके कब से पर पड़े न झर,
गंभीर मलिन छाया भू पर,

सरिता तट तरु का क्षितिज प्रांत,
केवल बिखेरता दीन ध्वांत।

शत-शत तारा मंडित अनंत,
कुसुमों का स्तबक खिला वसंत,

हँसता ऊपर का विश्व मधुर,
हलके प्रकाश से पूरित उर,
बहती माया सरिता ऊपर,
उठती किरणों की लोल लहर,

निचले स्तर पर छाया दुरंत,
आती चुपके, जाती तुरन्त।

सरिता का वह एकांत कूल,
था पवन हिंडोले रहा झूल,

धीरे-धीरे लहरों का दल,
तट से टकरा होता ओझल,
छप छप का होता शब्द विरल,
थर थर कैंप रहती दीप्ति तरल;

संसृति अपने में रही भूल,
वह गंध-विधुर अम्लान फूल।

तब सरस्वती-सा फेंक साँस,
श्रद्धा ने देखा आसपास,

थे चमक रहे दो खुले नयन,
ज्यों शिलालग्न अनगढ़े रतन,
वह क्या तम में करता सनसन?
धारा का ही क्या हय निस्वन!

ना, गुहा लतावृत एक पास,
कोई जीवित ले रहा साँस!

वह निर्जन तट था एक चित्र,
कितना सुन्दर, कितना पवित्र?

कुछ उन्नत थे वे शैलशिखर,
फिर भी ऊँचा श्रद्धा का सिर,
वह लोक-अग्नि में तप गल कर,
थी ढली स्वर्ण-प्रतिमा बन कर,

मनु ने देखा कितना विचित्र!
वह मातृ-मूर्त्ति थी विश्व-मित्र।

बोले, "रमणी तुम नहीं आह!
जिसके मन में हो भरी चाह,

तुमने अपना सब कुछ खोकर,
वंचिते! जिसे पाया रोकर,
मैं भगा प्राण जिनसे लेकर,

उसको भी उन सबको देकर,
निर्दय मन क्या न उठा करह?
अद्भुत है तब मन का प्रवाह!

ये श्वापद से हिंसक अधीर,
कोमल शावक वह बाल वीर,

सुनता था वह वाणी शीतल,
कितना दुलार कितना निर्मल!
कैसा कठोर है तब हृत्तल!
वह इड़ा कर गयी फिर भी छल,

तुम बनी रही हो अभी धीर,
छुट गया हाथ से आह तीर।"

प्रिय! अब तक हो इतने सशंक,
देकर कुछ कोई नहीं रंक,

यह विनिमय है या परिवर्त्तन,
बन रहा तुम्हारा ऋण अब धन,
अपराध तुम्हारा वह बंधन--
लो बना मुक्ति, अब छोड़ स्वजन--

निर्वासित तुम, क्यों लगे डंक?
दो लो प्रसन्न, यह स्पष्ट अंक।"

"तुम देवि! आह कितनी उदार,
यह मातृ-मूर्त्ति है निर्विकार,

हे सर्वमंगले! तुम महती,
सबका दुःख अपने पर सहती,
कल्याणमयी वाणी कहती,
तुम क्षमा निलय में हो रहती,

मैं भूला हूँ तुमको निहार--
नारी-सा ही, वह लघु विचार।

मैं इस निर्जन तट में अधीर,
सह भूख व्यथा तीखा समीर,

हाँ भावचक्र में पिस पिस कर,
चलता ही आया हूँ बढ़ कर,
इनके विकार सा ही बन कर,
मैं शून्य बना सत्ता खोकर,

लघुता मत देखो वक्ष चीर,
जिसमें अनुशय बन घुसा तीर।"

"प्रियतम! यह नत निस्तब्ध रात,
है स्मरण कराती विगत बात,

वह प्रलय शांति वह कोलाहल,
जब अर्पित कर जीवन संबल,
मैं हुई तुम्हारी थी निश्छल,
क्या भूलूँ मैं, इतनी दुर्बल?

तब चलो जहाँ पर शांति प्रात,
मैं नित्य तुम्हारी, सत्य बात।

इस देव-द्वंद्व का वह प्रतीक--
मानव! कर ले सब भूल ठीक,

यह विष जो फैला महा-विषम,
निज कर्मोन्नति से करते सम,
सब मुक्त बनें, काटेंगे भ्रम,
उनका रहस्य हो शुभ-संयम,

गिर जायेगा जो है अलीक,
चल कर मिटती है पड़ी लीक। "

वह शून्य असत या अंधकार,
अवकाश पटल का वार पार,

बाहर - भीतर उन्मुक्त सघन,
था अचल महा नीला अंजन,
भूमिका बनी वह स्निग्ध मलिन,
थे निनिमेष मनु के लोचन,

इतना अनंत था शून्य-सार,
दीखता न जिसके परे पार।

सत्ता का स्पंदन चला डोल,
आवरण पटल की ग्रंथि खोल,

तम जलनिधि का बन मधुमथन,
ज्योत्स्ना सरिता का आलिंगन,
वह रजत गौर, उज्ज्वल जीवन,
आलोक पुरुष! मंगल चेतन!

केवल प्रकाश का था कलोल,
मधु किरणों की थी लहर लोल।

बन गया तमस था अलक जाल,
सर्वांग ज्योतिमय था विशाल,

अंतनिनाद ध्वनि से पूरित,
थी शून्य-भेदिनी--सत्ता चित्,
नटराज स्वयं थे नृत्य-निरत,

था अंतरिक्ष प्रहसित मुखरित,
स्वर लय होकर दे रहे ताल,
थे लुप्त हो रहे दिशाकाल।

लीला का स्पंदित आह्लाद,
वह प्रजा-पुंज चितिमय प्रसाद,

आनंद पूर्ण तांडव सुन्दर,
करते थे उज्ज्वल श्रम सीकर,
बनते तारा, हिमकर, दिनकर,
उड़ रहे धूलिकण-से भूधर,

संहार सृजन से युगल पाद--
गतिशील, अनाहत हुआ नाद।

बिखरे असंख्य ब्रह्मांड गोल,
युग त्याग ग्रहण कर रहे तोल,

विद्युत् कटाक्ष चल गया जिधर,
कंपित संसृति बन रही उधर.
चेतन परमाणु अनंत बिखर,
बनते विलीन होते क्षण भर!

यह विश्व झूलता महा दोल,
परिवर्त्तन का पट रहा खोल।

उस शक्ति-शरीरी का प्रकाश,
सब शाप पाप का कर विनाश--

नर्त्तन में निरत, प्रकृति गल कर
उस कांति सिंधु में घुल-मिलकर,
अपना स्वरूप धरती सुन्दर,
कमनीय बना था भीषणतर

हीरक-गिरि पर विद्युत्-विलास,
उल्लसित महा हिम धवल हास।

देखा मनु ने नर्त्तित नटेश,
हत चेत पुकार उठे विशेष--

यह क्या! श्रद्घे! बस तू ले चल,
उन चरणों तक, दे निज संबल,
सब पाप-पुण्य जिसमें जलजल,
पावन बन जाते हैं निर्मल,

मिटते असत्य-से ज्ञान-लेश,
समरस, अखंड, आनंद-वेश"!

रहस्य

ऊर्ध्व देश उस नील तमस में स्तब्ध हो रही अचल हिमानी,
पथ थक कर हैं लीन, चतुर्दिक देख रहा वह गिरि अभिमानी।
दोनों पथिक चले हैं कब से ऊँचे-ऊँचे चढ़ते-चढ़ते,
श्रद्धा आगे मनु पीछे थे, साहस उत्साही से बढ़ते।

पवन वेग प्रतिकूल उधर था कहता, 'फिर जा अरे बटोही!'
किधर चला तू मुझे भेद कर! प्राणों के प्रति क्यों निर्मोही?
छूने को अंबर मचली-सी बढ़ी जा रही सतत ऊँचाई!
विक्षत उसके अंग, प्रकट थे भीषण खड्डु भयकरी खांई।

रविकर हिम खंडों पर पड़ कर हिमकर कितने नये बनाता,
द्रुततर चक्कर काट पवन भी फिर से वहीं लौट आ जाता।
नीचे जलधर दौड़ रहे थे सुन्दर सुर-धनु माला पहने,
कुंजर-कलभ सदृश इठलाते चमकाते चपला के गहने।

प्रवहमान थे निम्न देश में शीतल शत-शत निर्भर ऐसे,
महाश्वेत गजराज गंड से बिखरी मधु धाराएँ जैसे।
हरियाली जिनकी उभरी, वे समतल चित्रपटी से लगते,
प्रतिकृतियों के बाह्य रेख-से स्थिर, नद जो प्रति पल थे भगते।

लघुतम वे सब जो वसुधा पर ऊपर महाशून्य का घेरा,
ऊँचे चढ़ने की रजनी का यहाँ हुआ जा रहा सबेरा।
"कहाँ ले चली हो अब मुझको श्रद्घे! मैं थक चला अधिक हूँ,
साहस छूट गया है मेरा निस्संबल भग्नाश पथिक हूँ।

लौट चलो, इस वात-चक्र से मैं दुर्बल अब लड़ न सकूँगा,
श्वास रुद्ध करने वाले इस शीत पवन से अड़ न सकेगा।
मेरे, हाँ वे सब मेरे थे जिन से रूठ चला आया हूँ,
वे नीचे छूटे सुदूर, पर भूल नहीं उनको पाया हूँ।"

वह विश्वास भरी स्मिति निश्छल श्रद्धा-मुख पर झलक उठी थी,
सेवा कर-पल्लव में उसके कुछ करने की ललक उठी थी।
दे अवलंब, विकल साथी को कामायनी मधुर स्वर बोली--
"हम बढ़ कर दूर निकल आये अब करने का अवसर न ठिठोली।

दिशा-विकंपित, पल असीम है यह अनंत-सा कुछ ऊपर है,

अनुभव करते हो, बोलो क्या पदतल में, सचमुच भूधर है?
निराधार है किंतु ठहरना हम दोनों को आज यहीं है;
नियति खेल देखूँ न, सुनो अब इसका अन्य उपाय नहीं है।

झाँई लगती जो, वइ तुमको ऊपर उठने को है कहती,
इस प्रतिकूल पवन धक्के को झोंक दूसरी ही आ सहती।
श्रांत पक्ष, कर नेत्र बन्द बस विहग-युगल से आज हम रहें,
शून्य पवन बन पंख हमारे हमको दें आधार, जम रहें।

घबराओ मत! यह समतल है देखो तो, हम कहाँ आ गये!"
मनु ने देखा आँख खोल कर जैसे कुछ-कुछ त्राण पा गये।
ऊष्मा का अभिनव अनुभव था ग्रह, तारा, नक्षत्र अस्त थे,
दिवा-रात्रि के संधि-काल में ये सब कोई नहीं व्यस्त थे।

ऋतुओं के स्तर हुए तिरोहित भू-मंडल-रेखा विलीन-सी,
निराधार उस महादेश में उदित सचेतनता नवीन-सी।
त्रिदिक विश्व, आलोक बिन्द भी तीन दिखाई पड़े अलग वे,
त्रिभुवन के प्रतिनिधि थे मानो वे अनमिल थे किन्तु सजग थे।

मनु ने पूछा-- "कौन नये ग्रह ये हैं, श्रद्धे! मुझे बताओ?
मैं किस लोक बीच पहुँचा, इस इंद्रजाल से मुझे बचाओ।"

"इस त्रिकोण के मध्य बिंदु तुम शक्ति विपुल क्षमतावाले ये,
एक एक को स्थिर हो देखो इच्छा, ज्ञान, क्रिया वाले ये।
वह देखो रागारुण है जो ऊषा के कंदुक-सा सुंदर,
छायामय कमनीय कलेवर भाव-मयी प्रतिमा का मंदिर।

शब्द, स्पर्श, रस, रूप, गंध की पारदर्शिनी सुघड़ पुतलियाँ,
चारों ओर नृत्य करतीं ज्यों रूपवती रंगीन तितलियाँ!
इस कुसुमाकर के कानन के अरुण पराग पटल छाया में,
इठलातीं सोतीं जगतीं ये अपनी भाव-भरी माया में।

वह संगीतात्मक ध्वनि इनकी कोमल अंगड़ाई है लेती,
मादकता की लहर उठा कर अपना अंबर तर कर देती।
आलि-गन-सी मधुर प्रेरणा छू लेती, फिर सिहरन बनती,
नव-अलंबुषा की व्रीडा-सी खुल जाती है, फिर जा मुंदती।

यह जीवन की मध्य भूमि है रस-धारा से सिंचित होती,
मधुर लालसा की लहरों से यह प्रवाहिका स्पंदित होती।
जिसके तट पर विदृत-कण से मनोहारिणी आकृति वाले,
छायामय सुषमा में विह्वल विचर रहे सुंदर मतवाले।

सुमन-संकुलित भूमि-रंध्र-से मधुर गंध उठती रस-भीनी,
वाष्प अदृश्य फुहारे इसमें छूट रहे, रस-बूंदें झीनी।
घूम रही है यहाँ चतुर्दिक् चलचित्रों-सी संसृति छाया,
जिस आलोक-बिन्द को घेरे वह बैठी मुसक्याती माया।

भाव-चक्र यह चला रही है इच्छा की रथ-नाभि घूमती,
नवरस-भरी अराएँ अविरल चक्रवाल को चकित चूमतीं।
यहाँ मनोमय विश्व कर रहा रागारुण चेतन उपासना,
माया-राज्य! यही परिपाटी पाश बिछा कर जीव फाँसना।

ये अशरीरी रूप, सुमन से केवल वर्ण गंध में फूले,
इन अप्सरियों की तानों के मचल रहे हैं सुंदर झूले।
भाव-भूमिका इसी लोक की जननी है सब पुण्य-पाप की,
ढलते सब, स्वभाव प्रतिकृति बन गल ज्वाला से मधुर ताप की।

नियममयी उलझन लतिका का भाव विटप से आकर मिलना,
जीवन-वन की बनी समस्या आशा नभकुसुमों का खिलना।
चिर-वसंत का यह उद्भ्रम है पतझर होता एक ओर है,
अमृत हलाहल यहाँ मिले हैं सुख दुख बेधते, एक डोर है।"

"सुंदर यह तुमने दिखलाया किंतु कौन वह श्याम देश है?
कामायनी! बताओ उसमें क्या रहस्य रहता विशेष है?"

"मनु 'यह श्यामल कर्म लोक है धुँधला कुछ-कुछ अंधकार-सा,
सघन हो रहा अविज्ञात यह देश मलिन है धूम-सार-सा।
कर्म-चक्र-सा घूम रहा है यह गोलक, बन नियति-प्रेरणा।
सब के पीछे लगी हुई है कोई व्याकुल नयी एषणा।

श्रममय कोलाहल, पीड़नमय विकल प्रवर्त्तन महायत्र का
क्षण भर भी विश्राम नहीं है प्राण दास हैं किया-तंत्र का
भाव-राज्य के सकल मानसिक सुख यों दुःख में बदल रहे हैं।
हिंसा गर्वोन्नत हारों में ये अकड़े अणु टहल रहे हैं।

ये भौतिक सदेह कुछ करके जीवित रहना यहाँ चाहते,
भाव-राष्ट्र के नियम यहां पर दंड बने हैं, सब कराहते।
करते हैं, संतोष नहीं है जैसे कशाघात-प्रेरित से--
प्रति क्षण करते ही जाते हैं भीति-विवश ये सब कंपित से।

नियति चलाती कर्म-चक्र यह तृष्णा-जनित ममत्व-वासना,
पाणि-पादमय पंचभूत की यहाँ हो रही है उपासना।
यहाँ सतत संघर्ष विफलता कोलाहल का यहाँ राज है।
अंधकार में दौड़ लग रही मतवाला यह सब समाज है।

स्थूल हो रहे रूप बना कर कर्मों की भीषण परिणति है।
आकांक्षा की तीव्र पिपासा! ममता की यह निर्मम गति है।
यहाँ शासनादेश घोषणा विजयों की हुंकार सुनाती,
यहाँ भूख से विकल दलित को पदतल में फिर फिर गिरवाती।

यहाँ लिये दायित्व कर्म का उन्नति करने के मतवाले,
जल-जला कर फूट पड़ रहे ढुल कर बहने वाले छाले।
यहां राशिकृत विपुल विभव सब मरीचिका-से दीख पड़ रहे,

भाग्यवान बन क्षणिक भोग के वे विलीन, ये पुनः गड़ रहे।

बड़ी लालसा यहाँ सुयश की अपराधों की स्वीकृति बनती,
अंध प्रेरणा से परिचालित कर्त्ता में करते निज गिनती।
प्राण तत्व की सघन साधना जल-हिम उपल यहां है बनता,
प्यासे घायल हो जल जाते मर-मर कर जीते ही बनता।

यहाँ नील-लोहित ज्वाला कुछ जला-गला कर नित्य ढ़ालती,
चोट सहन कर रुकने वाली धातु, न जिसको मृत्यु सालती।
वर्षा के घन नाद कर रहे तट-कूलों को सहज गिराती,
प्लावित करती वन कुंजों को लक्ष्य प्राप्ति सरिता बह जाती।"

बस! अब और न इसे दिखा तू यह अति भीषण कर्म जगत है।
श्रद्धे! वह उज्ज्वल कैसा है जैसे पुंजीभूत रजत है। "

"प्रियतम! यह तो ज्ञानक्षेत्र है सुख-दुख से है उदासीनता,
यहाँ न्याय निर्मम, चलता है बुद्धि-चक्र, जिसमें न दीनता।
अस्ति-नास्ति का भेद, निरंकुश करते ये अणु तर्क-युक्त से,
वे निस्संग, किन्तु कर लेते कुछ संबंध-विधान मुक्ति से।

यहाँ प्राप्य मिलता है केवल तृप्ति नहीं, कर भेद बांटती,
बुद्धि, विभूति सकल सिकता-सी प्यास लगी है ओस चाटती।
न्याय, तप, ऐश्वर्ष में पथे ये भावी चमकीले लगते,
इस निदाघ मरु में, सूखे से स्रोतों के तट जैसे जगते।

मनोभाव से काय-कर्म के समतोलन में दत्तचित्त से,
ये निस्पृह न्यायासन वाले चूक न सकते तनिक वित्त से!
अपना परिमित पात्र लिये ये बूंद-बूंद वाले निर्मर से,
मांग रहे हैं जीवन का रस बैठ यहाँ पर अजर-अमर-से।

यहाँ विभाजन धर्म-तुला का अधिकारों की व्याख्या करता,
यह निरीह, पर कुछ पाकर ही अपनी ढीली साँसें भरता।
उत्तमता इनका निजस्व है अंबुज वाले सर-सा देखो,
जीवन-मधु एकत्र कर रही उन ममाखियों-सा बस लेखो।

यहाँ शरद की धवल ज्योत्स्ना अंधकार को भेद निखरती,
यह अनवस्था, युगल मिले से विकल व्यवस्था सदा बिखरती।
देखो वे सब सौम्य बने हैं किन्तु सशंकित हैं दोषों से,
वे संकेत दंभ के चलते भ्र-चालन मिस परितोषों से।

यहाँ अछूत रहा जीवन रस छूओ मत, संचित होने दो,
बस इतना ही भाग तुम्हारा तृषा! मृषा, वंचित होने दो।
सामंजस्य चले करने ये किन्तु विषमता फैलाते हैं,
मूल-स्वत्व कुछ और बताते इच्छाओं को झुठलाते हैं।

स्वर्ण व्यस्त पर शांत बने-से शास्त्र शस्त्र-रक्षा में पलते,

ये विज्ञान भरे अनुशासन क्षण-क्षण परिवर्त्तन में ढलते,
यही त्रिपुर है देखा तुमने तीन बिन्द ज्योतिर्मय इतने,
अपने केंद्र बने दुःख-सुख में भिन्न हुए हैं ये सब कितने!
ज्ञान दूर, क्रिया भिन्न है इच्छा क्यों पूरी हो मन की,
एक दूसरे से न मिल सके यह विडंबना है जीवन की।"

महाज्योति-रेखा-सी बनकर श्रद्धा की स्मिति दौड़ी उनमें,
वे संबद्ध हुए फिर सहसा जाग उठी थी ज्वाला जिनमें।
नीचे ऊपर लचकीली वह विषम वायु में धधक रही सी,
महाशून्य में ज्वाल सुनहरी सबको कहती 'नहीं नहीं' सी।
शक्ति-तरंग प्रलय-पाचक का उस त्रिकोण में निखर-उठा सा,
श्रृंग और डमरू निनाद बस सकल-विश्व में बिखर उठा-सा।
चितिमय चिता धधकती अविरल महाकाल का विषय नृत्य था,
विश्व रंध्र ज्वाला से भरकर करता अपना विषम कृत्य था।

स्वप्न, स्वाप, जागरण भस्म हो इच्छा क्रिया ज्ञान मिल लय थे,
दिव्य अनाहत पर-निनाद में श्रद्धायुत मनु बस तन्मय थे।

आनंद

चलता था धीरे-धीरे वह एक यात्रियों का दल,
सरिता के रम्य पुलिन में गिरिपथ से, ले निज संबल।
था सोम लता से आवृत वृष धवल, धर्म का प्रतिनिधि,
घंटा बजता तालों में उसकी थी मंथर गति-विधि।
वृष-रज्जु वाम कर में था दक्षिण त्रिशूल से शोभित,
मानव था साथ उसी के मुख पर तेज अपरिमित।
केहरि-किशोर से अभिनव अवयव प्रस्फुटित हुए थे,
यौवन गंभीर हुआ था जिसमें कुछ भाव नये थे,
चल रही इड़ा भी वृष के दूसरे पार्श्व में नीरव।
गैरिक-वसना संध्या - सी जिसके चुप थे सब कलरव।

उल्लास रहा युवकों का शिशु गण का था मृदु कलकल,
महिला-मंगल-गानों से मुखरित था वह यात्री दल।
चमरों पर बोझ लदे थे वे चलते थे मिल अविरल,
कुछ शिशु भी बैठ उन्हीं पर अपने ही बने कुतुहल।
माताएँ पकड़े उनको बातें थीं करती जातीं,
'हम कहाँ चल रहे' यह सब उनको विधिवत समझातीं।
कह रहा एक था, "तू तो कब से ही सुना रही है--
अब आ पहुँची लो देखो आगे वह भूमि यही है।
पर बढ़ती ही चलती है रुकने का नाम नहीं है,
वह तीर्थ कहाँ है कह तो जिसके हित दौड़ रही है?"

"वह अगला समतल जिस पर है देवदारु का कानन,
घन अपनी प्याली भरते ले जिसके दल से हिमकन।
हाँ, इसी ढालवें को जब बस सहज उतर जावें हम,
फिर सम्मुख तीर्थ मिलेगा वह अति उज्ज्वल पावनतम।"

वह इड़ा समीप पहुँच कर बोला उसको रुकने को,
बालक था, मचल गया था कुछ और कथा सुनने को।
वह अपलक लोचन अपने पादाग्र विलोकन करती।
पथ-प्रदर्शिका-सी चलती धीरे-धीरे डग भरती।
बोली, "हम जहाँ चले हैं वह है जगती का पावन--
साधना प्रदेश किसी का शीतल अति शांत तपोवन।"

"कैसा? क्यों शांत तपोवन? विस्तृत क्यों नहीं बताती",

बालक ने कहा इड़ा से वह बोली कुछ सकुचाती--

"सुनती हूँ एक मनस्वी था वहाँ एक दिन आया,
वह जगती की ज्वाला से अति-विकल रहा झुलसाया।
उसकी वह जलन भयानक फैली गिरी अंचल में फिर,
दावाग्नि प्रखर लपटों ने कर दिया सघन वन अस्थिर।
थी अर्धांगिनी, उसी की जो उसे खोजती आयी,
यह दशा देख, करुणा की--वर्षा दृग में भर लायी।
वरदान बने फिर उसके आँसू करते जग-मंगल,
सब ताप शांत होकर, वन हो गया हरित, सुख-शीतल।
गिरि-निर्झर चले उछलते छायी फिर से हरियाली,
सूखे तरु कुछ मुसक्याये फूटी पल्लन में लाली।
वे युगल वहीं अब बैठे संसृति की सेवा करते,
संतोष और सुख देखकर सब की दुःख-ज्वाला हरते।
है वहाँ महाह्रद निर्मल जो मन की प्यास बुझाता,
मानस उसको कहते हैं सुख पाता जो है जाता।"

"तो यह पृष क्यों तू यों ही वैसे ही चला रही है,
क्यों बैठे न जाती इस पर अपने को थका रही है?"

"सारस्वत-नगर-निवासी हम आये यात्रा करने
यह व्यर्थ, रिक्त-जीवनघट पीयूष-सलिल से भरने।
इस वृषभ धर्मप्रतिनिधि को उत्सर्ग करेंगे जाकर,
चिर-मुक्त रहे यह निर्भय स्वच्छंद सदा सुख पाकर।"

सब सम्हल गये थे आगे थी कुछ नीची उतराई,
जिस समतल घाटी में, वह थी हरियाली से छाई।
श्रम, ताप और पथ-पीड़ा क्षण भर में ये अंतर्हित,
सामने विराट धवल-नग अपनी महिमा से विलसित।
उसकी तलहटी मनोहर श्यामल तृण-वीरुष वाली,
नव-कुंज, गुहा-गृह सुंदर हद से भर रही निराली।
वह मंजरियों का कानन कुछ अरुण पीत हरियाली,
प्रति-पर्व सुमन-संकुल थे छिप गयी उन्हीं में डाली।
यात्री दल ने रुक देखा मानस का दृश्य निराला,
खग-मृग को अति सुखदायक छोटा-सा जगत उजाला।
मरकत की वेदी पर ज्यों रक्खा हीरे का पानी,
छोटा-सा मुकुर प्रकृति या सोयी राका रानी।
दिनकर गिरि के पीछे अब हिमकर था चढ़ा गगन में,
कैलास प्रदोष-प्रभा में स्थिर बैठा किसी लगन में।
संध्या समीप आयी थी उस सर के, वल्कल-वसना,
तारों से अलक गूँथी थी पहने कदंब की रसना।
खग कुल किलकार रहे थे, कलहंस कर रहे कलरव,
किन्नरियाँ बनीं प्रतिध्वनि लेती थीं ताने अभिनव।
मनु बैठे ध्यान-निरत थे उस निर्मल मानस-तट में

सुमनों की अंजलि भर कर श्रद्धा थी बड़ी निकट में।

श्रद्धा ने सुमन बिखेरा शत-शत मधुपों का गुंजन,
भर उठा मनोहर नभ में मनु तन्मय बैठे उन्मन।
पहचान लिया था सब ने फिर कैसे अब वे रुकते,
वह देव-द्वंद्व त्रुतिमय था फिर क्यों न प्रणति में झुकते।
तब वृषभ सोमवाही भी अपनी घंटाध्वनि करता,
बढ़ चला इड़ा के पीछे मानव भी था डग भरता।
हाँ इड़ा आज भूली थी पर क्षमा न चाह रही थी।
वह दृश्य देखने को निज दृग-युगल सराह रही थी।
चिर-मिलित प्रकृति से पुलकित वह चेतन-पुरुष-पुरातन,
निज-शक्ति-तरंगायित था आनंद-अंबु-निधि शोभन।
भर रहा अंक श्रद्धा का मानव उसको अपना कर,
था इड़ा शीश चरणों पर वह पुलक भरी गद्गद स्वर--
बोली—मैं धन्य हुई हैं जो यहाँ भूलकर आयी,
हे देवि! तुम्हारी ममता बस मुझे खींचती लायी।
भगवति, समझी मैं! सचमुच कुछ भी न समझ थी मुझको।
सब को ही भुला रही थी अभ्यास यही था मुझको।
हम एक कुटुंब बना कर यात्रा करने हैं आये,
सुन कर यह दिव्य-तपोवन जिसमें सब अघ छूट जाये।"

मनु ने कुछ-कुछ मुसक्या कर कैलास ओर दिखलाया,
बोले, "देखो कि यहाँ पर कोई भी नहीं पराया।
हम अन्य न और कुटुंबी हम केवल एक हमीं हैं,
तुम सब मेरे अवयव हो जिसमें कुछ नहीं कमी है।
शापित न यहाँ है कोई तापित पापी न यहाँ है,
जीवन-वसुधा समतल है समरस है जो कि जहाँ है।
चेतन समुद्र में जीवन लहरों - सा बिखर पड़ा है,
कुछ छाप व्यक्तिगत, अपना निमित आकार खड़ा है।
इस ज्योत्स्ना के जलनिधि में बुदबुद - सा रूप बनाये,
नक्षत्र दिखाई देते अपनी आभा चमकाये।

वैसे अभेद-सागर में प्राणों का सृष्टि-क्रम है,
सब में घुल-मिल कर रसमय रहता यह भाव चरम है।
अपने दुःख-सुख से पुलकित यह मूर्त-विश्व सचराचर,
चिति का विराट्-वपु मंगल यह सत्य सतत चित सुन्दर।
सबकी सेवा न परायी वह अपनी सुख-संसृति है,
अपना ही अणु-अणु कण-कण द्वयता ही तो विस्मृति है।
मैं की मेरी चेतनता सबको ही स्पर्श किये सी
सब भिन्न परिस्थितियों की है सादक घूँट पिये सी।
जग ले ऊषा के दृग में सो ले निशि की पलकों में,
हाँ स्वप्न देख ले सुंदर उझलन वाली अलकों में--
चेतन का साक्षी मानव हो निर्विकार हँसता-सा,
मानस के मधुर मिलन में गहरे-गहरे धँसता-मा।

सब भेद-भाव भुलवा कर दुःख-सुख को दृश्य बनाता,
मानव कह रे! यह मैं हूँ, यह विश्व नीड़ बन जाता!"

श्रद्धा के मधु-अधरों की छोटी-छोटी रेखाएँ,
रागारुण किरण कला-सी विकसीं बन स्मिति लेखाएँ।
वह कामायनी जगत की मंगल-कामना-अकेली,
थी-ज्योतिष्मती प्रफुल्लित मानस तट की वन वेली।
वह विश्व-चेतना पुलकित थी पूर्ण-काम की प्रतिमा,
जैसे गंभीर महाह्रद हो भरा विमल जल महिमा।
जिस मुरली के निस्वन से यह शून्य रागमय होता,
वह कामायनी विहंसती अग जग था मुखरित होता।

क्षण-भर में सब परिवर्त्तत अणु - अण थे विश्व-कमल के,
पिंगल-पराग से मचले आनंद-सुधा-रस छल के।
अति मधुर गंधवह बहता परिमल बूँदों से सिंचित,
सुख-स्पर्श कमल-केसर का कर आया रज से रंजित।

जैसे असंख्य मुकलों का मादन-विकास कर आया।
उनके अछत अधरों का कितना चुंबन भर लाया।
रुक-रुक कर कुछ इठलाता जैसे कुछ हो वह भूला,
नव कनक-कुसुम-रज धूसर मकरंद - जलद - सा फूला।
जैसे वनलक्ष्मी ने ही बिखराया हो केसर-रज,
या हेमकूट हिम जल में अलकाता परछांई निज।
संसृति के मधुर मिलन के उच्छ्वास बना कर निज दल,
चल पड़े गगन-आँगन में कुछ गाते अभिनव मंगल।
वल्लरियाँ नृत्य निरत थीं, बिखरी सुगंध की लहरें,
फिर वेणु रंध्र से उठ कर मूर्च्छना कहाँ अब ठहरे।
गूँजते मधुर नूपुर से मदमाते होकर मधुकर,
वाणी की वीणा-ध्वनि-सी भर उठी शून्य में मिलकर।
उन्मद माधव मलयानिल दौड़े सब गिरते-पड़ते,
परिमल से चली नहा कर काकली, सुमन थे झड़ते।
सिकुड़न कौशेय वसन की थी विश्व-सुंदरी तन पर,
या मादन मृदुतम कंपन छायी संपूर्ण सृजन पर।
सुख-सहचर दुःख-विदूषक परिहास पूर्ण कर अभिनय,
सब की विस्मृति के पट में छिपा बैठा था अब निर्भय।
थे डाल-डाल में मधुमय मृदु मुकुल बने झालर से,
रस का भार, प्रफुल्ल सुमन सब धीरे-धीरे से बरसे।
हिम खंड रश्मि मंडित हो मणि-दीप प्रकाश दिखाता,
जिनसे समीर टकरा कर अति मधुर मृदंग बजाता।
संगीत मनोहर उठता मुरली बजती जीवन की।
संकेत कामना बन कर बतलाती दिशा मिलन की।
रश्मियाँ बनीं अप्सरियाँ अंतरिक्ष में नचती थीं,
परिमल का कन-कन लेकर निज रंगमच रचती थीं।
मांसल-सी आज हुई थी हिमवती प्रकृति पाषाणी।

उस लास-रास में विह्वल थी हँसती-सी कल्याणी।

वह चंद्र किरीट रजत-नग स्पंदित-सा पुरुष पुरातन,
देखता मानसी गौरी लहरों का कोमल नर्त्तन।
प्रतिफलित हुई सब आँखें उस प्रेम-ज्योति-विमला से,
सब पहचाने-से लगते अपनी ही एक कला से।
समरस थे जड़ या चेतन सुंदर साकार बना था,
चेतनता एक विलसती आनंद अखंड घना था।

Lector House believes that a society develops through a two-fold approach of continuous learning and adaptation, which is derived from the study of classic literary works spread across the historic timeline of literature records. Therefore, we aim at reviving, repairing and redeveloping all those inaccessible or damaged but historically as well as culturally important literature across subjects so that the future generations may have an opportunity to study and learn from past works to embark upon a journey of creating a better future.

This book is a result of an effort made by Lector House towards making a contribution to the preservation and repair of original ancient works which might hold historical significance to the approach of continuous learning across subjects.

HAPPY READING & LEARNING!

LECTOR HOUSE LLP
E-MAIL: lectorpublishing@gmail.com